Rechter und linker Populismus

*Karin Priester* war bis 2007 Professorin für Politische Soziologie an der Universität Münster

Karin Priester

# Rechter und linker Populismus

Annäherung an ein Chamäleon

Campus Verlag
Frankfurt/New York

Bibliografische Information der Deutschen Nationalbibliothek:
Die Deutsche Nationalbibliothek verzeichnet diese Publikation in der Deutschen Nationalbibliografie.
Detaillierte bibliografische Daten sind im Internet unter http://dnb.d-nb.de abrufbar.
ISBN 978-3-593-39793-1

Das Werk einschließlich aller seiner Teile ist urheberrechtlich geschützt. Jede Verwertung ist ohne Zustimmung des Verlags unzulässig. Das gilt insbesondere für Vervielfältigungen, Übersetzungen, Mikroverfilmungen und die Einspeicherung und Verarbeitung in elektronischen Systemen.
Copyright © 2012 Campus Verlag GmbH, Frankfurt am Main
Satz: Campus Verlag GmbH, Frankfurt am Main
Umschlaggestaltung: Campus Verlag GmbH, Frankfurt am Main
Druck und Bindung: CPI buchbücher.de, Birkach
Gedruckt auf Papier aus zertifizierten Rohstoffen (FSC/PEFC).
Printed in Germany

Dieses Buch ist auch als E-Book erschienen.
www.campus.de

# Inhalt

Vorwort .................................................. 7

I. Die Aktualität des Populismus ..................... 11

II. Definitionen und Typologien
des Populismus .................................. 32

III. Populismus und Demokratie: Volkssouveränität
und Repräsentation .............................. 51

IV. Die überschätzte Rolle des Charismas im Populismus ... 72

V. Populismus als Prozess – ein Phasenmodell .......... 92

VI. Hugo Chávez: Führer, Armee, Volk –
Linker Populismus an der Macht ................... 114

VII. Populismus und Faschismus: Gemeinsamkeiten
und Unterschiede ................................ 164

VIII. Populismus in den USA und die Tea Party-Bewegung ... 189

IX. Linkspopulismus gestern und heute ................ 207

X. Die zyklische Wiederkehr des Populismus –
eine Skizze ..................................... 230

Literatur ............................................... 245

# Vorwort

Ein häufig kolportiertes Diktum über den Populismus geht auf den britischen Politiktheoretiker Isaiah Berlin zurück. Schon in den 1960er Jahren hatte Berlin mit Blick auf den Populismus vom Aschenputtel-Komplex gesprochen. Die Suche nach einer Definition des Phänomens gleiche der Suche nach dem passenden Schuh in dem Märchen vom Aschenputtel. Es gäbe einen Schuh in Gestalt des Populismus, aber keinen dazu passenden Fuß.

Bekanntlich endet das Märchen aber doch mit einer Kongruenz von Schuh und Fuß: Eine Außenseiterin, eben das Aschenputtel, stellvertretend für das gute, tugendhafte Volk, triumphiert über ihre arroganten Stiefschwestern, stellvertretend für die Eliten, im Wettstreit um den Prinzen als Verkörperung der Macht. Ihr Fuß passt endlich zum Schuh. Das Aschenputtel gewinnt die Liebe des Prinzen und steigt sozial auf. Die Stiefschwestern aber werden grausam bestraft.

Natürlich wollten die Brüder Grimm uns nichts über den Populismus sagen – und sagen doch einiges, wenn man ihr Märchen als Parabel liest. Populismus sei, so Guy Hermet, in psychologischer Hinsicht die systematische Ausbeutung des Traums. Der Traum von Populisten ist die Wiederherstellung eines zeitlosen Zustandes von Harmonie und Gemeinschaft, aber auch von sozialem Aufstieg durch die alten Arbeitstugenden des Volkes (Rechtschaffenheit, Fleiß, Ehrlichkeit, Verlässlichkeit). Sie stehen gegen die negativen Eigenschaften (Falschheit, Gier, Überheblichkeit) einer usurpatorischen Elite, hier der Stiefschwestern, die die Legitimität des Aschenputtel/Volkes missachten und es auf einen niederen Status herabdrücken. Der Populismus propagiert diesen alten Traum wahrer Tugend, die nur beim Volke liege. Der Mythos des Volkes steht für eine Welt, wie sie sein sollte, aber durch das Handeln moralisch verwerflicher Eliten nicht mehr ist.

Vor etlichen Jahren habe ich auf einer Kubareise Bekanntschaft mit dem ›kubanischen Fuß‹ gemacht. Eine internationale Schuhherstellerfirma hatte Schwierigkeiten beim Verkauf ihrer Schuhe in Kuba. Sie passten nicht. Erst nach genauen Untersuchungen konnte man die Produktion auf die Besonderheiten des kubanischen Fußes umstellen. Der Prototyp Schuh findet erst dann den passenden Fuß, wenn er sich dessen Morphologie anpasst und mit ihm kompatibel gemacht wird. Ebenso geht es, um Sir Isaiahs Diktum aufzugreifen, mit dem Populismus.

Anfang 2008 erschien in der Zeitschrift *The Economist* der folgende Leserbrief:

»Sir, wann genau wurde ›Populist/populistisch‹ in Ihre sprachlichen Richtlinien als bevorzugte Allzweckherabsetzung aufgenommen? [...] In Ermangelung einer objektiven Definition scheint ›Populist/populistisch‹ nichts anderes als ein hohles Schimpfwort zu sein, das The Economist jedem entgegenschleudert, der nicht mit seiner eigenen Meinung übereinstimmt. Ich schlage vor, dass Sie in Zukunft solche Leute einfach ›schlecht‹ (*evil*) nennen. Das lässt sich leichter aussprechen als ›populistisch‹ und verbraucht weniger Tinte.« (Zit. nach Bale/van Kessel/Taggart 2011: 112)

Dem Leserbriefschreiber kann geholfen werden. Die Karriere des überwiegend polemisch benutzten Populismusbegriffs begann vor etwa zwanzig Jahren mit dem Ende der Systemauseinandersetzung des Kalten Krieges. Zwischen 1975 und 1995 fielen im niederländischen Parlament die Begriffe »Populismus« und »populistisch« ganze dreißig Mal. Seit 1996 wurden sie dagegen 340 Mal in Parlamentsdebatten benutzt (Houwen 2011: 27). Nähme man den Vorschlag des Leserbriefschreibers beim Wort und spräche statt von »populistisch« einfach von »schlecht«, so würden diese Zahlen ein deutliches Anwachsen der Schlechtigkeit in der Welt dokumentieren. Die Behandlung politischer Gegner als »populistisch«, gleichbedeutend mit »schlecht«, ist aber nichts anderes als – Populismus!

In den letzten Jahren sind auch in Deutschland zahlreiche Bücher zu diesem Thema veröffentlicht worden, aber es fehlt noch an Untersuchungen zu einer Populismustheorie und zu weiteren Einzelfällen, die neue Erscheinungsformen des Phänomens in den Blick nehmen. Komparative Analysen befinden sich überdies erst im Anfangsstadium (vgl. Mudde/Rovira Kaltwasser 2011: 33).

In einem ersten Teil werden die wichtigsten Definitionen und Typologien des Populismus vorgestellt, das Verhältnis von Populismus und Demokratie wird erörtert und es wird nach der häufig überschätzten Rolle charismatischer Führer im Populismus gefragt. Ausgehend von der Feststellung, dass der Populismus weder ein statisches noch ein monolithisches Phänomen ist, wird in Kapitel V ein Phasenmodell vorgestellt und nach dem Prozesscharakter von Populismus gefragt.

Von Ansätzen im italienischen Berlusconismus abgesehen, hat es in Europa keine populistischen Regime an der Macht gegeben. Auch wenn der Populismus in Lateinamerika andere Entstehungsbedingungen und eine andere Funktion als in Europa hat, kann am Beispiel des venezolanischen Chavismus die soziale Praxis des Populismus an der Macht analysiert werden. Ein Grund, warum dieses Beispiel gewählt wurde, liegt auch in der ideologischen Selbstdefinition des Chavismus als »links«. Das Schlagwort vom »Sozialismus des 21. Jahrhunderts«, das sich der Chavismus auf die Fahne schreibt, erweckt Erwartungen, die mit dem europäischen Verständnis von Sozialismus wenig gemein haben. Was also ist Linkspopulismus und welche Gemeinsamkeiten zeigt er trotz genetischer und funktionaler Unterschiede mit europäischen Populismen? In einer weiteren Fallanalyse wird die US-amerikanische Tea Party-Bewegung als vermeintlich führerlose Netzwerkbewegung vorgestellt.

In einer vergleichenden Untersuchung zum Verhältnis von Faschismus und Populismus (Kapitel VII) trete ich der Annahme entgegen, Populismus sei lediglich ein Stil oder eine Mobilisierungspraxis. Populismus ist sozialstrukturell und ideologisch ein eigenständiges Phänomen. Genauer gesagt: »In der Theorie ist Populismus eine unabhängige Ideologie, die keiner anderen Ideologie angelagert ist. In der Praxis wird Populismus aber fast immer mit einer oder mehreren anderen ideologischen Merkmalen kombiniert.« (Mudde/Rovira Kaltwasser 2011: 1) Wonach richtet sich diese ideologische Kombinatorik? Wieso konnten in den 20er und 30er Jahren des letzten Jahrhunderts populistische Bewegungen ins Magnetfeld des Faschismus geraten? Und welcher Art sind die Versuchungen der Linken, gestern und auch heute wieder auf populistische Versatzstücke zurückzugreifen?

Zwei der hier vorgestellten Texte (Kapitel II und VIII) sind bereits in Zeitschriften erschienen.[1] Alle anderen Texte werden hier zum ersten Mal veröffentlicht. Mit Ausnahme der Zitate im bereits veröffentlichten zweiten Kapitel wurden alle fremdsprachigen Zitate von mir ins Deutsche übersetzt.

*Münster, 2012*

---

1 Kapitel II ist in leicht veränderter Form erschienen in: *Soziale Welt* (2011), 62 (2), 185–198. Kapitel VIII ist in leicht veränderter Form erschienen in: *Berliner Debatte Initial* (2011), 22 (1), 80–91

# I. Die Aktualität des Populismus

Die Moderne lebt von der Distanzierung sozialer Praktiken von konkreten Orten und spezifischen Zeitpunkten (der *time-space-distantiation*). Für den britischen Soziologen Anthony Giddens sind Kapitalismus, Industrialismus und Nationalstaat Ausprägungen dieser Distanzierung von Zeit und Raum und führen zur Entbettung (*disembedding*) von sozialer Erfahrung. Populismus ist eine von mehreren Formen der Opposition gegen diesen Prozess der Entgrenzung und sozialen Entbettung. Aber, und das ist seine Besonderheit, er reagiert darauf nicht reflexiv, sondern traditionalistisch. Mit der für ihn charakteristischen Intellektuellen- und Theoriefeindlichkeit verweigert er sich einem reflexiven Umgang mit der Moderne. Stattdessen propagiert er eine unreflektierte, auf einem immer schon vorhandenen Erfahrungswissen des Volkes, dem common sense, beruhende Wiedereinbettung des Sozialen in eine überindividuelle Gemeinschaft.

Populismus wurde in den Sozialwissenschaften lange als ein Phänomen verstanden, das in Ländern der Dritten Welt im Übergang von traditionalen zu modernen Gesellschaften entstehe und daher in Europa kaum Chancen habe. Heute stehen wir vor dem Problem, dass die funktionalen Äquivalente des Populismus in Europa – starke sozial- oder christdemokratische Volksparteien mit ihrer Fähigkeit zu klassen- und schichtübergreifenden Bündnissen – diese Integrationsleistung immer weniger erbringen und sich an ihren Rändern diffuser Protest, anti-institutionelle Affekte und vielfältige Ressentiments ausbreiten.

Populistische Tendenzen entstehen in ökonomischen und sozialen Umbruchphasen, die politische Desillusionierung und den Verlust des Vertrauens in die Handlungskompetenz der Eliten hervorrufen. Sie bergen die Gefahr in sich, dass die im 20. Jahrhundert erreichte Synthese des liberalen und des demokratischen Gedankens erneut auseinanderbricht und in ihre Bestandteile zerfällt, in die des liberalen Rechtsstaates und die der Volkssouveränität. Nach 1945 kam es vor allem den großen Volksparteien zu, diese

Synthese zu festigen. Sie wird heute durch vielfältige Krisenerscheinungen brüchig, von denen sich Populisten vor allem eine zunutze machen: Die alternativlos erscheinende Verwaltung von »Sachzwängen«, die zugleich als Abkapselung eines in sich rotierenden »Elitenkartells« wahrgenommen wird.

## 1. Populismus als bipolarer Code

Schon am Beispiel des US-amerikanischen Agrarpopulismus des ausgehenden 19. Jahrhunderts lassen sich die charakteristischen Merkmale von Populismus aufzeigen. Er verfügte über keine konsistente Gesellschaftstheorie und vertrat, wie alle Populismen nach ihm, nur eine dünne Ideologie. Der Begriff der dünnen Ideologie (*thin-centered ideology*) geht auf den britischen Politiktheoretiker Michael Freeden zurück. Er untersucht die Morphologie von Ideologien und vertritt die These, dass es neben den Hochideologien des Liberalismus und des Sozialismus Bewegungen gibt, die keine umfassende, von Klassikern des politischen Denkens untermauerte Ideologie vertreten. Als Beispiele nennt Freeden die Frauen- und die Ökologiebewegung oder den Nationalismus, die ein partikulares Anliegen vertreten und sich in vielen anderen Aspekten einer Wirtsideologie (*host-ideology*) zur Seite stellen (vgl. Freeden 1998a: 488–592 und 1998b: 750f.). Zu diesen Bewegungen mit einer dünnen Ideologie kann auch der Populismus gerechnet werden. Auch er ist aus sich heraus nicht hegemoniefähig, sondern tendiert durch mimetische Anpassung an seine Umwelt zu politischem Farbwechsel. Dennoch gibt es ein Merkmal, das ihn von anderen Tendenzen und Strömungen unterscheidet: seine diskursive Praxis der Polarisierung zwischen Volk und Eliten, den Kleinen und den Großen, zwischen unten und oben.

Die Spaltung der Gesellschaft verläuft für Populisten nicht zwischen Klassen oder Schichten, sondern zwischen einer Volk genannten Mehrheit und einer »Elite, Oligarchie oder Plutokratie« genannten Minderheit. Zum Volk gehören alle, die für ihren Unterhalt hart arbeiten, gleich ob Bauern, Arbeiter, Handwerker oder kleine Gewerbetreibende. Die Elite besteht aus einer kleinen, aber mächtigen Gruppe von Privilegierten, die durch Spekulation und Kapitalkonzentration zu schnellem Reichtum gelangt ist. Weder antikapitalistisch noch antidemokratisch, traten die amerikanischen Populisten gegen die Privilegienherrschaft des neuen Geldadels an und beriefen sich auf das amerikanische Gründerversprechen: »Equal rights for all, special privileges for none«. Schon die amerikanischen Populisten waren aber nicht gegen Verschwörungstheorien und die Dämonisierung des Gegners gefeit. Dieser Tendenz zum Manichäismus, mitunter auch zu apokalyptischen Endzeitstimmungen, liegt ein dichotomisches Gesellschaftsbild zugrunde, das seither jede Form von Populismus kennzeichnet. Populisten übten nachhaltigen Einfluss auf die amerikanische Politik aus, auch wenn es ihnen nicht gelang, eine gesamtgesellschaftliche Kraft zu werden. Aber viele ihrer Forderungen sind aktuell geblieben, vor allem ihr Kampf gegen einen Laissez-faire-Kapitalismus. Sie beharrten darauf, dass die Regierung auch Verantwortung für das Gemeinwohl und den ›gemeinen Mann‹ tragen müsse.

In den USA gelten auch linksliberale Bewegungen als populistisch. Der sogenannte New Populism der 70er Jahre entstand vor dem Hintergrund neuer Bewegung wie der Anti-Vietnamkriegsbewegung, der Bürgerrechtsbewegung der Afro-Amerikaner und anderer Bewegungen, die mehr Partizipation, Empowerment und lokales Bürgerengagement forderten. Auch in Europa ist es seit den 1970er Jahren zu vergleichbaren Bewegungen gekommen. Aber sie wurden nicht als Erscheinungsformen von Populismus, sondern als ›neue soziale Bewegungen‹ thematisiert. Populismus stand in Europa immer im Ruch einer gewissen Rechtslastigkeit, und dies aus guten Gründen: Bauern- oder Landvolkprotest, aber auch die zahlreichen klein- und bildungsbürgerlichen Organisationen der Völkischen gerieten hier ins Magnetfeld des Faschismus (vgl. Burrin 1984). Auch der amerikanische Populismus kannte antisemitische, fremdenfeindliche und nativistische Tendenzen. Aber sie konnten vor dem Hintergrund einer liberalen politischen Kultur nie antidemokratische Tendenzen ausprägen wie in Europa, weil es dem politischen Mainstream gelang, sie einzuhegen.

## 2. Kräfte der Beharrung gegen Kräfte der Bewegung

Populisten nehmen eine eigene Unterteilung des politischen Feldes vor. Sie unterscheiden nicht nach rechts und links, sondern nach Kräften der Beharrung und Kräften eines neuen Aufbruchs, die in Kombination mit Elementen aus unterschiedlichen ideologischen Großfamilien auftreten können. Zu den Kräften der Beharrung gehören die politisch-administrativen Institutionen, die Rechtsordnung und die Bürokratie. Mény/Surel (2002) fassen diesen Komplex unter dem Obergriff ›Konstitutionalismus‹ zusammen. Folgt man Max Weber, lässt sich diese Sphäre durch Rationalität, Berechenbarkeit und Routine charakterisieren. Zu den Kräften des Aufbruchs gehören dagegen jene, die sich diesem Institutionengefüge in der Hand kleiner Oligarchien (der politischen Klasse, der herrschenden Kaste, des Elitenkartells, der Privilegien- oder Parteienherrschaft) widersetzen. Gegen Tendenzen zur Beharrung und Verkrustung formiert sich ein Widerstand, der als Anti-Bewegung auftritt. Populismus ist in seiner Entstehungsphase eher Reaktion als Aktion und dieses reaktive Moment kann nur in seiner Prozesshaftigkeit untersucht werden (vgl. Kapitel V). Populismus ist immer anti-institutionell, anti-elitär und anti-systemisch, auch wenn er in der Regel nur auf das politische System zielt.

Gut funktionierende Demokratien kann man sich als austarierte Waagen vorstellen. In der einen Waagschale liegen die Elemente von Dauer, Beständigkeit, Berechenbarkeit und Rationalität durch die Herrschaft der Gesetze und durch funktionierende Institutionen in Bürokratie und Rechtsprechung. In der anderen Waagschale befinden sich jene Elemente, die vorschnell als irrational, bedrohlich oder gar als pathologisch ausgeklammert werden: Elan, Leidenschaft, Visionen eines neuen Aufbruchs, Einbeziehung der Menschen in ein über den Tag hinausweisendes Projekt. Neigt die Waagschale sich in Richtung eines reinen Pragmatismus, so kommt es zur Verfilzung der Eliten zu einer ›politischen Klasse‹; Korruption, technokratische Steuerung von oben und Abschottung der politischen Elite nehmen zu und die politische Phantasie schrumpft auf Slogans wie »Weiter so!« oder »Keine Experimente!«.

## 3. Die neuralgischen Punkte des populistischen Angriffs

Populisten prangern insbesondere die Absprachenpolitik der etablierten Parteien an und berühren damit ein reales Problem. Parteien waren ursprünglich intermediäre Organisationen zwischen Gesellschaft und Staat. In der Weimarer Republik hatten sie noch keinen Verfassungsrang und waren lediglich zivilgesellschaftliche Vereinigungen. Seit längerem ist aber ein Prozess der schleichenden Verstaatlichung der Parteien zu beobachten. Dies hat zur These von den Kartellparteien geführt. Sie wird nicht nur von Populisten, sondern auch von Politikwissenschaftlern vertreten, die nicht im Verdacht des Populismus stehen. Die Aggregation politischer Ziele und Inhalte, die von unten aus der Gesellschaft kommen, gelingt den Volksparteien immer weniger. Anstatt aber solche Impulse aufzugreifen, lassen sie sich von Kommunikationsexperten beraten und erklären sinkende Parteienmitgliedschaft und schwindende Wählerzustimmung damit, man habe Ziele und Programmatiken nur nicht richtig von oben nach unten ›kommuniziert‹.

Neben der Parteienkritik sind die EU und der Prozess der europäischen Vereinigung ein weiteres Feld, auf dem Populisten mit Erfolg agieren. Auch hier legen sie den Finger auf ein demokratisches Defizit, das mit dem Verweis auf ihre fremdenfeindlichen Motive nicht aus der Welt zu schaffen ist. Auch wer die EU grundsätzlich begrüßt, kommt nicht umhin, festzustellen, dass sie ein technokratisch gesteuertes Elitenprojekt ist. Die geringe Beteiligung an EU-Wahlen zeigt, dass die Menschen ›draußen im Lande‹ sich übergangen fühlen und mit Verweigerung reagieren. Eine von der Europäischen Kommission selbst in Auftrag gegebene Untersuchung hat festgestellt:

»Während Rechtspopulisten zu Recht als Bedrohung der repräsentativen Demokratie gesehen werden, können die Gründe für Ihren Erfolg teilweise in den undemokratischen Bedingungen der gegenwärtigen europäischen Gesellschaften auf lokaler, regionaler und nationaler Ebene, aber auch auf der Ebene der Europäischen Union gefunden werden. Viele Interviewpartner bestätigen den Eindruck, dass sie sich eher als machtlose Objekte denn als Subjekte der Politik sehen.« (SIREN 2004: 15)

Populisten sind die unbequemen Sprachrohre einer Verdrossenheit, die inzwischen bis weit in bürgerliche Kreise hineinreicht. Schlagzeilen wie »Überlasst Europa bitte nicht den Technokraten!«, »Sanftes Monster Brüssel« oder »Zurück zur Nation« sind nicht nur in einer rechten Außenseiterpresse, sondern auch in bürgerlichen Publikationsorganen zu lesen.[2]

Max Weber sah zu Beginn des 20. Jahrhunderts die moderne Welt im »stahlharten Gehäuse der Hörigkeit« erstarren und empfahl als Gegengewicht die Einbeziehung charismatischer Elemente. Die »plebiszitäre Führerdemokratie« würde, so hoffte er, beides miteinander verbinden: Rechtsstaatlichkeit, berechenbare, rational funktionierende Institutionen, die das Alltagsgeschäft erledigen, daneben aber auch die emotionale Identifikation

---

2 Vgl. Frank Lübberding, Überlasst Europa bitte nicht den Technokraten! In: *FAZ*, 127, 01.06.2011: 31; Dirk Schümer, Zurück zur Nation. In: *Frankfurter Allgemeine Sonntagszeitung*, 22, 03.06.2011: 23; Hans Magnus Enzensberger, Sanftes Monster Brüssel. In: *Der Spiegel*, 9, 2011, 108–111. Vgl. auch Ders., *Sanftes Monster Brüssel oder die Entmündigung der Europäer*, Berlin 2011

mit charismatischen Führerpersönlichkeiten. Für Weber blieben charismatische Eigenschaften an Personen gebunden. Aber auch Bewegungen können als Kräfte des Außeralltäglichen auftreten. Moderne Demokratien beruhen auf einer Balance zwischen zwei gleichermaßen legitimen Aspekten, der Herrschaft des Gesetzes und der Willensäußerung des Wahlvolkes. Erst wenn dieses Gleichgewicht nicht mehr gegeben ist, treten die dem reinen Pragmatismus wie auch seinem Gegenpol, dem charismatisierten Populismus, innewohnenden Gefahren zu Tage.

## 4. Der populistische Moment

1986 sah Puhle den populistischen Moment in Zeiten »der drohenden Verkrustung der Systeme, der Phantasielosigkeit der Etablierten und der notwendigen Erneuerung« herannahen (Puhle 1986: 32). Nur sechs Jahre später kam es in Italien zu diesem Moment. Das Land durchlebte eine politische Krise, die weit über das hinausging, was man dort an Regierungskrisen gewohnt war. Die in Korruptionsskandale verwickelten, in Selbstzufriedenheit erstarrten Parteien der Mehrheit (die *partitocrazia*) wurden hinweggefegt, lösten sich auf oder gruppierten sich neu. Die Stunde des Populisten Umberto Bossi und des Medienzaren Silvio Berlusconi war gekommen.

Die Gründe, die heute zu einem populistischen Moment führen können, liegen zum einen in der Tendenz entideologisierter Volksparteien zu Kooperation, Konkordanz und Interessenausgleich untereinander, zum anderen in der Alternativlosigkeit von großen Koalitionen wie in Österreich und den Niederlanden vor der Fortuyn-Revolte oder, wie in Italien, in der jahrzehntelangen Alleinherrschaft der Christdemokraten und der Ausgrenzung der kommunistischen Opposition als nicht regierungsfähig.

Die populistische Revolte richtet sich vor allem gegen einen Staat, der sich hinter einem Wall oder unter einer Käseglocke verschanzt hat. Da aber der Populismus keine inhaltlich fixierbare Doktrin, sondern eher ein Resonanzboden ist, kann er sich an ganz unterschiedlichen politischen Problemen entzünden, an undurchsichtiger oder als zu hoch geltender Besteuerung, an einer als zu liberal empfundenen Einwanderungspolitik, an technokratischer Steuerung, an Korruptionsskandalen, an einer überregulierenden, aber ineffizienten Bürokratie oder an Ämterpatronage.

## 5. Populismus als Phänomen der gesellschaftlichen Mitte

Es gehört heute fast zum guten Ton, die unteren sozialen Schichten für den Populismus verantwortlich zu machen. Wachsende soziale Ungleichheit und prekäre Lebensbedingungen haben das Bild des Volkes gründlich entromantisiert. Seit der Romantik haben sich Zyklen der emphatischen Hinwendung zum Volk mit Zyklen der Abkehr von ihm abgewechselt. Schon die 68er Linke hat sich lieber den Entrechteten der Dritten Welt als den in das ›System‹ integrierten, nur an der Lohntüte interessierten Unterschichten in den Metropolen zugewandt. Heute leben wir in einem Zyklus der Abkehr vom Volk. Das Volk hat kein gutes Image. Mit geradezu ästhetischem Abscheu ist von *couch-potatoes* und von Unterschichtfernsehen die Rede. Während die Eliten sich längst postmateriellen Werten zugewandt haben, zählen für Menschen der unteren sozialen Segmente aber immer noch materielle Werte, was nur dem ein Ärgernis ist, der von sich sagen kann: Über Geld spricht man nicht, Geld hat man. Das Volk ist wieder der ›große Lümmel‹, hässlich in seiner Übergewichtigkeit, geschmacklos in seinen Jogging-Anzügen, ungezügelt in Gelüsten wie Alkohol- und Zigarettenkonsum, dazu politisch volatil und zu autoritären Lösungen, etwa im Strafrecht, neigend. Dieses Image erleichtert es den liberalen, kosmopolitischen Eliten, sich guten Gewissens vom Volk abzuwenden und es mit Brot und Spielen seinem Schicksal als Ausgeschlossene zu überlassen.

Populismus wird als Fremdkörper nach unten ausgelagert. Vor allem Modernisierungsverlierer seien empfänglich für Populismus oder Rechtsextremismus. Die meisten Forscher gehen aber davon aus, dass nicht die tatsächlichen Verlierer der Modernisierung zum Rechtspopulismus neigen, sondern jene, die Deklassierung, sozialen Abstieg und Statusverlust befürchten. Diese Furcht reicht heute aber bis weit in die Mittelschichten hinein. Die These vom Rechtspopulismus als Unterschichtphänomen übersieht, dass auch soziale Aufsteiger und aufwärts mobile Schichten zum Rechtspopulismus neigen. Autoritäre Tendenzen sind in allen sozialen Schichten vorhanden, in Teilen der Mittelschicht überdies auch ein Sozialdarwinismus der Starken gegenüber den Schwachen.

Der diskursive Umgang mit dem Populismus findet weitgehend aus der Perspektive der Eliten statt, die sich naturgemäß davon freisprechen, für die Entstehung und den Erfolg des Populismus in gehörigem Maße mit verantwortlich zu sein. Der niederländische Politikwissenschaftler René Cuperus (2011: 170) schreibt:»Die Loslösung der Eliten ist einer der Hauptgründe für den Vormarsch des Populismus [...]. Der Populismus muss als ein Aufstand, eine Protestbewegung gegen das Gesellschafts- und Zukunftsbild der Eliten einer grenzenlosen, globalisierenden und flexibilisierenden Welt betrachtet werden.« Dass die multikulturelle Gesellschaft nicht nur ein Gewinn ist, sondern auch Schattenseiten hat, wird erst neuerdings mit Verzögerung thematisiert. Der Identitätsdiskurs wurde unter den Verdacht eines Rückfalls in Essentialismus und Nationalismus gestellt und damit Populisten überlassen. Und auch das Mantra individueller Selbstbestimmung muss all jenen als Hohn erscheinen, die sich unter Bedingungen äußerster Fremdbestimmung im Prekariat wiederfinden.

## 6. Das strategische Handeln von Populisten

Der Populismus ist morphologisch ein Chamäleon, das sich den Strömungen des Zeitgeistes anpasst. Dennoch kann man eine Konstante ausmachen: den Kampf gegen eine Kartellisierung in der Politik und gegen die Absprachenpolitik durch den Neokorporatismus. Wendet man mit Joseph Schumpeter die Marktlogik auf populistische Politiker an, so handeln sie als Entrepreneure, die einen politischen Markt erobern wollen. Dies geschieht durch die Reduktion der pluralen politischen Gegner (der untereinander konkurrierenden etablierten Parteien) auf ein monolithisches Kartell. Der populistische Herausforderer dieses Kartells agiert also zunächst so, als stelle er den von den Eliten selbst unterminierten Pluralismus politischer Marktanbieter wieder her, indem er die aus dem Elitenkartell Ausgeschlossenen in das System einschließt und damit den Pluralismus gerade zu fördern scheint. Zugleich transformiert er aber die internen, durch Absprachenpolitik und Entideologisierung bereits abgemilderten Gegensätze zwischen den Parteien Aa, Ab, Ac etc. in einen externen zwischen A und Nicht-A. Der Populismus verlässt also die Logik des Pluralismus und polarisiert zwischen A (dem politischen Establishment) und ihm selbst als Nicht-A und Anti-Establishment.

Populisten operieren doppelbödig. Einerseits fordern sie, den Marktmechanismus und den politischen Pluralismus gegenüber dem ›Kartell‹ wieder herzustellen, unterminieren aber andererseits diesen Pluralismus durch einen polarisierenden Dualismus. Um diesen Widerspruch abzuschwächen, treten sie nicht frontal gegen die bestehende institutionelle Ordnung an, sondern transformieren sie von innen heraus. Dies geschieht, indem sie als deren

Hüter auftreten und sie lediglich effizienter, bürgernäher und glaubwürdiger zu gestalten vorgeben. Die Ambivalenz dieses Vorgehens liegt darin, dass sie damit auf tatsächlich vorhandene demokratische Mängel und Defizite reagieren und durchaus Reformimpulse – in Italien beispielsweise die Dezentralisierung – auslösen können. Extrapoliert man indessen ihre Forderungen nach Effizienzsteigerung, Bürgernähe und höherer Glaubwürdigkeit, gerät man rasch in eine Grauzone oder an die »interne Peripherie« (Arditi) der bestehenden politischen Ordnung. Effizienzsteigerung kann nämlich zu einer demokratisch nicht legitimierten Herrschaft der ›Besten‹ führen, denen mehr Kompetenz als den Berufspolitikern zugeschrieben wird. Bürgernähe kann zu einer (weiteren) Abwertung des Parlaments durch direkte Volksbefragungen (Plebiszite, Referenden) führen, die überdies in der Regel nicht den unteren Volksschichten zugutekommen, sondern den formal gebildeteren Mittelschichten. Höhere Glaubwürdigkeit schließlich kann zu einer (weiteren) Personalisierung von Politik führen, im Extremfall zu einer Akklamationsdemokratie. Geglaubt wird dem, der nicht glaubwürdiger *ist*, sondern der sich als glaubwürdiger darzustellen weiß.

Das Problem liegt nun darin, dass zwei dieser drei Tendenzen ohne jedes Zutun von Populisten bereits wirksam sind, nämlich die Schwächung von Parteien und Parlamenten durch eine demokratisch weder legitimierte noch kontrollierte Zusammenarbeit von Experten (Lobbyisten, wissenschaftliche Berater, Anwaltskanzleien) mit Parlaments- oder Regierungsvertretern als neuer Form von Regierungshandeln, der sogenannten Governance. Auch die Personalisierung der Politik schreitet unter dem Einfluss der visuellen Medien, von Kommunikationsberatern und Spin-Doctoren fort.

Die Entideologisierung der Volksparteien hat zwei Entwicklungen befördert: ihre Transformation von Mitgliederparteien in Wahlkampfmaschinen nach US-amerikanischem Vorbild sowie eine Personalisierung der Politik und die Tendenz neuer *leader*, sich, unter Umgehung ihrer Parteien, über die Medien direkt an das Wahlvolk zu wenden. Die Tatsache, dass sich neben populistischen auch nicht-populistische Politiker (z.B. Blair, Clinton oder Schröder) dieser Praxis bedienen und in allen Parteien der Ruf nach Leadership ertönt, hat ganz erheblich zur unfruchtbaren Überdehnung des Populismusbegriffs beigetragen. Dennoch handelt es sich um eine generelle Tendenz, die per se nichts mit Populismus zu tun hat (vgl. Mény/Surel 2000: 194f.). Sie verführt lediglich dazu, im Populismus einen Megatrend oder gar die Signatur unseres Zeitalters zu sehen.

Naturgemäß fühlt sich das politische Establishment am stärksten durch den Populismus herausgefordert. Da es aber selbst nicht unschuldig an der Entstehung populistischer Strömungen ist, reagiert es mit Abwehrreflexen und analytisch hilfloser Polemik, indem es Populismus erstens auf Ausländerfeindlichkeit und zweitens auf einen bloßen, von ihm selbst durchaus gepflegten, aber verbal abgewehrten politischen Stil reduziert. Damit lenkt man aber Wasser auf die Mühlen des Populismus und setzt sich selbst als die rationale, gesittete Elite, von deren elitärer Abschottung und Arroganz Populisten immer schon überzeugt waren.

Die Kartellisierung der Politik, so die niederländischen Politikwissenschaftler Keman und Krouwel, könne auch als Versuch gesehen werden, eine Wagenburg oder einen Schutzwall gegen den aufsteigenden Populismus zu errichten (vgl. Keman/Krouwel 2006: 34). Lassen wir die empirische Frage beiseite, was hier Ursache und was Wirkung ist und ob Populisten nicht auf eine bereits bestehende, vorgängige Abschottung der politische ›Klasse‹ reagieren. Das eigentliche Problem liegt auf einer anderen Ebene. Machtstrategisch reagieren Populisten auf das, was Max Weber »soziale Schließung« genannt hat – die Versperrung von Aufstiegswegen durch die Schließung des Zugangs zu bestimmten sozialen oder politischen Positionen.

## 7. Populismus als Reaktion auf soziale und politische Schließung

Der Begriff der »sozialen Schließung« bezeichnet einen Abschottungsprozess sozialer Gruppen. Dabei werden zwei reziproke Schließungsmodi unterschieden, die sich auch auf die Analyse des Populismus anwenden lassen: Exklusion und Usurpation. Die soziale oder politische Durchlässigkeit wird verbaut, sobald sich eine Gruppe nur noch aus sich selbst rekrutiert und durch Kooptation reproduziert. »Schließung ist ein Prozess, in dem eine gesellschaftliche Gruppe Macht mobilisiert, um ihre Ressourcen oder ihre Vorteile gegenüber anderen Gruppen zu vergrößern oder zu verteidigen.« (Murphy 2004: 89) Am Beispiel sozioprofessioneller Gruppen hat Frank Parkin den Begriff der »dualen Schließung« geprägt. Im Kampf um knappe Ressourcen reagieren Gruppen in mittlerer sozialer Lage mit dem Modus der Exklusion gegenüber von unten Nachrückenden (z.B. Immigranten, aber auch Arbeiterkinder mit höheren Bildungsabschlüssen) und dem Modus der

Usurpation gegenüber höher gestellten Gruppen (dem Establishment oder dem Staat als Gesetzgeber). Exkludierende Schließung verläuft von oben nach unten, usurpatorische Schließung umgekehrt von unten nach oben (Parkin 2004).

Die Wahl der Exklusionskriterien erfolgt dabei nicht willkürlich, sondern hängt von staatlichem Handeln ab. Wird nämlich eine bis zu einem bestimmten Zeitpunkt exkludierte Gruppe in die Gesellschaft eingegliedert – beispielsweise Immigranten, die vorher nur als ›Gäste‹ und damit als potenzielle Rückkehrer in ihre Heimatländer gesehen wurden, nun aber integriert werden sollen –, fühlen sich Teile der Bevölkerung um ihre vorher staatlich mitgetragene oder geduldete Ausgrenzungspraxis betrogen und suchen eine direkte Konfrontation mit dem Staat. Sie behalten den Modus der Exklusion nach unten bei, weil es weniger politische Energie erfordert,»die Exklusion einer sichtbaren und verwundbaren Minderheit durchzusetzen« (Parkin 2004: 51). Zugleich erweitern sie ihr politisches Handeln um die nach oben gerichtete Strategie der Usurpation, d.h. sie streben nach politischer Macht und konstituieren sich als eine gegen das gesamte Establishment gerichtete usurpatorische Anti-Partei.»Usurpatorische Schließung […] bedeutet, dass eine gesellschaftliche Gruppe Macht ›von unten nach oben‹ ausübt und so versucht, die Vorteile einer über ihr stehenden Gruppe zu verringern. Jedes zweckmäßige und sichtbare Charakteristikum wie Rasse, Sprache, soziale Herkunft, Religion oder die Tatsache, nicht über bestimmte Bildungszertifikate zu verfügen, kann dazu herangezogen werden, Konkurrenten zu Outsidern zu erklären.« (Murphy 2004: 89) Je mehr sich die politische Elite durch Kartellisierung gegenüber populistischen Außenseitern abschottet, desto mehr verstärkt sie also das nach unten exkludierende, nach oben usurpatorische Handeln der populistischen Außenseitergruppe.

## 8. Der Populismus der Mitte

Nicht nur die Entstehung, sondern auch der Erfolg populistischer Bewegungen hängt mit dem Grad der Entwicklung des Wohlfahrts- oder Sozialstaats zusammen. In Ländern ohne einen entwickelten Sozialstaat wie Spanien, Portugal, Griechenland oder Irland hatten rechtspopulistische Parteien (bisher) keinen Erfolg, wohl aber in skandinavischen Ländern sowie in Österreich, der Schweiz, im flämischen Teil Belgiens und in den Niederlanden.

Populismus ist hier keine sozio-ökonomische Reaktion auf Arbeitslosigkeit oder realen Statusverlust, sondern ist stark gerade in Ländern oder Regionen wie Dänemark, Flandern, Norditalien oder Österreich, die nur geringe Arbeitslosenquoten aufweisen. Eine der jüngsten populistischen Bewegungen, die Tea Party in den USA, bestätigt dies noch einmal aktuell (vgl. Kapitel VIII).

Dieser Populismus der Mitte wird getragen von neuen Aufsteigerschichten, deren Wortführer nicht zu den alten, etablierten Eliten gehören: Silvio Berlusconi, Bert Karlsson von der schwedischen Neuen Demokratie, Bernard Tapie in Frankreich, Pim Fortuyn in den Niederlanden, Henry Ross Perot mit der Reform Party in den USA oder Ronald Schill hierzulande. Diese neuen Populisten verbindet ein gemeinsames Profil: self-made-Lebensläufe und Anhäufung eines nicht selten beträchtlichen Vermögens in Bereichen des tertiären Sektors wie neue Medien, Werbung, Entertainment, IT- und Immobilienbranche, Bestseller-Publizistik, Fernseh- oder Schauspielerkarrieren, Consulting, Vergnügungsparks oder Fußballmanagement mit oft undurchsichtigen Verflechtungen von kommerziellen und politischen Interessen. Aus diesen Tätigkeiten beziehen sie nicht nur ihre Ausstrahlung als Medienstars, sondern auch den Anspruch auf größere Wirtschaftskompetenz als die Berufspolitiker (zur Herkunft und zum Werdegang populistischer Führer vgl. Priester 2008: 24–26).

Populisten der Mitte fordern den effizienten Leistungsstaat zu Lasten des Verfassungsstaats, spielen also zwei Facetten des Liberalismus gegeneinander aus. Gegen den Rechtsstaatsliberalismus setzen sie den auf den Staat übertragenen Marktliberalismus. Der Staat wird nur noch als Business (Ross Perot) oder als ›Firma Italien‹ (*azienda Italia*) (Berlusconi) aufgefasst. Jörg Haider forderte: »Wir müssen lernen, den Staat als Unternehmen zu begreifen, und ihn dementsprechend führen.« (Haider 1997: 160)

Der Erfolg dieser Populisten der Mitte beruht auf zwei Botschaften: mir ist nichts in die Wiege gelegt worden; ich bin aufgestiegen aus bescheidenen Verhältnissen und daher ein Mann des Volkes. Und: jeder kann aufsteigen, wenn er nur will. Freie Bahn dem Tüchtigen! Sie selbst leben vor, wie der Traum von raschem Aufstieg Wirklichkeit werden kann durch Wendigkeit, Aktionismus, Skrupellosigkeit, narzisstische Selbstdarstellung und Provokationen. Ihr Anti-Institutionalismus zeigt sich in der Missachtung der Gesetze und in einer egomanischen Verunglimpfung der Repräsentanten des Rechtsstaats.

Da sich das Ideal einer ungefilterten Verbindung von Führung und Anhängerschaft in der Praxis nicht durchhalten lässt, greifen populistische Führer, sobald zu Zugang zur Macht haben, auf den Klientelismus zurück, d.h. auf ein informelles Beziehungsgeflecht, bestehend aus Familienangehörigen, Freunden, Geschäftspartnern, erprobten Beratern, medialen Zuträgern, Winkeladvokaten, einer ganzen Entourage von Spezis, Amigos und Favoriten, die durch persönliche Gunstbezeugungen an den Führer gebunden sind und nach Art der vormodernen Klientelen die ›Freunde‹ genannt werden. Berlusconi war der unerreichte Meister dieser Freundschaftspflege, auf der nicht nur sein Medienimperium, sondern seine gesamte Weltanschauung beruhte. Aber er war nur die Spitze eines Eisbergs, der bis weit ins Lager der etablierten Parteien hineinreicht, vom ›System Kohl‹ in der CDU bis zur französischen UMP, die, ähnlich wie Berlusconis (ehemalige) Partei Forza Italia, nur noch den Namen einer Partei trägt und sich faktisch als Gefolgschaftsverband um eine Führerfigur schart.

## 9. Populismus zwischen Protestbewegung und Identitätspolitik

Populismus kann als Protestpopulismus oder als Identitätspopulismus auftreten. Protestpopulismus betreibt Interessenpolitik für bestimmte Gruppen, seien es Bauern, kleine Ladeninhaber, Handwerker und andere Gewerbetreibende, oder er artikuliert Protest gegen thematisch begrenzte Missstände und Krisenerscheinungen wie aktuell die Finanzmarktkrise. Diese Bewegungen sind begrenzt und meist von kurzer Dauer. Der Populismus hat aber von Beginn an auch die Identitätsfrage aufgeworfen: Wer sind wir als *Natives*, als Ethnie, Volk oder Nation? Und was bedroht uns? In Zeiten globaler Umbrüche tritt der Identitätspopulismus in den Vordergrund, der zudem geeignet ist, größere, über gruppenspezifischen oder monothematischen Protest hinausgehende Bedrohungsängste aufzugreifen.

Populisten der Mitte polarisieren nicht mehr offen nach ethnisch-rassischen, sondern nach kulturellen Kriterien (Wir als Christen oder tolerante Erben der Aufklärung/die Anderen als kulturell zurückgebliebene Fundamentalisten). Pim Fortuyn und seinem Nachfolger Geert Wilders gelang bzw. gelingt es, durch Mobilisierung vor allem gegen Einwanderer muslimischen Glaubens eine Klammer zwischen sozialen Aufsteigern und städtischen Unterschichten mit ihren Überfremdungsängsten herzustellen. Fürchten diese um Arbeitsplätze, Sozialleistungen und ihre Lebenswelten in multiethnischen Wohnvierteln, so prangern jene die mangelnde Integrationsbereitschaft und den moralischen Konservatismus bestimmter Immigranten an und suggerieren, diese Hinterwäldler seien die eigentliche Bedrohung der weltoffenen, toleranten Niederlande oder des gesamten Westens. Dort, wo Populismus erfolgreich ist, gelingt ihm eine Amalgamierung zweier ganz unterschiedlicher sozialer Gruppen. Die eine sucht Zugang zur Elite und zu den Fleischtöpfen der Macht, die andere fürchtet sich vor gesellschaftlichem Abstieg und Statusverlust. Der Populismus leistet die Bündelung divergierender Erwartungen unter einem Generalnenner, wozu die Volksparteien immer weniger in der Lage sind. Jörg Haider hat dies exemplarisch vorexerziert, als er der ›Privilegienherrschaft‹ im Staatssektor den Kampf ansagte. Im Visier steht eine den Marktzwängen nicht unterworfene, daher verschwenderisch mit öffentlichen Gütern umgehende Bürokratie (appelliert an Freiberufler und andere Selbständige), die zu einem Selbstbedienungsladen für Staatsprofiteure, »Privilegienritter« und Doppelkassierer in einem »spätfeudalen Systems« geworden sei (appelliert an den ›gemeinen‹, hart arbeitenden Mann, dem die leistungsunabhängige Alimentierung von Beamten, aber auch Sozialleistungen für Asylbewerber und Immigranten hart aufstoßen).

## 10. Populismus ohne Volk

Nach 1945 war in Deutschland von ›Antisemitismus ohne Juden‹ die Rede, seit den achtziger Jahren von ›Rassismus ohne Rassen‹ oder von einer ›Klassengesellschaft ohne Klassen‹. Ideologien, Einstellungen, Mentalitäten leben weiter, auch wenn ihr Objekt scheinbar abhandengekommen ist. Etwas Vergleichbares lässt sich auch beim Populismus beobachten. Der Begriff des Populismus ist eine Fremdzuschreibung. Populistische Parteien oder Bewegungen haben sich, mit Ausnahme der US-amerikanischen People's oder Populist Party, nie selbst als populistisch bezeichnet. Der amerikanische Populist George C. Wallace sah in seiner Bezeichnung als Populist nur die hochnäsige Hetze von Pseudointellektuellen. Auch der französische Front National ergriff die damit verbundene Chance, sein Image als rechtsextreme Partei abzulegen, erst, nachdem Politikwissenschaftler ihn als »nationalpopulistisch« etikettiert hatten.

Die allgemein akzeptierte Definition des Populismus lautet, er sei eine Bewegung, die zwischen dem Volk und den Eliten polarisiere. Schaut man sich daraufhin die Rhetorik aktueller Populisten an, entdeckt man eine Leerstelle – einen Populismus ohne Volk. An die Stelle des Volkes sind Ersatzbegriffe getreten. In Italien sind es vor allem ›die Leute‹ (*la gente*). Umberto Bossi von der Lega Nord geht auf ›die Leute‹ zu und erhebt Forderungen in ihrem Namen; Wahlkämpfer richten sich danach, was bei ›den Leuten‹ ankommt. Statt von Populismus ist in der italienischen Publizistik bereits von Gentismus (*gentismo*) die Rede.

Diese Semantik der ›Leute‹ ist jedoch nicht neu und in Italien bereits in den 1940er Jahren in der Jedermannspartei (*L'Uomo qualunque*) aufgetreten. Der Jedermann oder die Leute sind weder eine juristisch-politische Kategorie wie das Volk als Staatsvolk, noch eine sozio-ökonomische Kategorie zur Bezeichnung der Mittel- und Unterschicht. Die Leute sind überall und nirgends; sie sind eine amorphe Verfügungsmasse von Unpolitischen, im linguistischen Sinne ein ›Man‹. Dieses Man lebt, denkt und handelt wie Jedermann und ist numerisch die Mehrheit der Bevölkerung. Heidegger hat das Man als Herrschaft der Alltäglichkeit und Durchschnittlichkeit bezeichnet. Je offensichtlicher sich das Man gebärde, desto unfasslicher und verdeckter sei es. Dem uneigentlichen Sein unter der Herrschaft des Man stellte Heidegger die »Eigentlichkeit« des authentischen Lebens entgegen. Diese Alternative setzt aber bereits eine skeptische Distanz zum Man voraus, was Populisten gerade ablehnen, ist für sie doch der Skeptizismus ein negatives Signum der Moderne. »Eigentliches Sein«, um in Heideggers Terminologie zu bleiben, zeigt sich für Populisten gerade im unhinterfragten Man der ›schweigenden Mehrheit‹.

In Deutschland ist das Volk aus historischen Gründen nahezu ein Unwort. An seine Stelle sind ›die Menschen‹ getreten. »Die Menschen in diesem unserem Lande« (Helmut Kohl) sind der amorphe Adressat von politischen Akteuren, die selbst aber außerhalb dieser Mehrheit stehen. Politiker, die sich als ›drinnen‹, im Zentrum der Macht stehend, begreifen, sprechen von »den Menschen draußen im Lande«. Karl Theodor zu Guttenberg erklärte im Februar 2011, »die Menschen in diesem Lande« erwarteten, dass er seiner verantwortungsvollen Tätigkeit als Minister nachgehe und sich nicht mit den Quisquilien von Fußnoten aufhalte. Ein SPD-Abgeordneter wirbt auf seiner Homepage mit dem Slogan »Für die Menschen. Für das Land«. Für wen wird Politik wohl sonst gemacht, wenn nicht für Menschen? Hier ist aber etwas anderes gemeint: Nicht Menschen als Gattungswesen, sondern *die* Menschen, zu denen die politische Elite gerade nicht gehört. *Die* Menschen sind die kollektiv ›draußen‹ Stehenden. Aber sie sind keine sozialstrukturell bestimmbare Größe wie die Arbeiterschaft, die Mittelschichten oder das Kleinbürgertum, sondern die amorphe Mehrheit, die Menge oder die Multitude (Antonio Negri).

Auch in Frankreich ist eine aufschlussreiche semantische Verschiebung zu beobachten. Das französische Wort für Volk, *le peuple*, ist nach wie vor positiv besetzt. Mit dem *peuple* dürfen es sich französische Politiker nicht verscherzen; es wird als Adressat für Volksanrufungen gebraucht und steht synonym für die Nation. Das Volk als Unterschicht oder als Kleinbürgertum kann in Frankreich nur indirekt pejorativ besetzt werden. Dies geschieht über den Umweg des englischen *people* im Plural. *Les people* oder die *pipolisation* löst gleich drei negative Assoziationen aus: angelsächsische, d.h. unfranzösische Massenkultur, ungebildete Leser der Skandal- und Sensationspresse, deren Dauerthema, drittens, die *people* sind, die Reichen und Schönen, seien es Filmstars, Sportler oder Politiker, die ihr Privatleben zur Schau stellen. Das angelsächsisch verballhornte ›Volk‹ steht für die Prominenten, deren Wohl und Wehe Gegenstand des medial verbreiteten Volksinteresses ist. Es bezeichnet nicht das positiv konnotierte Staatsvolk des *peuple*, sondern das Objekt des in den unteren Volksschichten verbreiteten Traumes von Schönheit, Ruhm und Reichtum. Über den Umweg des Englischen wird eine Symbiose der ›Leute‹ mit den *people* hergestellt; beide sind aufeinander angewiesen und treffen sich in einer unpolitischen Scheinwelt.

Eine andere semantische Wende zeichnete sich Ende der 1990er Jahre mit dem Populisten Pim Fortuyn in den Niederlanden ab. Auch Fortuyn sprach nicht mehr vom Volk, sondern von den Bürgern (vgl. Priester 2007a: 184). Der moderne, zeitgemäße Populismus, so Fortuyn, appelliere an die »mündigen Bürger«. Sie sind nicht mehr das subalterne, formal ungebildete Volk, sondern Mitglieder einer selbstbewussten Bürgergesellschaft und wollen sich vom Staat weder versorgen noch bevormunden oder kontrollieren lassen. Der mündige Bürger des neuen Populismus lässt sich nicht länger am Gängelband der *political correctness* führen. In dieser Phase intellektualisiert sich der an sich anti-intellektuelle Populismus und zieht auch Intellektuelle auf seine Seite.

Auch dieses Phänomen ist nicht neu. Bereits 1975 lieferte der Soziologe Helmut Schelsky diesem Bürgerpopulismus die Stichworte, ohne dass damals schon der Begriff des Populismus fiel. Unter dem provozierenden Titel *Die Arbeit tun die Anderen* prangerte der streitbare Soziologe die neue »Priesterkaste« von Sinnproduzenten und Reflexionseliten an. Ihnen stellte er in populistischer Manier die arbeitende Bevölkerung gegenüber und polarisierte zwischen unproduktiven und produktiven Schichten. »Die Anderen« stehen für die Gesamtheit derer, die die Arbeit tun. Ihr Gegenpol sind die Faulen, die Schmarotzer, die Parasiten, die Politikaster, die zur Entscheidung unfähige »diskutierende Klasse« (Carl Schmitt), die Intellektuellen, die als Bevormundungskartell die Sphäre der Sinndeutung monopolisiert hätten, sowie jene bürgerlichen Kräfte, die als unproduktive Spekulanten von der Rendite leben.

Gut dreißig Jahre nach Schelskys Streitschrift ist die Zahl der intellektuellen Neopopulisten, die sich selbst eher als Neokonservative sehen, gewachsen. Vor allem der Philosoph Peter Sloterdijk tritt gegen die »Staatskleptokratie« an, propagiert die Abschaffung von »Zwangssteuern« und polarisiert zwischen den »unproduktiven Armen« und den »produktiven Reichen«. Diesen legt Sloterdijk nahe, sich auf Mäzenatentum, freiwillige Spenden und die ehrenvolle Tradition der »Gabe« zu besinnen. Ehre statt Staatszwang lautet die aristokratische Version des Populismus. Populisten haben immer zwischen den produktiven und den unproduktiven Schichten der Bevölkerung polarisiert, sich selbst aber den produktiven Kräften zugerechnet. Sloterdijk kodiert diese Polarisierung unter den Bedingungen der heutigen unproduktiven Sozialstaatsklientel einfach um und propagiert eine libertäre Lösung, der er mit der Berufung auf Ehre einen aristokratischen Mehrwert verleiht, unterscheidet sich aber nicht von der libertären Fraktion in der amerikanischen Tea Party-Bewegung (vgl. Kapitel VIII).

Hat sich das Volk des Populismus also aufgelöst? Als ›die Leute‹ hat es sich in einem sozialen Niemandsland verflüchtigt. Als deodoriertes soziales Neutrum ohne den abgestandenen Volksgeruch sind die Leute das Fundament des Neopopulismus oder das Man in seiner Eigentlichkeit. Ihm stehen ›die Menschen‹ als Fürsorgeobjekt und Berufungsinstanz der Eliten gegenüber. Politik wird *für* die Menschen gemacht, nicht mit ihnen. Das anglofranzösische *people*, verballhornt zur *pipol*, zeigt wieder eine andere Facette. Die *people* sind das kommerzialisierte Objekt der Begierde unterer Volksschichten. Sie verkörpern die imaginäre Teilhabe am Leben der Prominenz, die Evasion aus einer Welt der Kargheit in eine der Fülle und stehen für eine Scheinegalisierung durch die Botschaft, dass auch die *pipol* von Krankheiten, Eheproblemen und Misserfolgen heimgesucht werden. Die ›Bürger‹ schließlich sind die innerpopulistische Oberschicht der Leute. Sie okkupieren eher linksliberal besetzte Begriffe wie Zivilgesellschaft und Bürgerstatus für den

Populismus. Und damit schließt sich der Kreis. Wir sind, aller semantischen Diffusion zum Trotz, wieder bei den Anfängen und Grundmotiven des Populismus angelangt: der Steuerverweigerung, der »Staatskleptokratie«, der Ausbeutung des Traums einer egalitären Mittelklassengesellschaft, der Polarisierung zwischen produktiven und unproduktiven Schichten und dem Kampf gegen die Eliten, zu denen im Populismus nicht nur die politischen, sondern immer auch die kulturellen Eliten gehören.

## 11. Wie mit dem Populismus umgehen?

In ökonomischen und politischen Umbruchphasen entsteht ein frei flottierendes, ideologisch nicht festgelegtes Unbehagen an ›den‹ Zuständen und ›denen da oben‹, eine mürrische Verstimmung und Übellaunigkeit. Sie macht sich zunächst durch Rückzug aus der Politik bemerkbar, bis politische Entrepreneure sich dieses Potenzials bemächtigen und ihm ein Ventil bieten.

Wie also damit umgehen? Man kann darauf drei Antworten geben. Die erste verfolgt eine Politik des Containment oder der Eindämmung. Die Legitimität des demokratischen Systems beruht auf Institutionen und Verfahrensweisen, die als Bollwerk gegen die stimmungsabhängigen, manipulierbaren Willensakte durch Wahlen zu stärken seien. Der normative Gehalt der Demokratie, der im Pragmatismus des politischen Alltagsgeschäfts unterzugehen droht, sei wieder sichtbar zu machen. Dieser prozedurale Ansatz geht von zwei Annahmen aus: Volkssouveränität beruht nicht auf einer ethnischen oder kulturellen Homogenität des Volkes, sondern allein auf dessen Gesetzgebungskompetenz. Analog dazu ist Gerechtigkeit keine Frage von Inhalten, sondern von gerechten Verfahrensregeln. Nur Recht kann in einem demokratischen Prozess bestimmt werden, nicht aber Moral. Der Moralisierung der Politik durch den Populismus wird hier die schärfste Absage erteilt. Diese gewissermaßen kantianische Antwort setzt auf die Stärkung des Pfeilers ›Konstitutionalismus‹ und die Selbstheilungskräfte der Institutionen.

Diese Antworten sind so alt wie die moderne Demokratie und werden neuerdings von einigen Theoretikern mit der Forderung nach Entpolitisierung der Demokratie noch zugespitzt. Ausgangspunkt dieser Überlegungen ist die als unaufhebbar geltende Diskrepanz zwischen Anspruch und Wirklichkeit der Demokratie. Der Begriff wecke Erwartungen an Partizipation und politische Teilhabe, die nicht eingelöst werden können, schon gar nicht unter den Bedingungen des aktuellen Mehr-Ebenen-Regierens auf nationaler und transnationaler Ebene. Daher gelte es, die Reichweite der Demokratie zu verengen, die Rolle des Staatsbürgers neu zu definieren und den Begriff der Demokratie semantisch umzudeuten. Die Bürger treten nicht mehr als aktive politische Akteure auf, sondern als Beobachter der Politik. Ihnen kommt lediglich die Rolle eines Monitors zu, während politische Entscheidungen von deliberativen Eliten gefällt werden. Demokratie müsse, fordert der kanadische Politiktheoretiker Philip Pettit, entpolitisiert werden (vgl. Pettit 2004). Populismus, so Pierre Rosanvallon, ein anderer Wortführer in dieser Debatte, sei die unheilvolle Folge der Politisierung der Politik durch die Parteien (vgl. Rosanvallon 2010). Der Einfluss von Populisten könne am besten dadurch neutralisiert werden, dass man ihnen keine Angriffsfläche bietet und die Parteien aus der Schusslinie des Populismus nimmt. Um dessen Aversion gegen Parteien das Wasser abzugraben und dem politisierenden Effekt von Parteienkämpfen entgegenzutreten, gelte es, den Einfluss von Parteien zu minimieren und zu entpolitisieren. An ihre Stelle soll der neutrale, von Parteiinteressen unabhängige Bürger als Beobachter der Elitenpolitik treten. Das Volk wirkt also nicht mehr an der politischen Entscheidungsfindung mit und die Gesetzgebungskompetenz als ureigenes Merkmal der Volkssouveränität wird ihm entzogen. Stattdessen wird ihm ex post die Möglichkeit zu *juristischer* Anfechtung bereits getroffener Entscheidungen zugesprochen, was eine weitere Verrechtlichung der Politik nach sich zieht. Die politische Sphäre würde auf diese Weise weiter entpolitisiert, die Justiz aber politisiert werden.

Auch wenn diese Argumente vermeintlich zum Schutz der Demokratie vorgetragen werden und nicht mit der Desavouierung von Parlament und Parteien in der Tradition Carl Schmitts verwechselt werden dürfen, laufen sie doch auf problematische Weise darauf hinaus, den Teufel mit Beelzebub auszutreiben. Entpolitisierung der Demokratie bedeutet Entwertung des Parlaments und Abwertung des Wahlaktes zugunsten politisch nicht legitimierter, ad hoc zusammengekommener Bürger. Diese sind aber qua Kompetenz, Sachkunde und Artikulationsfähigkeit nicht das Volk, sondern selbsternannte Experten, die nachträglich auf bereits getroffene politische Entscheidungen einwirken. Nadia Urbinati weist kritisch darauf hin, dass die Grenzlinie zwischen ›unpolitischer Demokratie‹ und populistischer Antipolitik sehr dünn ist. Die Parteienschelte hat in Italien nicht das Ideal des unparteiischen Bürgers oder unparteiischer Organisationen als Monitoren und Garanten einer kritischen Öffentlichkeit befördert, sondern den Aufstieg Berlusconis und der Lega Nord (Urbinati 2010: 71). Die Eindämmung der Parteiendemokratie als Schutzwall gegen den Populismus leistet dem populistischen Angriff auf das Elitenkartell nur weiteren Vorschub. Sie bestärkt Populisten in ihrem Verdacht, eine abgehobene Elite reklamiere Vernunft und Rationalität des politischen Handelns allein für sich und misstraue dem unberechenbaren, von Stimmungen und Leidenschaften getriebenen Volk.

Im Gegensatz zur Politik des Containment beruht die zweite Antwort auf einer Politik der Akkomodation an den Populismus, sei es auf symbolischer oder inhaltlicher Ebene. Politiker des Mainstream übernehmen populistische Stilelemente durch volkstümliches Auftreten und Talkshow- oder Bierzeltpräsenz. So gaben George W. Bush durch Auftritte in Blue Jeans und Blouson oder Edmund Stoiber und Jörg Haider in Lederhose und Jankerl das optische Signal: Ich bin einer von Euch, ich bin volksverbunden! Der amerikanische Populist George C. Wallace kultivierte in den 1960er Jahren ein bewusst ordinäres Erscheinungsbild mit billigen Anzügen, pomadisiertem Haar, der Vorliebe für Country-Musik und für Ketchup als kulinarische Allzweckwürze. Auch Linke kennen diese Mixtur aus Anbiederung und Herablassung. Der Proletkult von Schiebermütze, Ledermantel und schwarzen Fingernägeln suggerierte eine Symbiose der Intelligentsia mit den Werktätigen und war doch nur Maskerade.

Neben stilistischer Mimikry und Symbolpolitik versucht diese Variante, auch inhaltlich den Populisten das Wasser abzugraben durch Teilübernahme ihrer Forderungen. Vor allem in der Frage der Immigration treten Populisten als agenda setter auf und berühren, wie schon bei den oben angesprochenen Themen der Parteienentwicklung und der EU, auch hier einen neuralgischen Punkt. Ihre unterkomplexen Antworten machen es ihren Gegnern leicht, mit Abwehr zu reagieren und am Ideal des Multikulturalismus festzuhalten. Inzwischen wächst aber die Skepsis, ob es richtig war, im Namen von Differenz bei Immigranten die Pflege ihrer kulturellen und religiösen Identitäten wohlwollend zu tolerieren, sie aber der autochthonen Bevölkerung zu verwehren und ihre eine nur vage definierte multikulturelle Nicht-Identität als Identität nahezulegen.

Die dritte Antwort könnte daher lauten: Rückbesinnung auf den eigentlichen Impuls des populistischen Protests, nämlich auf die Frage nach dem Verhältnis von Regierenden und Regierten in einer Demokratie. Die Souveränität des Volkes kann einerseits gestärkt werden durch die Integration basisdemokratischer Elemente in den zu eng gewordenen Rahmen der repräsentativen Demokratie. Zahlreiche, bis heute aktuelle Möglichkeiten hat

Hans Kelsen schon in den 1920er Jahren aufgezeigt (vgl. Kelsen 1963 [1929]: 38ff.). Sie kann andererseits gestärkt werden durch eine neue Artikulation dessen, was die tribunizische Funktion genannt wurde. Volkstribune haben heute eine schlechte Presse, weil man sie sich nur als geifernde Demagogen und Volksverführer vorstellen kann, dies umso mehr, als sich nach dem Niedergang der kommunistischen Parteien in Westeuropa rechte Politiker wie Le Pen oder Haider dieser Funktion bemächtigt haben. Die tribunizische Funktion muss aber nicht an Personen gebunden sein. Vor allem die Parteien, die heute im Vergleich zur Weimarer Republik durch ihre Verankerung im Grundgesetz, durch das Parteiengesetz und die staatliche Wahlkampffinanzierung faktisch zu Staatsorganen geworden sind, müssten sich wieder stärker als Mittler und Brücken zwischen dem Wahlvolk und dem politischen System, zwischen Gesellschaft und Staat verstehen, was leichter gesagt als getan ist, bedeutet es doch Verzicht auf Privilegien.

Populismus ist immer dann erfolgreich, wenn das politische Alltagsgeschäft als bleiern und selbstreferentiell empfunden wird. Als kulturelles Syndrom ergreift er in Kulturkämpfen wie in den USA die Partei der *honest* und *plain people*. Rechtschaffenheit, um nur dieses Beispiel aufzugreifen, ist aber ein vorideologischer Wert, der als solcher weder rechts noch links ist. Erst in Kombination mit anderen Werten wird er politikfähig, bietet damit aber auch Eingriffs- und Gestaltungsmöglichkeiten. Die populistische Mentalität ist eine Verfügungsmasse, deren politische Ausrichtung nicht von vornherein feststeht. Parteien, die sich als Volksparteien nur noch nominell auf das Volk berufen, laufen Gefahr, dass andere als Platzanweiser für diese Verfügungsmasse in das Vakuum eindringen. Populismus ist heute nicht nur der Schatten der Globalisierung, sondern auch der Schatten der Parteiendemokratie. Sie steht aber, das sollte nicht vergessen werden, von zwei Seiten unter Druck, von populistischer, aber auch von anti-populistischer Seite.

# II. Definitionen und Typologien des Populismus

Obwohl Deutschland ein vergleichsweise populismusresistentes Land ist, haben das Interesse an und die Verwendung von Populismus zur Kennzeichnung neuer Tendenzen oder Strömungen in der Politik erheblich zugenommen. Aber der Umfang der Veröffentlichungen und die Reichweite der Verwendung des Terminus stehen bisher in keinem Verhältnis zur theoretischen Durchdringung des Phänomens. Ziel dieses Aufsatzes ist daher erstens eine Bestandsaufnahme der Ansätze und Paradigmen in der Populismusforschung und zweitens eine kritische Auseinandersetzung mit Versuchen einer einheitlichen Definition des Phänomens.

Der älteste Versuch, Populismus als einheitliches Phänomen zu begreifen, geht auf den US-amerikanischen Soziologen Edward A. Shils zurück. Er definierte Populismus anhand von nur zwei Kriterien: dem Primat des Volkswillens und der direkten Beziehung zwischen Volk und Führung (Shils 1956: 98–104). Ein weiterer Markstein auf dem Weg zu einer allgemeinen Definition von Populismus wurde auf der Tagung *To define populism* in London 1967 errichtet. Die Tagungsteilnehmer, darunter Isaiah Berlin, der einige bis heute gültige Gedanken zum Populismus formulierte, einigten sich auf folgende Definition:

»Populist movements are movements aimed at power for the benefit of the people as a whole which result from the reaction of those, usually intellectuals, alienated from the existing power structure, to the stresses of rapid economic, social, cultural or political change. These movements are characterized by a belief in a return to, or adaptation of, more simple and traditional forms and values emanating from the people, particularly the more archaic sections of the people who are taken to be the repository of virtue.« (To define 1968: 179)

Abgesehen von den ›archaischen Sektoren des Volkes‹, einer Formulierung, die noch stark am Agrarpopulismus des 19. Jahrhunderts orientiert ist, enthält diese Definition alle bis heute gültigen Merkmalsbestimmungen von Populismus als Reaktion nicht auf gesellschaftlichen Wandel schlechthin, sondern auf einen zu raschen oder als zu rasch wahrgenommenen Wandel, als rückwärtsgewandte Utopie sowie die Bestimmung des Volkes als moralische Instanz. Der auf dieser Tagung ausgelegte definitorische Faden wurde in der Folgezeit nicht aufgegriffen, was auch mit der wachsenden Pluralisierung der Erscheinungsformen von Populismus zusammenhängt. Schon 1969 stellten die Herausgeber des klassischen Standardwerks zum Populismus, Ghita Ionescu und Ernest Gellner, die Frage, ob es überhaupt ein einheitliches Phänomen gäbe, das dieser Bezeichnung entspräche (Ionescu/Gellner 1969: 1). Populismus als anti-universalistische Strömung[3] ist in hohem Maße kontextabhängig und Populismusdefinitionen müssen dieser Kontextualität Rechnung tragen. Margaret Canovan, eine der wenigen Populismusforscher(innen), die sich vor dem seit etwa zehn Jahren wieder erstarkenden Interesse am Populismus mit theoretischen Fragen beschäftigt hat, verzichtet angesichts der Fülle disparater Phänomene, die alle als populistisch bezeichnet wurden oder werden, auf eine Definition und plädiert statt dessen für eine Typologie unterschiedlicher Erscheinungsformen.

## 1. Typologien des Populismus

In ihrem Buch *Populism* von 1981 begnügt Canovan sich mit einer typologischen Auflistung unterschiedlicher Formen von Populismus, die als »the most ambitious attempt to get to grips with populism« (Taggart 2000: 18) bezeichnet wurde. Das Resultat ist indessen wenig überzeugend. Canovan unterscheidet zwei Grundformen von Populismus, den agrarischen und den politischen, was schon rein kategorial die Frage aufwirft, ob der Agrarpopulismus des ausgehenden 19. Jahrhunderts etwa nicht politisch gewesen sei, was er durchaus war. Diese zwei Grundformen fächert sie in insgesamt sieben Typen auf.

In einem jüngeren Aufsatz vertritt sie das Ziel einer »voraussetzungslosen Beschreibung« (*presuppositionless description*) und einer deskriptiven Typologie ohne Anspruch auf Erklärung (vgl. Canovan 2006: 544). Zwar nennt sie

---

[3] Ich wähle an dieser Stelle noch bewusst einen möglichst vagen Begriff und komme auf die Frage, ob Populismus eine Ideologie, ein Syndrom, ein Denkstil, ein politischer Stil oder eine Strategie sei, später zurück.

ihr Verfahren phänomenologisch, benutzt diesen Terminus aber in einem vortheoretischen Sinne als Synonym für deskriptiv. Ihr Ziel ist die Klassifizierung der Reichweite aller Populismen, auf die in der einschlägigen Literatur Bezug genommen wird (ebd.: 551).[4] Mit anderen Worten: ihre Vorgehensweise ist, entgegen ihrer Annahme, eben nicht voraussetzungslos, sondern setzt unkritisch Zuschreibungen von Phänomenen als »populistisch« voraus, ohne das Phänomen selbst definiert zu haben. Sie vergleicht ihre Arbeit mit der eines Naturwissenschaftlers, der Käfer sammelt und sie nach Gruppen sortiert. Freilich muss man auch hier zunächst einmal definieren, was ein Käfer ist. Das Ergebnis von Canovans Ausdifferenzierung der beiden Grundtypen des agrarischen und des politischen Populismus ist eine Typologie von sieben Typen, die so impressionistisch zusammengestellt ist, dass letztlich nur ein gemeinsamer Nenner von Populismus übrigbleibt: die populistische Rhetorik (ebd.: 552).

Canovan unterscheidet 1. den bäuerlichen Radikalismus (*Farmers' Radicalism*), 2. den revolutionären intellektuellen Populismus, 3. den Agrarpopulismus (*Peasant Populism*), 4. Populistische Diktaturen (z.B. Juan Perón, Huey Long), 5. Populistische Demokratie (z.B. das Schweizer System der direkten Demokratie), 6. Reaktionären Populismus (z.B. George C. Wallace in Alabama und der britische konservative Populist Enoch Powell), 7. den Populismus der Politiker (*Politicians' Populism*) in Volksparteien oder catch-all-parties, die die »etablierten politischen Trennlinien verwischen«. (Ebd.: 545 f.; auch Canovan 1981: 13)

Diese Typologie wirft eine Reihe von Fragen auf: (1) Typen sollten untereinander eine hohe externe Heterogenität aufweisen, um die einzelnen Typen möglichst gut voneinander unterscheiden zu können. So sind zum Beispiel die Typen ›bäuerlicher Radikalismus‹ und ›Agrarpopulismus‹ nicht heterogen genug, (2) Das unter 2. genannte Beispiel ist kein Typus, sondern ein Einzelfall und bezieht sich auf die russischen Narodniki. Hier fehlt die für einen Typus unerlässliche Vergleichsdimension. Wenn aber andere populistische Intellektuellenbewegungen wie die ungarischen *Népi* oder das italienische *Strapaese* hinzugezogen werden, so waren sie nicht revolutionär, (3) Bei Typ 7 verfehlt Canovan den eigentlichen Zweck von Typenbildung, nämlich Komplexitätsreduktion, indem sie sekundäre, triviale Ähnlichkeiten zugrunde legt und Komplexität dadurch gerade erhöht. Das hier zugrunde

---

4 Eben dieser kritiklosen Bezugnahme auf das, was andere über den Gegenstand gesagt oder gelehrt haben, hatte Edmund Husserl als Begründer der Phänomenologie mit den drei Reduktionen oder Ausschaltungen entgegengewirkt.

gelegte Kriterium – die Verwischung etablierter politischer Trennlinien – ist ein allgemeines Kennzeichen von Politik (vgl. Priester 2007a: 19). Überdies ist es wenig sinnvoll, Mitglieder der politischen Elite als eigentliche Gegner von Populisten in das Konzept des Populismus einzubeziehen. Der niederländische Rechtsextremismus- und Rechtspopulismusexperte Cas Mudde (2000: 34ff.) arbeitet mit einer an Canovan angelehnten, reduzierten Dreiertypologie und unterscheidet den Agrarpopulismus, den ökonomischen und den politischen Populismus. Auch wenn diese Typologie in manchen Einzelfalluntersuchungen unkritisch übernommen wird, gelten für sie die gleichen Vorbehalte wie gegenüber Canovans Typologie.

Mit Blick auf Populismustheorien argumentiert Canovan, diese seien entweder zu umfassend oder zu begrenzt, weshalb die Suche danach ausnahmslos fehlschlage (Canovan 2006: 546). Dabei gingen Forscher von Einzelfallstudien aus und versuchten, diese unter ein theoretisches »Dach« zu bringen. In der Tat kann man auf rein induktivem Weg nicht zu theoretischen Erkenntnissen gelangen. Damit ist aber nicht jeder theoretische Anspruch von vornherein obsolet, denn schon die Auswahl bestimmter Fälle setzt ein theoretisches Vorverständnis über die Relevanz von Merkmalskombinationen voraus. Die Begriffsbildung geht der Quantifizierung oder idiographischen Beschreibung immer voraus, nicht umgekehrt. Auch das vermeintlich theorieloseste Sammeln und Beschreiben von Fällen kommt nicht ohne Begriffe in ihrer Eigenschaft als *fact finding container* (Sartori) aus, d.h. ohne ihre heuristische Verwendung bei der Auswahl von Einzelfällen. Je höher die Unterscheidungskraft solcher Begriffscontainer ist, desto geringer ist die Gefahr trivialer, nebensächlicher Merkmalsbestimmungen und Vergleiche. Mit dem Begriff des Populismus geschieht aber gerade das Gegenteil. Er wurde und wird immer weiter ausgedehnt und auch auf Erscheinungen wie den ›Medienpopulismus‹ oder den ›Populismus‹ der Volksparteien ausgeweitet.

In einem immer noch grundlegenden Aufsatz zur Begriffsbildung in der sozialwissenschaftlichen Komparatistik hat Giovanni Sartori auf das Problem der Begriffsausdehnung (*conceptual stretching*) hingewiesen, die zu vagen, amorphen Begriffsbildungen führe (vgl. Sartori 1970: 1034; auch Collier/Mahon 1993). Der Begriff des Populismus ist besonders anfällig für diese Überdehnung, die, wie Sartori betont, nicht zu einem generalisierenden Begriff, sondern nur zur Vernebelung und Verschleierung seines Bedeutungsgehalts führt. Es ist daher nicht ratsam, die höchste Stufe von Sartoris Abstraktionsleiter erklimmen zu wollen, erweist sich doch die Hoffnung auf eine allgemeine Theorie, die alle möglichen in Raum und Zeit vorkommenden Fälle subsumiert, als szientistisches Wunschdenken. Auf der untersten Stufe der Abstraktionsleiter rangieren Einzelfalluntersuchungen als Bausteine einer künftigen Theoriebildung. Forschungen auf dieser Ebene verfahren deskriptiv (idiographisch) nach Art einer dichten Beschreibung (Clifford Geertz). Ihr theoretischer Anspruch ist begrenzt und eher gering. Dagegen werden auf einem mittleren Niveau der Theoriebildung Vergleiche innerhalb einer Region (*intra-area comparisons*) im Rahmen eines relativ homogenen Kontexts durchgeführt und Theorien mittlerer Reichweite (Robert K. Merton) angestrebt. Hier kommen Taxonomien (Klassifikationen, Typologien oder Cluster) zum Zug, die nach Art eines »Sortiergeräts« (Hans P. Bahrdt) die Fülle von Einzelerscheinungen gruppieren. Typenbildung erfüllt nicht die Anforderung an eine nomothetisch verfahrende Wissenschaft, geht aber über bloß idiographische Ansätze hinaus. Begriffe, die als Richtschnur für die Untersuchung einer unübersichtlichen Wirklichkeit dienen sollen, müssen daher eng und konkret gefasst werden.

Im Gegensatz zu Canovan unternimmt Paul Taggart den Versuch, idealtypisch fünf Züge (*features* oder *themes*) des Populismus herauszuarbeiten und versteht sie als »universell anwendbaren Ansatz« (Taggart 2004: 273): Erstens die ablehnende Haltung des Populismus gegenüber der repräsentativen Demokratie; zweitens die Identifikation von Populisten mit einem Heartland, verstanden als rückwärtsgewandte Utopie einer idealen Welt. Drittens das Fehlen zentraler Werte (*core values*). Dieses »leere Herz« des Populismus bedinge seine chamäleonhafte Erscheinungsform, da das Heartland kontextabhängig mit unterschiedlichen Inhalten oder ideologischen Elementen gefüllt werden kann. »The heartland serves as the raw material from which values are derived and from which a populist constituency is derived.« (Ebd.: 278) Viertens die Bestimmung von Populismus als Reaktion auf das Gefühl einer extremen Krise und fünftens die »self-limiting quality of populism«. (Ebd.: 276) Populismus ist ein episodisches Phänomen mit kurzer »Haltbarkeitsdauer« (Taggart), das entweder mit dem Tod des charismatischen Führers endet oder seinen Charakter als Populismus verändert, sobald es an der Macht beteiligt ist oder diese ergreift. Mit seinem Konzept des Heartland und der Betonung der rückwärtsgewandten Utopie von Populismus kommt Taggart der Verortung von Populismus als traditionalistischem Denkstil im Sinne Karl Mannheims sehr nahe (vgl. Priester 2007a: 19ff.). Allerdings stellt sich die Frage, wie universell Taggarts Merkmale sind und ob sie auch für außereuropäische Regionen, beispielsweise Lateinamerika, gelten können.

Dagegen unterscheiden die französischen Populismusforscher Yves Mény und Yves Surel drei »entscheidende Schritte« in der Argumentation von Populisten: Erstens die Betonung der Rolle des Volkes und seine grundlegende Position nicht nur in der Gesellschaft, sondern in der Struktur und Funktionsweise des gesamten politischen Systems mit scharfer Kontrastierung der »Privilegierten« und der »Underdogs«. Zweitens die Betonung des Betrugs durch jene, die das Volk hätten repräsentieren sollen und schließlich, drittens, die Forderung, den Primat des Volkes wiederherzustellen. »These three basic components of populist claims are flexible enough to leave room for a great variety of populist movements, leaders or programmes.« (Mény/Surel 2002: 13) Mény/Surel interpretieren Populismus als Indikator einer Krise der Demokratie, als deren Herausforderung und als Warnsignal. »In spite of its ambiguities in time and place, and in spite of its constitutive ambiguity, populism cannot be seen and analyzed merely as a kind of democratic sickness. Rather, it is the indication of a democratic malaise that political actors and citizens would do well to take seriously.« (Ebd.: 21) Zu pauschal ist dagegen die Gegenüberstellung von Privilegierten und Underdogs. Die populistische Polarisierung verläuft nämlich nicht zwischen Privilegierten und Underdogs, wenn man unter Letzteren die unteren sozialen Segmente verstehen will, sondern zwischen den Eliten und mittleren Schichten mit Statusängsten, die in einer soziologisch älteren Terminologie als alte Mittelschicht oder selbständiges Kleinbürgertum bezeichnet wurden.

Heuristisch fruchtbarer ist die Typologie des mexikanischen Politikwissenschaftlers Benjamin Arditi. Er unterscheidet nicht, wie Mény und Surel, drei Grund*forderungen* von Populisten, sondern drei idealtypische Erscheinungsformen von Populismus (vgl. Arditi 2005: 77). Diese siedelt er auf einem Kontinuum zwischen innerhalb und außerhalb des demokratischen Systems an und bemisst daran ihre jeweilige Funktion als systemregenerierende Reformkraft oder als Bedrohung der Demokratie. Populismus, so Arditi, könne erstens als Modus der Repräsentation verstanden werden, zweitens als Symptom an den »turbulenteren Rändern« des Systems und drittens als dessen bedrohliche Unterseite (*underside*). Unter dem Modus der Repräsentation versteht er die Rolle populistischer Politiker als Treuhänder oder Makler ihrer Klientel. Diese Bestimmung von Populismus ist terminologisch irreführend, weil Populisten nicht den Repräsentationsgedanken, sondern die durch Parteien, Repräsentanten oder Intellektuelle ungefilterte politische

Willensbildung proklamieren. Auch unterscheidet Arditi nicht klar genug zwischen populistischen Elementen, die mehr oder weniger in allen Parteien vorhanden sind, und dem Populismus als eigenständigem Phänomen. Obwohl ich Arditis idealtypische Unterscheidung dreier Erscheinungsformen von Populismus heuristisch für fruchtbar halte, vertrete ich die Ansicht, dass von Populismus erst bei seiner zweiten und dritten Erscheinungsform die Rede sein kann. Unter Populismus an den turbulenten Rändern des politischen Systems versteht Arditi in Anlehnung an Freuds Diktum von der »Rückkehr des Verdrängten« die Rückkehr des vom repräsentativ-liberalen System verdrängten politischen Souveräns, also des Volkes als Demos. Diese Rückkehr erfolgt einerseits unter Aufkündigung des mehrheitsfähigen politischen Konsenses, andererseits aber noch im Rahmen der bestehenden politischen Ordnung. Populismus steht mit einem Bein innerhalb, mit dem anderen außerhalb des Systems mit fließendem Übergang zur dritten Erscheinungsform als Bedrohung durch »darker possibilities«. »Populism«, so Arditis Fazit, »can flourish as a fellow traveller of democratic reform movements *and* put democracy in jeopardy. […] One could speak of three modalities of populism with regard to modern democratic politics – as a mode of representation, as a symptom and as an underside.« (Ebd.: 98, kursiv vom Verf.) Idealtypen können fließende Ränder haben, sind aber zur Erfassung des Prozesscharakters sozialer Phänomene ungeeignet und werden weder bei Max Weber noch bei Arditi diachron aufeinander bezogen. Dennoch liegt der analytische Gewinn von Arditis Typologie darin, dass zwischen den Typen 2 und 3 ein diachroner Zusammenhang hergestellt werden kann, wenn sie nicht als Idealtypen, sondern als Entwicklungsstufen konzipiert werden.

## 2. Probleme der Begriffsbildung

Klassische Definitionen eines Typenbegriffs gehen von über- und untergeordneten Merkmalen aus. Die untergeordneten Merkmale werden der Primärkategorie (z.B. Populismus) additiv hinzugefügt (z.B. Agrarpopulismus). Das Problem liegt hier in der Identifizierung von Substanz und Akzidenz. Kurt Weyland versucht vor dem Hintergrund lateinamerikanischer Populismen das Problem dadurch zu lösen, dass er sozioökonomische Merkmalsbestimmungen als akzidentell ausklammert und den Kernbereich (*core* oder *central domain*) von Populismus allein in der Sphäre des Politischen ansiedelt. Populismus definiert er als eine spezifisch politische Strategie zur Gewinnung und Ausübung von Macht (Weyland 2001: 12), ausgehend von einem direkten, quasi-persönlichen Kontakt eines Führers zum Wahlvolk unter Umgehung der Vermittlung durch eine Partei. Indessen stellt sich hier das Definitionsproblem nach *genus proximum* und *differentia specifica*, d.h. es ist nicht klar, wo der spezifische Unterschied zwischen Populismus und Faschismus oder neuerdings auch zwischen Populismus und dem Auftreten demokratischer Führer (z.B. Blair, Clinton) liegt, die sich ebenfalls unter Umgehung intermediärer Instanzen direkt über die Medien an das Wahlvolk wenden.

Man kann Populismus aber auch als radiale Kategorie verstehen, d.h. als Ausweitung eines Prototyps. Hier wird nicht nach Substanz und Akzidenz unterschieden, sondern nach einem prototypischen oder genuinen Fall und seiner strahlenförmigen Erweiterung um weniger typische Fälle, denen einige Merkmalsbestimmungen des Prototyps fehlen können (vgl. Collier/Mahon 1993). Im Gegensatz zu Weyland halte ich dieses Vorgehen für ertragreicher. Populismus rein prozedural auf eine bloße Strategie zu reduzieren, heißt, den Preis eines zu hohen Abstraktionsgrades zu zahlen. Freilich stellt sich bei radialen Kategorien an anderes Problem, nämlich die Identifizierung eines prototypischen Falles. Erschwerend kommt hinzu, dass man bei der Suche nach einem Prototyp nicht nominalistisch verfahren kann, bezeichnen sich doch entsprechende Bewegungen oder Parteien in den seltensten Fällen selbst als populistisch. Vorherrschend sind Selbstbezeichnungen unter Berufung auf Reform, Fortschritt, Freiheit und Gerechtigkeit oder auf den Namen des Anführers (z.B. Fortuyn, Schill).

Hier wäre die in der Faschismusforschung übliche Unterscheidung zwischen Bewegung und Regime heranzuziehen und der Begriff »Populismus« nur für eine Protestbewegung zu reservieren. Für populistisch genannte Regime, die ohnehin nur außerhalb Europas an der Macht waren oder sind, eignen sich eher die Begriffe »plebiszitäre Führerdemokratie« (Max Weber) oder »competitive authoritarianism« (Levitsky/Way 2002). Mit der Einschränkung von Populismus auf eine Bewegung wird man auch seinem transitorischen Charakter gerecht. Ist nämlich Populismus an der Macht erfolgreich, so transzendiert er sich und »geht in einen anderen Herrschaftstyp über«. (Weyland 2001: 14) Er entfaltet dann die von Weber idealtypisch herausgearbeiteten Merkmale der charismatischen Herrschaft oder eines führerzentrierten Massenklientelismus (vgl. Priester 2007a: 101–121).

## 3. Definitionen des Populismus

Trotz Canovans berechtiger Vorbehalte gegenüber einer allgemeinen Theorie des Populismus versuchen jüngere Forscher, Populismus als universelles Phänomen zu begreifen und fragen nach einem Populismus per se, nach seinem Kern (*core*), der, unabhängig von seinen kontextabhängigen und zeitgebundenen Manifestationen, ermöglichen soll, Populismus von anderen Formen politischer Mobilisation abzugrenzen. Dabei wird Populismus entweder definiert a. als Ideologie, b. als Strategie des Machterwerbs und Machterhalts oder c. als Diskurspraxis.

Populismus als Ideologie

Cas Mudde definiert Populismus als »an ideology that considers society to be ultimately separated into two homogeneous and antagonistic groups, ›the pure people‹ versus ›the corrupt élite‹, and which argues that politics should be an expression of the *volonté générale* (general will) of the people«. (Mudde 2004: 543) Während Mudde den latenten Rousseauismus im Populismus gut erfasst, definieren Albertazzi und McDonnell Populismus »as an ideology which puts a virtuous and homogenous people against a set of élites and dangerous ›others‹ who are depicted as depriving (or attempting to deprive) the sovereign people of their rights, values, prosperity, identity and voice«. (Albertazzi/McDonnell 2008: 3)

Allerdings ist zu Recht umstritten, ob der Populismus überhaupt eine Ideologie sei. »Populism can be understood as both more and less than an ideology: more in the sense of constituting a kind of trans-ideological phenomenon which can be incorporated in ideologies at both the left and the right end of the political spectrum, less in that it does not form a coherent, fully developed ideology in itself.« (Blokker 2005: 378)

Populismus ist weder eine Gesellschaftsdoktrin noch eine reflexive Ideologie, sondern etwas einer Ideologie Vorgelagertes, das als dünne Ideologie bezeichnet wird (vgl. Stanley 2008). Er ist in hohem Maße kontextabhängig und reaktiv, verfolgt aber weder eine zukunftsgerichtete Utopie noch systemimmanente Modernisierungsziele, sondern die konservative Verteidigung eines status quo ante, verstanden als Goldenes Zeitalter oder als Heartland (vgl. Mény/Surel 2000: 220ff.; Priester 2007: 19f.; Taggart 2004: 274). Populismus als vorpolitische oder, in den Worten Taggarts, »zögerlich politische« Reaktion auf einen gegebenen Zustand kann daher weder substanziell als Ideologie noch prozedural als Strategie bestimmt werden. Vielmehr gilt es, eine Ebene oder Dimension zu berücksichtigen, die Karl Mannheim als Denkstil oder Theodor Geiger als Mentalität bezeichnet haben. Denkstil wird hier als Metakategorie oberhalb inhaltlicher oder prozeduraler Merkmalsbestimmungen verstanden und kann, wie Geiger gezeigt hat, sowohl empirisch als auch hermeneutisch untersucht werden. Mentalität wird in Anlehnung an Geiger als Zwischenglied zwischen »Realfaktoren« und Ideologien verstanden. Im Gegensatz zur reflexiven Selbstauslegung von Ideologien sind Mentalitäten formlos-fließend mit stark affektivem, atmosphärischem Gehalt.[5] Als Dispositive verleihen sie dem Leben Richtung, stehen aber nicht in direktem Kausalbezug zum Verhalten. Mentalitäten sind weder eine Schwundstufe noch ein defizienter Modus von Ideologie, sondern als »Geistesverfassung« der Herausbildung reflexiver Ideologien vorgelagert; sie sind »früher« oder erster Ordnung (Geiger 1932: 77f.). Als Manifestation von Gefühlen entsprechen sie Paretos Residuen, aus denen Ideologien – bei Pareto die Derivationen – erst abgeleitet werden. Residuen werden permanent miteinander kombiniert und entwickeln als Aggregate eine Persistenz, die unterschiedliche, aber nicht arbiträre Verknüpfungen nach Art von Lévi-Strauss' Bricolage ermöglicht.

Ich möchte dies mit einem aktuellen Beispiel verdeutlichen. Im Januar 2005 konstituierte sich in Köln die »Bürgerbewegung Pro Deutschland«, zu deren Vorstand auch die ehemalige CDU-Politikerin Gigi Romeiser gehört. Romeiser schrieb anlässlich der umstrittenen Rede des CDU-Politikers Martin Hohmann vom 03.10.2003 einen Brief an den damaligen Vorsitzenden des Zentralrats der Juden, Paul Spiegel, in dem es hieß:

»Das gemeine Volk weiß noch zwischen Wahrheit und Unwahrheit zu unterscheiden, es hat gemeinhin noch ein unverfälschtes Urteilsvermögen (vox populi, vox Dei) und deshalb lässt es sich – im Gegensatz zu unseren rückgratlosen Politikern – auch nicht unter die Knute der in Deutschland hinlänglich bekannten Meinungsmacher zwingen. Das Volk beteiligt sich auch nicht an der in Deutschland immer häufiger praktizierten Menschenhatz bis hin zur psychischen und physischen Vernichtung, wenn unliebsame Wahrheiten vertuscht werden sollen.«[6]

---

5 Einer der wenigen Versuche, »dem Faktor politischer Subjektivität einen größeren Stellenwert einzuräumen« und für die Populismusforschung fruchtbar zu machen, ist der immer noch lesenswerte Aufsatz von Dubiel (1986: 44).
6 Romeisers Brief vom 02.11.2003 wurde auf der Homepage der »Deutschland-Bewegung« des ehemaligen Friedensaktivisten und Kandidaten der Grünen, Alfred Mechtersheimer, veröffentlicht. http://www.deutschland-bewegung.de/index.mtml?/kommentare.html (06.01.2010)

Dieser Text – geradezu ein Musterbeispiel für den populistischen Denkstil – enthält alle grundlegenden Elemente: (1) die Gegenüberstellung von ›gemeinem Volk‹ und Eliten (Politiker, Meinungsmacher), (2) die Berufung auf das durch die Eliten noch unverfälschte Urteilsvermögen des Volkes oder seinen common sense, (3) die verschwörungstheoretische Denunziation der Machenschaften der Eliten (Menschenhatz, psychische und physische Vernichtung), (4) die Moralisierung des Diskurses (Wahrheit vs. Unwahrheit; moralische Rückgratlosigkeit der Eliten), (5) die Beschwörung von Krise/Niedergang (das Volk hat »noch« ein unverfälschtes Urteil, kann »noch« zwischen Wahrheit und Lüge unterscheiden), (6) die Legitimationsbasis des ›gemeinen Volkes‹ als ›Stimme Gottes‹. Das Beispiel zeigt eine für den Populismus typische, dichotome Weltsicht, die ihre Legitimation nicht aus der Berechtigung *politischer* Forderungen ableitet, sondern aus einer vorgängigen, höheren Moralität (so schon Shils 1956: 101; vgl. auch Mény/Surel 2000: 181f.; Mudde 2004: 544).

Weder Romeiser noch andere Mitglieder der Pro-Bewegung gehören indessen zu den Underdogs dieser Gesellschaft, sondern zur gut situierten Mitte, ein Umstand, der bei der Erörterung der sozialen Basis von Populismus häufig übersehen wird. Lange Zeit fühlten sich die Autorin und mutmaßlich viele Gleichgesinnte in einer der etablierten Volksparteien aufgehoben. Erst ausgelöst durch das Gefühl, von dieser Partei nicht mehr repräsentiert zu werden, lösten sich die bis dahin in »vorgegebene Legitimationsmuster« (Dubiel 1986: 46) eingebundenen populistischen Elemente ab und verselbständigten sich. Um den Kern von Populismus konzeptuell näher zu bestimmen, erscheint es daher unabdingbar, erst bei dieser Segregation anzusetzen.

## Populismus als Strategie des Machterwerbs und Machterhalts

Ausgehend von der Feststellung, dass der Populismus der 1990er Jahre in Lateinamerika, aber auch in Europa, wirtschaftspolitisch einen neuen, dezidiert neoliberalen Kurs einschlug, verzichten jüngere Forscher (Barr 2009; Weyland 2001) auf einen multidimensionalen Ansatz. Sie verwerfen einen kumulativen Begriff von Populismus, grenzen Populismus als rein politisches Phänomen ein und konzentrieren sich handlungstheoretisch auf die spezifisch populistischen Strategien zum Machterwerb und Machterhalt, wobei Strategien nicht mit Stil, Auftreten oder Rhetorik gleichzusetzen sind. Robert Barr fragt nach der Art der Bindungen (*linkages*) zwischen populistischen Führern und ihrer Gefolgschaft und definiert: »Populism is a mass movement led by an outsider or maverick seeking to gain or maintain power by using anti-establishment appeals and plebiscitarian linkages.« (Barr 2009: 44) Allerdings argumentieren Vertreter dieses Ansatzes vor dem Hintergrund lateinamerikanischer Erfahrungen, was die Frage aufwirft, wie verallgemeinerungsfähig ihre Definitionen sind.

Um den Unterschied zwischen Populismus und anderen Anti-Establishment- Bewegungen herauszuarbeiten, unterscheidet Barr drei Modi der Verbindung von (Wahl-)volk und Führern: den partizipatorischen, den klientelistischen und den plebiszitären Modus. Populismus charakterisiert er durch das Vorherrschen des plebiszitären Modus. Diese Unterscheidung ist in zweierlei Hinsicht weiterführend: Erstens kann Barr damit Populismus von anderen, eher linken oder linksliberalen Protest- oder Bürgerbewegungen unterscheiden, die zwar auch Kritik an der Mediatisierung des politischen Willens in der repräsentativen Demokratie üben (in Deutschland zum Beispiel die Grünen in ihrer Frühzeit als Anti-Parteien-Partei), im Unterschied zum Populismus aber für eine Ausweitung politischer Partizipation und die Konstitution des politischen Willens *bottom up* eintreten. Zweitens kann Barr damit die qualitative Veränderung von Populismus an der Macht in den Blick nehmen. Er argumentiert, in dem Maße, wie populistische Führer nicht mehr das Problem des Machterwerbs, sondern das des Machterhalts zu lösen haben, greifen sie zunehmend auf den klientelistischen Modus zurück. Wird dieser aber dominant, dann verändert sich der Charakter ihrer Bewegung und kann nicht mehr populistisch genannt werden (ebd.: 42; ähnlich auch Weyland 2001 und Priester 2007a).

Dennoch scheinen zwei Kritikpunkte angebracht. Barr selbst weist darauf hin, dass beispielsweise der US-amerikanische Agrarpopulismus dem partizipatorischen Modus gefolgt sei und basisdemokratische Ideale vertrat. Sind also doch Formen von Populismus denkbar, die aus Barrs lateinamerikanisch geprägter Matrix herausfallen? Und wie ist definitorisch damit umzugehen? Barr löst das Problem durch einfachen Ausschluss dieses bisher doch geradezu klassischen Falls aus dem Konzept des Populismus (Barr 2009: 38f.).

Hier rächt sich, so glaube ich, der unhistorische Zugriff auf das Problem und die Fokussierung einer Allgemeingültigkeit beanspruchenden Definition auf Lateinamerika. Gefragt werden müsste nämlich, ob Populismus nach Maßgabe des jeweiligen politischen Systems, auf das er als Anti-Bewegung reagiert, nicht zwei ganz unterschiedliche Funktionen haben kann: einmal die *Inklusion* der ›Volksmassen‹ in ein System, von dem sie ausgeschlossen sind; zum anderen, vor allem in Europa und den USA, die Reaktion populistischer Bewegungen auf eine bereits vollzogene Inklusion in den modernen Sozialstaat durch *Exklusion* missliebiger Gruppen (›Sozialstaatsschmarotzer‹, Asylanten, Immigranten). Im ersten Fall reagieren Populisten auf eine politische *und* ökonomische Oligarchie und streben nach Universalisierung politischer und ökonomischer Teilhaberechte. Im zweiten Fall wenden sie sich umgekehrt gegen die universalisierenden Maßnahmen des (Wohlfahrts-)staates und seiner ›Handlanger‹, vor allem in der Sozial- und Bildungspolitik. Diese unterschiedlichen Ausgangsbedingungen ziehen unterschiedliche Funktionen von Populismus nach sich, die bei einer zu formalen Definition des Phänomens unberücksichtigt bleiben.

Die zweite Einschränkung bezieht sich auf die Vernachlässigung der sozialen Basis von Populismus. Deren Bestimmung hänge, so Barr, vom Kontext und den Umständen ab und sei daher ein sekundäres Merkmal (Barr 2009: 39). Aber gilt das Argument der Kontextgebundenheit nicht generell für den Populismus? Ist damit Barrs konzeptuelle Bestimmung des Populismus nicht selbst kontextgebunden und kann folglich dem Anspruch einer allgemeinen, zeit- und raumübergreifenden Definition nicht genügen?

Trotz dieser Einschränkungen ist Barrs Definition geeignet, eine weit verbreitete Fehleinschätzung des Populismus aus dem Weg zu räumen, die ihn auf einen Politikstil reduziert. Barr spezifiziert: »To be clear, one cannot reduce populism to the use of fiery, anti-elite rhetoric, nor to the rise of demagogic outsiders, nor even to highly vertical connections between leader and followers. Rather, the specific combination of these factors defines populism.« (Barr 2009: 44) Der kanadische Populismusforscher David Laycock macht mit dieser Reduktion von Populismus auf einen Politikstil kurzen Prozess: »We can rule out the possibility that populism is simply an aspect of political leadership style. This typically journalistic substitute for explanations assumes that any folksy appeal to the ›average guy‹, or some allegedly general will, is evidence of populism.« (Zit. nach Barr 2009: 45)

Populismus als Diskurspraxis

Der in Großbritannien lehrende Argentinier Ernesto Laclau untersucht nicht das strategische Handeln politischer Akteure, sondern versteht Populismus diskursanalytisch als eine »Logik des Sozialen«. Laclau ist einer der führenden, international rezipierten Postmarxisten, der den (vulgär-)marxistischen Klassenreduktionismus verwirft und »das Politische« als eigenständige Sphäre politischer Willensartikulation konzipiert. Unter dem Verdikt des Essentialismus wandte sich Laclau zunächst gegen den Vulgärmarxismus und schließlich gegen den Marxismus insgesamt. So deutet er den marxistischen Klassenbegriff essentialistisch und verkennt, dass dieser immer schon ein Konstrukt war. Der Klassenbegriff wird heute nicht wegen seines vermeintlichen Essentialismus aufgegeben, sondern aus empirischen Gründen, ist doch die Arbeiterklasse nach der Phase der Deindustrialisierung keine politisch relevante Kraft mehr.

Ausgehend von der Hegemonietheorie Antonio Gramscis fragt Laclau danach, wie gesellschaftliche Konflikte gebündelt und zu einem hegemonialen Projekt kondensiert werden. Mit großem linguistischen, psychoanalytischen und philosophisch-dekonstruktivistischen Aufwand propagiert er eine hinlänglich bekannte Tatsache – dass nämlich die Fähigkeit zur Hegemonie darin besteht, dass eine Klasse oder Gruppe ihre Partikularität überschreitet und sich als universale Kraft setzt, wie beispielsweise das Bürgertum in den Revolutionen des 18. und 19. Jahrhunderts.

Unter Populismus versteht Laclau die Restrukturierung »des Politischen« mit dem Ziel der Hegemonie und definiert ihn als politische Praxis, die nicht *Ausdruck* einer Ideologie sei, sondern diese erst konstruiere (Laclau 2005b: 33). Gehen handlungstheoretische Ansätze »from structure« to agency«, so Laclau »from contents to form« (ebd.: 44). Er dekonstruiert den Begriff des Populismus als ein über Inhalte definierbares Phänomen und versteht ihn als einen ubiquitären, diskursiven Modus der Artikulation, Kombination und Aggregation von Forderungen (*demands*) zwecks Formierung kollektiver Identitäten. Dabei unterstellt er, dass diese Forderungen eo ipso demokratisch seien. Dieser Trugschluss beruht auf seiner lateinamerikanisch geprägten Optik, wonach der Gegenpol zu den Eliten die Plebs oder die Underdogs seien, was für Europa und die USA höchst anfechtbar ist.

Laclaus Paradigma beruht auf der ontologischen Interpretation einer ontischen Bedingung von Gesellschaft überhaupt: dem Antagonismus. Da das historische Subjekt nicht mehr, wie im Marxismus, klassenanalytisch identifizierbar und unter geschichtsteleologischer Perspektive homogenisierbar sei, könne es nur als ein die Struktur transzendierender Wille gedacht werden, der nach einer Logik der Äquivalenz aggregiert werde. Es gilt, die Pluralität von Akteuren, Ansprüchen, Hoffnungen und Zielen auf der Basis von Äquivalenzen anzuerkennen, die mit Hilfe von Äquivalenzketten das sozial kontingente historische Subjekt hervorbringen.

Wer aber stellt diese Äquivalenzketten her? Bei Laclau formiert sich der kollektive Wille in einem organisatorischen Vakuum durch einen sich selbst produzierenden Diskurs tendenziell leerer Signifikanten. Tendenziell leer sind sie deswegen, weil jeder partikulare Inhalt auf ein Minimum reduziert werden muss, um der Pluralität der Akteure Genüge zu tun. Im Prozess der Verschiebung der »internen Grenzen« zwischen zwei sich antagonistisch gegenüberstehenden Blöcken flottieren diese Signifikanten als *floating signifiers* zwischen den Grenzen und können unterschiedlichen Diskursen einverleibt werden. Laclaus »voll entwickelter« Begriff (*notion*) von Populismus lautet: »The emergence of the ›people‹ depends on three variables [...]: equivalent relations hegemonically represented through empty signifiers; displacement of the internal frontiers through the production of floating signifiers; and a constitutive heterogeneity which makes dialectical retrievals impossible and gives its true centrality to political articulation.« (Laclau 2005a: 156)

Gegen Essentialismus, Determinismus und Geschichtsteleologie postuliert Laclau das Prinzip der Kontingenz. Das ›Volk‹ ist ebenso eine »contingent entity« (ebd.: 231) wie Organisationsformen. Geschichte ist für ihn nichts anderes als eine diskontinuierliche Abfolge hegemonischer Formationen (ebd.: 226), was die Frage aufwirft, warum sich die Linke überhaupt für eine bessere Welt engagieren sollte, es sei denn, auf der Basis einer kantianischen Trennung von Sein und Sollen, was Laclau in seiner Auseinandersetzung mit Slavoj Žižek aber verwirft (vgl. ebd.: 232ff.).

Kritisch einzuwenden ist ferner, dass der Populismus keineswegs mit völlig leeren Signifikanten operiert, die in »ideologischer Promiskuität« (Stanley 2008: 107) mit beliebigen Inhalten gefüllt werden können, ganz abgesehen davon, dass es aus linguistischer Sicht keine leeren, sondern nur polysemische Signifikanten gibt. Die Freiheit von Populisten, sich ihre ideologischen Partner auszusuchen, ist daher nicht unendlich und wird eingegrenzt vom populistischen Grundaxiom des Anti-Elitismus. Mit seinem Theorem der leeren Signifikanten als rein formaler Artikulationspraxis postuliert Laclau dagegen eine völlige Beliebigkeit zwischen rechts und links. Seine These von der Kontingenz aller sozialen Phänomene führt zu einer Hypostasierung und Metahistorisierung des Populismus. Er ist der Motor der Geschichte, die aber nicht mehr als dialektischer Prozess gedacht wird, sondern als manichäischer Kampf der Gegensätze.

Den Austragungsort dieser Gegensätze nennt Laclau »das Politische« als Metakategorie jenseits von Inhalten und Zielen. In seinem jüngsten Werk fungiert Populismus daher nicht mehr als Artikulationspraxis im Rahmen einer Hegemonietheorie, sondern als Synonym für »das Politische« schlechthin (vgl. Laclau 2005a: 154), losgelöst von jeder sozioökonomischen Bedingtheit. Damit überschreitet Laclau den Rahmen einer Gesellschaftstheorie und erhebt Populismus zu einer ontologischen Kategorie, die als Aggregat eines inhaltsleeren Voluntarismus von jeder beliebigen Ideologie instrumentalisiert werden könne. Mit seinem Postulat der Radikalisierung von Antagonismen habe er »die besten Dimensionen innerhalb des Marxismus [ge]rettet«. (Laclau/Mouffe 1998) Versteht man darunter, dass Politik immer einen kämpferischen Charakter hat, ist diese Aussage trivial; liest man dieses Postulat in Laclaus Sinne aber geschichts- oder politikphilosophisch, läuft sie auf eine existentialistische Philosophie der Subversion hinaus: Freiheit ist die Folge eines permanenten Ausbruchs aus dem System, eines permanenten Aufsprengens systembedingter Grenzen, unabhängig von der Frage, wie dieses System verfasst ist.

Laclaus Denken liegt die für einen Linken merkwürdig konservative Angst vor dem Verschwinden »des Politischen« oder dem post-histoire (Arnold Gehlen) zugrunde, eines Zustandes, in dem Politik durch bloße Verwaltung ersetzt wird. Heute gäbe es keine wirklichen Antagonismen, keine reale Alternative mehr. Daher komme es darauf an, »das Politische« als Sphäre des Antagonismus neu zu denken. Die Frage, ob dieses rein Politische überhaupt losgelöst von der Sphäre der Ökonomie oder der Ethik diskutiert werden kann, stellt sich für Laclau ebenso wenig wie für Carl Schmitt, liegt doch die Essenz »des Politischen« im Freund-Feind-Verhältnis, bei Laclau im Verhältnis von Struktur und Subversion. Populismus ist daher nur der Name für eine Vitalkraft im Dienste eines fortwährenden Aufbrechens von Strukturen, denn »the end of populism coincides with the end of politics.« (Laclau 2005b: 48) Gesellschaften ohne Antagonismus seien denkunmöglich, bedeute doch eine vollständig versöhnte Gesellschaft das Ende aller Freiheit, »weil jeder dieselben Sachen denken würde«. (Laclau/Mouffe 1998)

Nach dem Abschied vom Marxismus, den Laclau nur noch als Voluntarismus – übrigens in merkwürdiger Nähe zu Mussolinis Frühfaschismus – gelten lässt, optiert er für den Existentialismus Sartres mit seiner Unterscheidung zwischen Momenten der Authentizität und der strukturbedingten Serialität (der Herrschaft des Praktisch-Inerten oder Webers ›stahlhartem Gehäuse der Hörigkeit‹). Zugleich aber optiert er für den Dezisionismus

Carl Schmitts mit der Bestimmung »des Politischen« als Antagonismus von Freund und Feind.[7]

## 3. Desiderate der Populismusforschung

Forschungsstrategisch müsste stärker der elitensoziologischen Frage nachgegangen werden, welche Rolle Außenseitereliten bei der politischen Formierung latent vorhandener Denkstile und Mentalitäten spielen. Unstrittig ist, dass diese Aufsteigereliten oder *homines novi* aus dem Volk hervorgegangene Außenseiter sind (vgl. Priester 2008: 24ff.), in Lateinamerika auch Indigene oder Abkömmlinge von Immigranten.

Auch wenn die Versuche jüngerer Forscher, Populismus per se zu definieren, aus meiner Sicht zum Scheitern verurteilt sind, weisen sie in die richtige Richtung, wenn sie den Zusammenhang von Populismus und plebiszitärer Führerdemokratie thematisieren (vgl. Barr 2009; Rovira Kaltwasser 2008; Weyland 2001), zeichnet sich Populismus doch durch eine intrinsische Ambivalenz zwischen demokratischen und autoritären Stoßrichtungen aus. Diese Ambivalenz oder das Chamäleonhafte ist eines der zentralen Merkmale von Populismus, die Laclaus Manichäismus gerade verfehlt.

Schon 1967 hatte Isaiah Berlin festgestellt, konstitutiv für Populismus sei die Berufung auf die (organische) Gemeinschaft im Gegensatz zur (mechanischen) Gesellschaft (To define 1968: 177). Auch nachfolgende Populismusforscher haben den apolitischen Charakter des Populismus, seine defensive Rückwärtsgewandtheit und die Angst von Populisten vor zu raschem gesellschaftlichem Wandel hervorgehoben (vgl. Hermet 2001, Priester 2007a). Populismus ist eine »recurring mentality« (Ionescu), die sich im ›populistischen Moment‹ verselbständigt, in der Regel aber rasch wieder in die Latenz zurücksinkt oder von stärker ideologisierten Bewegungen absorbiert wird wie beispielsweise die schleswig-holsteinische Landvolkbewegung der 1930er

---

7 Da Laclau sein Arbeit gemeinsam mit der belgischen Politikwissenschaftlerin Chantal Mouffe betreibt, ist ein Hinweis darauf angebracht, dass Mouffe den Antagonismus auf einen innerhalb des westlichen demokratischen Systems einzuhegenden Agonismus reduziert, bei dem sich Kontrahenten nicht als Feinde, sondern als Gegner gegenüberstehen. Sie plädiert für eine nicht näher spezifizierte »radikale Demokratie« als dritten Weg zwischen Liberalismus und Kommunitarismus. Inwiefern Laclau *in praxi* diese Perspektive teilt, ist im Hinblick auf seine theoretische Definition des Populismus unerheblich.

Jahre vom Nationalsozialismus. Populismus lässt sich weder als Ideologie noch als Handlungsstrategie verstehen, sondern als eine latent immer vorhandene elitenkritische Mentalität mittlerer und unterer sozialer Segmente, die von einer aus dem Volk hervorgegangenen, neureichen Aufsteigerelite mobilisiert werden. Nicht das Charisma als außeralltägliche Eigenschaft prädestiniert zu einem populistischen Führer, sondern die über seine Herkunft beglaubigte Zugehörigkeit zur *silent* oder *moral majority*, als deren Sprachrohr er auftritt.

Paul Taggarts Begriff des Heartland, der bisher noch zu wenig aufgegriffen und zur Grundlage weiterführender Analysen gemacht wurde, ist aus meiner Sicht zentral zum Verständnis des Populismus, und dies in mehrfacher Hinsicht. Das Heartland steht als lokaler Topos für die Peripherie gegen das Machtzentrum, als mentaler Topos für den common sense gegen die Wissenseliten, als kultureller Topos für die unhinterfragbare (lokale, regionale oder nationale), aber von innen und außen bedrohte lebensweltliche Tradition und als politischer Topos für den Freiheitsbegriff des Frühliberalismus im Gegensatz zur ökonomischen, sozialen und kulturellen ›Bevormundung‹ des Volkes durch Agenten des sozialen Wandelns.

Guy Hermet weist auf den atemporalen Aspekt des Populismus und dessen systematische Ausbeutung des Traums hin (Hermet 2001: 8f. und 50). Es ist der Traum von der Rückkehr zu einem realen oder imaginierten Goldenen Zeitalter und zugleich von einem dritten Weg in die Moderne, jenseits von Liberalismus und Sozialismus. Das Ziel ist die Aufwertung der Lebenswelt nicht gegen das System in toto, sondern gegen dessen Auswüchse, sei es durch Korruption, Ineffizienz, Gigantismus (Ronald Reagan), Arroganz der Eliten oder technokratischen Machbarkeitswahn. Im Gegensatz zu der marxistischen Annahme, Zwischenschichten seien eine anachronistische Residualgröße, ist diese soziale Mitte einschließlich des »falschen Mittelstandes« (Ralf Dahrendorf) heute zentraler denn je. Hier hätte eine soziologische Analyse des Phänomens anzusetzen, die, über die politikwissenschaftliche Parteienforschung hinausgehend, die Ambivalenz des Populismus als Ausdruck einer sozialen Mittellage zwischen ›oben‹ und ›unten‹ aufgreift. Die Tatsache, dass der Populismus in den USA und Europa seit der Ausweitung des Staatsinterventionismus und der Herausbildung des Wohlfahrtsstaates primär gegen Big Government mit seinen Experten, Wissenseliten und Bürokraten antritt und wählersoziologisch dabei auch Unterschichten ansprechen kann, zeigt, dass er mehr als ein nur gegen bestimmte *policies* gerichteter Protest ist. Er ist das Syndrom eines umfassenderen kulturellen

Unbehagens in der Mitte der Gesellschaft, ausgelöst durch die Grenzen und Auswirkungen der »ersten Moderne« (Ulrich Beck).

# III. Populismus und Demokratie: Volkssouveränität und Repräsentation

> »Es gibt zwei Wahrheiten,
> die auf dieser Welt nie getrennt werden dürfen:
> Die erste lautet, dass die Souveränität beim Volk liegt;
> die zweite lautet, dass das Volk sie nie ausüben darf.«
> (Antoine Rivarol, 1753–1801)

Populismus, so die britische Populismusforscherin Margaret Canovan noch 2004, habe keinen guten Ruf unter Intellektuellen und stoße bei Politiktheoretikern nur auf geringes Interesse (Canovan 2004: 241). Dieser Befund steht in auffallendem Gegensatz zur wachsenden Zahl der Veröffentlichungen. Die neopopulistischen Bewegungen der 1990er Jahre in West- und Mittelosteuropa haben den Begriff des Populismus nicht nur inflationiert, sondern auch eine Debatte über die Krise der parlamentarischen Demokratie ausgelöst.

## 1. Die zwei Seiten der modernen Demokratie

Die Frage steht im Raum, ob die Symptome des populistischen Syndroms eine Pathologie, eine gefährliche Abweichung von einem als gesund angenommenen Normalzustand der westlichen Demokratie anzeigen (zu den unterschiedlichen Einschätzungen vgl. Rovira Kaltwasser 2011). Diese Normalität wird gleichgesetzt mit einem liberalen Demokratieverständnis und seinen Eckpfeilern Rechtsstaatlichkeit, Parlamentarismus, Repräsentation, freies Mandat, Vermittlung des politischen Willens durch Parteien. Das seit Edmund Burke theoriefähige Misstrauen gegenüber dem Volk und seiner Souveränität äußert sich in der Priorität von politischen Institutionen gegenüber politischen Bewegungen, von diskursiv-rationalen vor charismatisch-personalen Ausdrucksformen der Politik.

Befürworter der Bedrohungsthese führen vor allem die sozialpsychologischen Manifestationen von Populismus wie Fremdenfeindlichkeit, Ethnozentrismus und Nativismus ins Feld. Dennoch erschöpft sich Populismus nicht in diesen Dimensionen. Zunehmend wird er auch als Indikator für eine Krise der parlamentarisch-repräsentativen Parteiendemokratie gesehen. Gefragt wird, ob Populismus der parlamentarischen Demokratie nicht auch einen kritischen Spiegel vorhalte (vgl. Arditi 2005; Canovan 1999; Hayward 1996; Laycock 2005; Mény/Surel 2000 und 2002; Panizza 2005; Taggart 2004). Kann er nicht auch als produktive Herausforderung, als »nützliches Korrektiv« (Decker 2006) oder als »erneuernde Kraft« (Akkerman 2003: 158) gesehen werden?

Populismus, so Canovan in ihrem Zwei-Säulen-Modell, sei der Schatten der Demokratie, der sie von Anfang an begleite (Canovan 2004: 244f.). Populismus und Konstitutionalismus seien die zwei Säulen oder Pfeiler der Demokratie. Das »befreiende« (*redemptive*) Moment des ersteren und das »pragmatische« des letzteren gehörten zu den zwei Gesichtern der Demokratie. Erstarre die Politik der Eliten in selbstreferentieller Routine, gelte es, das »demokratische Versprechen« (Lawrence Goodwyn) einzulösen und die erste Säule zu stärken, um die wachsende Kluft zwischen der elitären Verkrustung von Demokratie und den geringen Möglichkeiten des Volkes zu politischer Willensbekundung zu schließen. Abstrahiert man indessen von den Inhalten und Forderungen populistischer Bewegungen, erscheint Canovans Verständnis von Populismus in einem zu positiven Licht. »Die Zwei-Säulen-Analyse zollt Populismus zu viel Anerkennung und überschätzt seine demokratische Legitimität.« (Abts/Rummens 2007: 419; ähnlich kritisch auch Arditi 2004).

Im Anschluss an Hannah Arendt vertritt Canovan ein normatives Verständnis von Populismus und verhehlt nicht ihre Sympathie für dessen Traditionalismus, dessen Kritik am Avantgardedenken und dessen Fortschrittsskepsis. »Es könnte sich lohnen, alternative Denkansätze zu erwägen, einschließlich einer populistischen Geisteshaltung.« (Canovan 2004: 246) Canovan verbindet mit der populistischen Forderung nach mehr Demokratie ein Plädoyer für Empowerment, Basisbewegungen, Öffentlichkeit und partizipatorische Teilhabe, um das Volk aus seiner subalternen Rolle zu befreien und es wieder in sein Recht als Souverän einzusetzen.

Diese anglozentrische, immer schon durch einen liberalen Grundkonsens abgesicherte Position ist aber nicht unproblematisch, wenn man sie verallgemeinert. Sie verleiht dem Populismus zu viele Vorschusslorbeeren und versteht ihn als heilsame Protestbewegung für eine notwendige und berechtigte Ausweitung der Demokratie. Vergleicht man indessen Canovans Position mit der Würdigung des Populismus durch einen der namhaftesten Vertreter der Neuen Rechten, Alain de Benoist, erweist sie sich als ambivalent. Auch de Benoist sieht nämlich den Populismus als »Reaktion auf die Auflösung sozialer Bindungen, verursacht durch den zunehmenden Individualismus, der die alten organischen Gemeinschaften zerstört hat, und durch die Herrschaft des Wohlfahrtsstaates, der, um natürlicher Solidarität entgegenzuwirken, einen Großteil der Bürger ihrer Verantwortung enthoben hat.« (de Benoist 2000). Eine organische Gesellschaftsordnung sei daher durch Lokalismus, Kommunitarismus, aktive Staatsbürgerschaft und die Wiederherstellung von öffentlichen Räumen zu stärken. Während Canovan die problematischen Aspekte des Populismus nur ausblendet, streitet de Benoist sie rundweg ab. Weder charismatische Führer noch die Ausbeutung eines Identitätsmythos noch gar Fremdenfeindlichkeit gehörten zum Wesen des Populismus. Wer den Populismus verunglimpfe, stehe daher auf der Seite der »neuen« Führungsschicht mit ihrer Verachtung des Volkes und ihrer Geringschätzung der Demokratie. So einfach ist die Sache indessen nicht.

## 2. Liberalismus und Demokratie

Die Erosion des Staatssozialismus mit seiner Einparteiendiktatur und Zentralverwaltungswirtschaft hat nicht nur die kapitalistische Marktwirtschaft, sondern auch die liberale Demokratie ihres Korrektivs beraubt. Sie hat keine Konkurrenz mehr und verliert ihre Antikörper (vgl. Mény/Surel 2000: 22; Mudde 2004: 555). Nicht nur die Krise der Repräsentation, sondern auch der Niedergang der Linken fallen daher ursächlich mit den Konjunkturen des Neopopulismus seit den 1970er Jahren zusammen. Wird politische Repräsentation nicht als durchlässige Vermittlung des politischen Willens von unten nach oben erfahren, sondern als Fremdbestimmung durch volksferne Eliten, pochen Populisten darauf, dass die moderne Demokratie zwei Wurzeln hat, eine liberale und eine demokratische, die demokratische aber zunehmend ins Hintertreffen geraten sei. Dieser Diagnose ist zuzustimmen, nicht aber der populistischen Therapie. Populisten stellen richtige Fragen, geben aber falsche Antworten. Dies soll im Folgenden näher entfaltet werden.

Liberalismus und Demokratie waren im 19. Jahrhundert noch Gegensätze. Führende Liberale des 18. und 19. Jahrhundert wie Mirabeau, Alexis de Tocqueville oder Benjamin Constant verstanden sich nicht als Demokraten und lehnten die Demokratie als eine Form der Tyrannis ab. Im Gegensatz zu ihnen vertrat Rousseau den demokratischen Gedanken der unveräußerlichen Souveränität des Volkes, hatte aber kleine, überschaubare Stadtstaaten vor Augen. Er selbst hegte bereits Zweifel, ob sein Modell der direkten, nicht von Parteien oder anderen intermediären Organen gefilterten Demokratie in großen Flächenstaaten anwendbar sei. Gegen Rousseau und gegen die jakobinische Revolutionsverfassung von 1793 in Frankreich trat vor allem Edmund Burke als Theoretiker der repräsentativen Demokratie hervor. Sein Modell beruht auf dem Gedanken des Vertrauens (*trust*). Votiert wird nicht für einen Mandatsträger, sondern für eine unabhängige Person, die zwar das Vertrauen der Wähler genießt, aber nicht diesen, sondern kraft höherer Bildung und einer aufgeklärten Geisteshaltung dem Ganzen der Nation verpflichtet ist. Demgegenüber berufen sich Populisten auf die demokratische Tradition, was ihnen zunächst einen Sympathiebonus garantiert.

Der Begriff der Demokratie ist heute weltweit positiv besetzt und steht gegen Autokratie, Diktatur und totalitäre Herrschaft. Sieht man von den mittel- und osteuropäischen, nicht mehr relevanten »Volksdemokratien« ab, ist die heute vorherrschende parlamentarisch-repräsentative Demokratie aber bereits eine Mischform aus demokratischen (Volkssouveränität) und liberalen (Rechtsstaatlichkeit, *rule of law*) Anteilen. Der Geltungsgrund der Verfassung ist zwar die Volkssouveränität, aber diese kommt nicht unmittelbar, sondern mittelbar über Parlamente und Parteien zur Geltung. Die begründende oder ursprüngliche Macht (*pouvoir constituant*) kann nur vom Volk ausgeübt werden; darauf beruht ihre Legitimität. Aber die Ausübung dieser ursprünglichen Macht liegt in der Hand der im Parlament konstituierten Macht (*pouvoir constitué*). Das Volk ist also ein institutionell kontrollierter Souverän.

Leisten Populisten also einen Beitrag zur Befreiung des Souveräns aus seinen institutionellen Fesseln und was verstehen sie unter Demokratie? Zwei Möglichkeiten können wir ausschließen: Unter demokratischer Willensbildung verstehen sie kein gebundenes Mandat mit der Abrufbarkeit von Mandatsträgern oder Delegierten. Ebenso wenig verstehen sie darunter einen Prozess der Demokratisierung durch Ausweitung von Partizipation und Mitbestimmung über die staatliche Sphäre hinaus in die Gesellschaft. Im Unterschied dazu propagieren sie eine ungefilterte Willensäußerung über Referenden und Plebiszite. Offen bleibt aber, ob diese nur als Ergänzung der parlamentarisch-repräsentativen Demokratie gedacht werden oder als deren Ersatz. Dagegen missachten sie die aus der liberalen Tradition stammenden Errungenschaften der modernen Demokratie wie Minderheitenschutz, Rechtsstaatlichkeit und Mediatisierung des politischen Willens durch Parteien, die diesen Willen erst formen, bilden und aggregieren. Ein Blick auf die historischen und aktuellen Fälle populistischer Bewegungen zeigt, dass Populisten, vom US-amerikanischen Agrarpopulismus abgesehen, keine partizipative Demokratie anstreben, sondern eine auf der Identität von Volk und Führung beruhende. Heinz-Christian Strache (FPÖ) warb mit dem Slogan: »ER will, was WIR wollen«. Der Wille des Volkes ist *unmittelbar* identisch mit dem Willen der Führung, die den authentischen Volkswillen zum Ausdruck bringe. Das Volk will aus dieser Sicht weder selbst partizipieren noch seinen Willen delegieren, also den Delegierten auch wieder abrufen können, was Reflexion und Eigentätigkeit voraussetzt. Es will vielmehr symbiotisch mit dem ER des Führers verschmelzen und sich in ihm wiedererkennen.

## 3. Der populistische Demokratismus

Schon im 19. Jahrhundert hat sich die demokratische Bewegung in zwei entgegengesetzte Richtungen entwickelt, eine basis- oder rätedemokratische und eine akklamationsdemokratische. Mit der Ausweitung des Wahlrechts und schließlich der Einführung des allgemeinen, geheimen Wahlrechts wurde die Mehrheit der Bevölkerung in das politische System inkorporiert. Das Wahlrecht war nicht mehr von Besitz und Steueraufkommen abhängig, sondern wurde universalisiert und nach dem Grundsatz »eine Person, eine Stimme« egalisiert. Dieser Eintritt der ›Massen‹ in die Politik war das Ergebnis eines langen, zähen Kampfes und führte naturgemäß zu Gegenreaktionen. Psychologisch seien diese Massen unberechenbar, manipulierbar, verführbar und zu rationalen Urteilen nicht in der Lage. Aber schon die italienischen Elitentheoretiker Mosca, Pareto und Michels zeigten, dass nach dem »ehernen Gesetz der Oligarchie« (Michels) die Furcht vor der Herrschaft des ›Pöbels‹ unbegründet war. Wie auch immer die »politische Formel« einer Partei laute, komme es doch unweigerlich in allen, auch linken, Parteien zur Oligarchisierung durch eine kleine Führungsschicht. Letztlich, so Pareto, sei die Geschichte nur ein »Friedhof der Aristokratien«. Die Zirkulation der Eliten sorge für frische Blutzufuhr durch Kooptation einzelner Aufsteiger oder durch die Ablösung einer verbrauchten Elite durch eine Gegenelite, aber die demokratische Teilhabe der Massen sei eine Illusion.

Der Bonapartismus war Mitte des 19. Jahrhunderts der erste Versuch eines neuen Umgangs mit diesen Massen und führte im Faschismus des

20. Jahrhunderts zur sogenannten Akklamationsdemokratie. Man entdeckte das Volk als Legitimationsbeschaffer. Das Volk wird nicht zur politischen Teilhabe am Gesetzgebungsprozess aufgerufen, sondern handelt nach Art von Claqueuren, die einem Bühnenschauspieler zujubeln. An der Legitimation politischer Herrschaft durch das Volk war nach der Französischen Revolution nicht mehr zu rütteln, wohl aber an der Ausübung von Herrschaft. Der liberale Weg sieht vor, die in Wahlen stattfindende Artikulation des Volkswillens einzuhegen und die von den Massen ausgehenden Gefahren zu domestizieren. Die Reichweite von Wahlen wird dadurch begrenzt, dass ihnen bestimmte Dimensionen entzogen werden (Gewaltenteilung, Grundrechte, freies Mandat, die sogenannte Ewigkeitsklausel des GG, Art. 79, 3).

Die Linke forderte dagegen ursprünglich ein rätedemokratisches Modell mit einem pyramidalen Aufbau von unten nach oben, ausgehend von den Räten als Organen einer direkten, nicht durch Gewaltenteilung eingeschränkten Demokratie mit Abrufbarkeit der Delegierten. Dieses Modell hat sich bekanntlich nicht durchgesetzt. Sowohl die sozialdemokratische als auch die kommunistische Linke bekannte sich zur Notwendigkeit von Parteien, die den politischen Willen schulen, formen und lenken, gingen aber unterschiedliche Wege in ihrer Einstellung zu den Institutionen der bürgerlichen Demokratie, vor allem dem Parlamentarismus. Im Parlament sah die kommunistische Linke lediglich eine »Tribüne des Klassenkampfes«, die instrumentell zu nutzen sei. Die dritte, von Populisten befürwortete Variante ist demokratietheoretisch die radikalste. Hier geht es nicht mehr um ein Zwei-Säulen-Modell oder um eine Balance zwischen dem liberalen Konstitutionalismus und dem demokratischen Gedanken der Volkssouveränität, sondern um den Abbau der Säule des liberalen Rechts- und Verfassungsstaates zugunsten einer direkten, durch keinerlei intermediäre Organe gefilterten Willensabfrage.

Lange vor dem Machtantritt des Nationalsozialismus hat Hans Kelsen 1925 diese Variante den »etatistischen Demokratismus« genannt. Der prominenteste Vertreter dieses Demokratismus war Carl Schmitt, der die Demokratie vollständig vom Parlamentarismus und dem liberalen Verfassungsstaat abgekoppelt hat. Demokratie, so Schmitt, sei etwas anderes als ein bloßes Registriersystem geheimer Abstimmungen. Sie beruhe auf substanzieller Homogenität des Volkes und könne besser als jeder registrierende, statistische Rechenvorgang auch durch Zuruf, Akklamation, ja sogar durch das »selbstverständliche, unwidersprochene Dasein« zum Ausdruck kommen. Diese Tendenz zum Demokratismus ist auch im Populismus vorhanden. Auch Populisten gehen von einem substanziell bereits vorfindlichen Volkswillen aus, der sich nicht erst durch intermediäre Organe schulen und bilden müsse. Der rechenhaften Stimmenzählung als rein mechanischer Prozedur stellen sie die unmittelbare Artikulation des authentischen Volkswillens als wahre Demokratie gegenüber.

In Ländern mit einer liberalen Tradition wie den USA wird die demokratistische Tendenz des Populismus zu Demokratisierung abgeschwächt und kann eine positive Funktion haben. Lediglich am rechten Rand führt dort die Berufung auf die ungefilterte Volkssouveränität ein begrenztes Eigenleben, etwa in Bewegungen wie dem *Sovereign Citizen Movement*. Wo aber keine in der politischen Kultur eines Landes verwurzelte liberale Tradition vorhanden ist, zerbricht die Ligatur zwischen der liberalen und der demokratischen Tradition und der Demokratismus zeigt seine negativen Züge.

## 4. Volkssouveränität als Herausforderung für Aufklärungseliten?

Seit Beginn des Populismus Ende des 19. Jahrhunderts wird kontrovers darüber diskutiert, ob es einen guten und einen schlechten Populismus gäbe. Für eine positive Bewertung wird geltend gemacht, Populisten seien, vor allem in den USA, die einzige politische Kraft gewesen, die die Inklusion breiter Volksmassen in das politische System vorangetrieben hätten (vgl. Goodwyn 1976; Kazin 1995; Priester 2007a: 81). Für Europa stellt sich heute aber nicht die Notwendigkeit der mit Einführung des allgemeinen Wahlrechts bereits vollzogenen Inklusion, sondern das Problem der Exklusion breiter Volksschichten aus einem verengten parlamentarisch-repräsentativen System. Die Frage muss daher aufgefächert werden: gibt es einen guten Populismus, der berechtigten sozialen Protest artikuliert, als agenda-setter auftritt und von den Eliten vernachlässigte Themen aufwirft, der Oligarchisierungs- und Kartellisierungstendenzen der etablierten Parteien anprangert und insofern als nützliche, erneuernde Kraft wirkt? Ist erst sein Umschlag in eine plebiszitäre Führerdemokratie mit ihren Begleiterscheinungen Klientelismus, Korruption und Abbau des Rechtsstaats das Übel? Oder ist Populismus als Demokratismus nicht immer schon höchst ambivalent? Wie aber ist eine solche Ambivalenz zu erklären, da Populisten doch mit ihrer Berufung auf die Volkssouveränität prima facie einen weitaus höheren demokratischen

Anspruch stellen als die liberalen Eliten mit ihrer Furcht vor der »Tyrannei der Mehrheit«? Der Begriff der Volkssouveränität, auf den sich Populisten zum Zweck der Delegitimation intermediärer Institutionen berufen, war in seiner Reichweite immer umstritten. Mit Hobbes einerseits und Rousseau andererseits stehen sich zwei unterschiedliche Konzeptionen gegenüber. Gemeinsam ist beiden Denkern das vertragstheoretische, gegen den Absolutismus und das Gottesgnadentum gerichtete Postulat, dass die Souveränität beim Staatsvolk liege, das sich im Vereinigungsvertrag (*pactum unionis*) als Souverän konstituiert. Während Hobbes aber einen zweiten Vertragsschritt, den Unterwerfungsvertrag (*pactum subiectionis*) vorsieht, in dem sich das ursprünglich souveräne Volk dem Gesetzgeber unterwirft, beharrt Rousseau auf der Unveräußerlichkeit der Souveränität auch im Gesetzgebungsprozess. Der politische Wille, so Rousseau, dürfe weder Parteien noch Repräsentanten überantwortet werden. Im *Gesellschaftsvertrag* von 1762 fordert er im 15. Kapitel des 3. Buches, die Abgeordneten des Volkes könnten und dürften nicht die Vertreter des Volkes sein. Sie seien nur die Bevollmächtigten des Volkes und dürften nichts entscheidend beschließen. Das englische Volk halte sich für frei, täusche sich aber außerordentlich, denn frei sei es nur während der Parlamentswahlen. Haben die Wahlen stattgefunden, ist das Volk nicht mehr an der Gesetzgebung beteiligt und »lebt… wieder in Knechtschaft«.

Nur wenige Jahre später legte Edmund Burke 1774 in seiner Rede an die Wähler von Bristol den Grundstein für die Repräsentationstheorie, gewissermaßen den dritten, auf uns gekommenen Weg zwischen Hobbes und Rousseau. Ein Abgeordneter sei kein Bevollmächtigter oder Mandatsträger und dürfe nicht den verbindlichen Instruktionen seiner Wähler folgen, sondern seinem »reifen Urteil, seinem aufgeklärten (*enlightened*) Gewissen«. Das Parlament sei daher keine Zusammenkunft von Gesandten mit gebundenem Mandat zur Durchsetzung von Partikularinteressen, sondern die deliberative Versammlung der ganzen Nation (a *deliberative* Assembly of *one* Nation, with *one* Interest) und damit ein Ort kollektiver Vernunft (Burke 1774, kursiv vom Verf.).

Entscheidend ist die unterschiedliche Sicht auf die Träger kollektiver Vernunft, aus der sich der Gegensatz zwischen freiem und gebundenem Mandat erst ableitet. Für Burke beruht Vernunft auf der aufgeklärten Urteilsfähigkeit einer Elite im Unterschied zur bloßen Meinung (*opinion*) und den stimmungsabhängigen Neigungen (*inclinations*) des Wahlvolkes. Das Allgemeinwohl resultiere aus der »allgemeinen Vernunft des Ganzen« und dieses Ganze sei nicht das Volk, sondern die Nation. Seit dem 18. Jahrhundert stehen sich also zwei unterschiedliche Sichtweisen gegenüber – die von Rousseau vertretene, die dem Volk die Souveränität auch im Gesetzgebungsprozess belässt, und die von Burke befürwortete Sicht einer vernunftgeleiteten, zur Deliberation befähigten Elite, die nicht dem Wahlvolk, sondern dem Ganzen der Nation verantwortlich sei.

## 5. Populismus und unmittelbare Demokratie

Populismus ist mit dem politischen Liberalismus unvereinbar, nicht aber mit Demokratie schlechthin. Welche Konsequenzen ergeben sich daraus? Die Mischform der »liberalen Demokratie«, die für Carl Schmitt noch ein Unding war, begrenzt den Einfluss von Volkswahlen erstens durch konstitutionelle, dem Wählerwillen entzogene und durch Wahlen nicht veränderbare Schranken und zweitens durch den Gedanken der Repräsentation. Der Abgeordnete als Repräsentant ist nicht seinen Wählern, sondern nur seinem Gewissen verantwortlich, auch wenn er heute durch den nur selten aufgehobenen Fraktionszwang an den Willen seiner Partei gebunden ist. Sein ursprünglich freies Mandat ist also inzwischen eingeschränkt, aber nicht durch das Wahlvolk, sondern durch die Parteien als Machtorgane.

Populisten fordern, so wurde gesagt, eine direkte Demokratie, was sie in ein zu positives Licht stellt, bedeutet direkte Demokratie doch die Ablehnung der Delegation von Macht. Pierre Rosanvallon unterscheidet noch eine zweite, ebenfalls gegen die repräsentative Demokratie gerichtete Form: die unmittelbare Demokratie. »Direkte Demokratie will die Mechanismen abschaffen, die den Vertreter an die Stelle des Vertretenen setzen, während die unmittelbare Demokratie jede Reflexivität des Gesellschaftlichen ablehnt.« (Rosanvallon 2010: 153) Im Lichte dieser Unterscheidung fordern Populisten keine direkte, sondern eine unmittelbare Demokratie.

Der Gedanke der Deliberation ist populistischem Denken ebenso fremd wie Burkes Unterscheidung zwischen aufgeklärter Urteilsfähigkeit und bloßer Meinung. Vielmehr gehen Populisten von einem primordialen Volkswillen aus, der keiner Vermittlung über Aufklärungseliten, Treuhänder oder Parteien bedürfe. Der in Art. 21 des Grundgesetzes kodifizierte Auftrag, Parteien hätten an der politischen Willens*bildung* des Volkes mitzuwirken, löst bei Populisten nur einen Bevormundungsverdacht aus, impliziert doch der common sense oder Alltagsverstand des Volkes dessen moralische Überlegenheit gegenüber anderen Wahrheits- und Geltungsansprüchen. Überlegen ist der common sense aus populistischer Sicht deshalb, weil er auf Tradition und konkretem Erfahrungswissen beruhe. Aus dieser Überlegenheit und Vorgängigkeit (Mény/Surel 2000: 181f. sprechen von *supériorité/antériorité*) des authentischen Volkswillens leiten Populisten ihren Legitimitätsanspruch gegenüber der bloßen Legalität der Parteien und des bürgerlichen Rechtsstaates ab, den sie nur instrumentell nutzen. Für Populisten wie Sarah Palin folgen aus dem konkreten Erfahrungswissen die »einfachen Lösungen«. Aber schon der Populist Pim Fortuyn argumentierte differenzierter. Er machte geltend, mit der Anhebung des allgemeinen Bildungsniveaus stünde heute nicht mehr das bildungsferne Volk einer aufgeklärten Elite gegenüber, sondern die Bürger seien bereits emanzipiert und könnten sich kraft höherer formaler Bildung und mittels neuer Medien wie dem Internet selbst sachkundig machen. Daher seien die Bevormundung durch Experten und der Bildungsauftrag von Parteien obsolet.

Der von Populisten befürworteten unmittelbaren Demokratie liegt eine bestimmte, auf unreflektierter, subjektiver Erfahrung beruhende Erkenntnistheorie zugrunde. Populistische Führer berufen sich darauf, den authentischen Volkswillen bereits in sich tragen, und zwar durch ihre Herkunft aus dem Volke. Das Diktum *vox populi, vox dei* postulierte eine moralische, von Gott gegebene Überlegenheit des Volkswillens, der jeder irdischen Deliberation entzogen und nicht verhandelbar sei. Nachdem die Berufung auf Gott als höchste Wahrheitsinstanz verblasst war, trat die Berufung auf die Vorgängigkeit, gewissermaßen das Erstgeburtsrecht des Volkes vor den Eliten, an dessen Stelle.

Man kann hier mit Robert K. Merton (1972: 11) von einem erkenntnistheoretischen Solipsismus sprechen. Danach glauben partikulare Gruppen, grundsätzlich einen monopolistischen Zugang zu bestimmten Formen des Wissens und der Erkenntnis zu haben. Dieses Insiderwissen beruht ausschließlich auf subjektiver Erfahrung und ist nur dem zugänglich, der diesen Erfahrungshorizont teilt. Dies kann sich in Rassenbeziehungen, im Geschlechterverhältnis, aber auch im Verhältnis von Volk und Eliten manifestieren. Die These lautet, Schwarze könnten nur von Schwarzen, Frauen nur von Frauen, Männer nur von Männern etc. verstanden werden. Populisten machen geltend, auch das Volk könne nur von jemandem, der selbst aus dem Volk hervorgegangen sei, verstanden und authentisch vertreten werden, nicht aber von Angehörigen der Elite(n), deren Motive immer unedel sind, auch wenn sie sich als edel ausgeben. Nur die *gemeinsam* geteilte Erfahrung einer Gruppe, wie sie im englischen common sense zum Ausdruck kommt, verbürge richtiges Bewusstsein. Die deutsche Version des ›gesunden Menschenverstandes‹ verschärft diesen erkenntnistheoretischen Solipsismus noch durch die Gegenüberstellung von gesund und krank. Andere Formen des Wissenserwerbs, etwa von Reflexionseliten oder den ›Gebildeten‹, werden pathologisiert und gelten als Symptom einer allgemeinen Krankheit der modernen Gesellschaft: der Vorherrschaft von Spezialisten, kopflastigen *Eggheads* oder weltfremden Bücherwürmern. Diese Sichtweise führt zur Ablehnung jeder Reflexivität des Gesellschaftlichen, zu einem Spontaneismus bloßer Meinungsabfragen oder einer Immediat-Demokratie. Das Parlament als Ort des diskursiven Austauschs von Argumenten ist aus dieser Sicht nur eine überflüssige »Schwatzbude«. Dass der Parlamentarismus heute aber nicht nur dem Sperrfeuer des Populismus ausgesetzt ist, sondern auch systemintern zunehmend sinnentleert und delegitimiert wird, steht auf einem anderen Blatt. Der Populismus hat hier aber nicht die Funktion eines Korrektivs, sondern eines Verstärkers.

Dieser erkenntnistheoretische Solipsismus des nur im Volk vorhandenen common sense verleiht der anti-elitären Rhetorik von Populisten eine durchaus elitäre Pointe. Sie treten nämlich nicht grundsätzlich gegen Elitenbildung an, sondern streben eine Elitenzirkulation durch den Aufstieg von *homines novi* an. Auf dieses ambivalente Verhältnis von anti-elitären und elitären Aspekten im Populismus hat Donald MacRae schon 1967 hingewiesen (To define 1967: 173; vgl. auch Urbinati 1998: 113). Monopolisiertes Erfahrungswissen, im Falle von Populisten der common sense, impliziert immer ein anti-aufklärerisches Moment, weil es gegen Reflexion immunisiert und individuelle Abweichung von der Erfahrungsgemeinschaft stigmatisiert.

## 6. Volksanrufungen in der Demokratie

Mit der Französischen Revolution begann der Kampf um die Instrumentalisierung der Volkssouveränität. Einerseits war sie als Grundstein der bürgerlichen, anti-absolutistischen Herrschaft irreversibel, andererseits saß der Schrecken vor der Gewalt (der *Terreur*) des ›Pöbels‹ – bei Hegel der *vulgus* im

Gegensatz zum *populus* als organisiertem Volk – tief und führte dazu, vernunftgeleitetes Handeln nur den aufgeklärten Eliten zuzusprechen.

Die von Pombeni untersuchten französischen Verfassungstexte des 19. Jahrhunderts zeigen, wie das Volk als Quelle der politischen Legitimation zunehmend zurückgedrängt, zugleich aber als Legitimationsbasis für eine Herrschaft *im Namen* des Volkes instrumentalisiert wird. Zwischen der »Erklärung der Menschen- und Bürgerrechte« von 1789 und der antijakobinischen Verfassung von 1799 (Beginn des Konsulats) verschwindet der Bezug auf das Volk und wird ersetzt durch den Primat der Nation oder die »Universalität der Bürger«. Napoleon I. rief 1804 das Volk nur noch als passive Jubelmasse an: »Der Senat überbringt dem Ersten Konsul (i.e. Napoleon, K.P.) den Ausdruck seines Vertrauens sowie der Liebe und Bewunderung des französischen Volkes.« (Zit. nach Pombeni 1997: 52) Während die Liberalen von Volksanrufungen nichts wissen wollten und sie für Scheingefechte und Heuchelei hielten, kam es zu einer Berufung auf das Volk erst wieder 1852 unter dem Vetter Napoleons I., Louis Bonaparte, am Beginn seines bonapartistischen oder cäsaristischen Regimes, das als Frühform des Faschismus gilt. Das französische Volk wurde nun aufgerufen, in einem Plebiszit die bereits vollzogene Machtübernahme Louis Bonapartes zu bestätigen und der von ihm geplanten Verfassungsänderung zuzustimmen.

Schon im 19. Jahrhundert zeichneten sich nach Pombeni (ebd.: 65), zwei unterschiedliche Typen von Volksanrufungen ab. Erstens die Anrufung des Volkes zum Zweck der Delegitimation der gesamten institutionellen Ordnung. Angestrebt wird ein neues Regime, das vorgibt, sich aus dem authentischen Volkswillen abzuleiten und das Ziel verfolgt, den liberalen Verfassungsrahmen zu sprengen. Zweitens, weniger weitreichend, der Appell an das Volk als Mittel zur Legitimation nur einer Partei oder Bewegung. Hier wird lediglich die Ablösung der noch herrschenden, aber nicht mehr repräsentativen politischen Klasse angestrebt. Das Nahziel solcher Anrufungen ist die strategische Absicherung und Erweiterung der Legitimationsbasis einer herrschenden politischen Klasse oder einer Gegenelite. Letztere kann zwei Fernziele verfolgen kann: die Sprengung des institutionellen Rahmens des politischen Systems oder Veränderungen im Rahmen der bestehenden Ordnung. Im ersten Fall handelt es sich um einen Eliten- plus Systemwechsel, im zweiten nur um einen Elitenwechsel innerhalb des bestehenden Systems.

## 7. Zur Rolle von Volksanrufungen im Populismus

Welche Ziele verfolgen Populisten mit Appellen an das Volk? Bevor diese Frage beantwortet werden kann, muss klargestellt werden, dass Populisten kein Monopol auf Volksanrufungen haben. Volksanrufungen können auch von Nicht-Populisten, von den Eliten und Vertretern der etablierten Parteien ausgehen und sind beispielsweise in Frankreich als Mittel zur Konsensbeschaffung gang und gäbe.[8]

In den vorausgegangenen und noch folgenden Ausführungen wird die These vertreten, dass der Populismus weniger als eine Hochideologie, aber mehr als eine bloße Strategie des Machterwerbs ist. Populismus beruht auf einer spezifisch anti-politischen, eher in bildungsfernen mittleren und unteren Schichten vertretenen Mentalität und ist eine abwehrende, defensive Reaktion auf zu rasche Modernisierungsschübe. Im Gegensatz dazu sind Volksanrufungen (*appels au peuple*) rein strategische Mittel, auf die unterschiedliche, populistische und nicht-populistische, Kräfte mit unterschiedlichen Zielen zugreifen können. Die von Pombeni, Weyland und anderen vertretene Gleichsetzung von Populismus mit einer Strategie von Volksanrufungen wird hier also nicht geteilt. Strategien sind technische Verfahrensweisen zur Erreichung inhaltlich beliebiger Ziele. Die Praxis von Populisten ist dagegen weder inhaltlich beliebig noch wertneutral, sondern geht von der moralischen Überlegenheit des Volkes aus und verfolgt ein bestimmtes Ziel: die Wiederherstellung eines vorgängigen gesellschaftlichen Zustandes und die Rückkehr zu einem imaginierten Goldenen Zeitalter. Populismusforscher haben immer schon hervorgehoben, dass der Populismus vergangenheitsorientiert und unpolitisch sei (vgl. To Define 1967: 174; Taggart 2000). Politisches Handeln unterliegt daher im Populismus einer spezifischen Dialektik, die man als Politisierung durch Anti-Politik bezeichnen kann. Politische Führer oder die populistische Gegenelite treten als Anti-Elite auf. Ihnen geht es nicht um das Volk als handelndes Subjekt, sondern sie arbeiten mit

---

8 Volksanrufungen sind in Frankreich auch in heutiger Zeit ein probates Mittel der Legitimationsbeschaffung, z.B. durch die Präsidenten Jacques Chirac oder Nicolas Sarkozy. Letzterer erklärte 2009 anlässlich des Schweizer Referendums zum Minarettbau: »Der Bezug auf das Volk ist für einige bereits der Beginn des Populismus. Aber den Populismus nährt man nur dann, wenn man gegenüber dem Aufschrei des Volkes taub wird, gleichgültig gegenüber seinen Schwierigkeiten, seinen Gefühlen, seinen Erwartungen (*aspirations*). Diese Verachtung des Volkes, denn es ist eine Form der Verachtung, endet immer böse.« (In: *Le Monde*, 09.12.2009)

der Fiktion einer Identität von Subjekt und Objekt. Wenn ER will, was WIR wollen (Strache), ist der Wille ungeteilt und mit sich identisch. Das Volk hat im populistischen Diskurs drei Dimensionen, die als Steigerungsformen ineinander übergehen. Es ist *Plebs, Populus* und *Demos* oder *Ethnos*. Der Initialzünder für populistischen Protest ist das Volk als Plebs oder als sozialstrukturelle Teilmenge des *Populus* (die ›kleinen Leute‹, der *common man*, die *moral majority*). Aber schon im antiken Rom war nicht eindeutig bestimmbar, in welchem Verhältnis das niedere Volk (Plebs) zum Gesamtvolk (Populus) stand. Populus bezeichnete die Gesamtheit aller erwachsenen römischen Bürger (*cives*) und stand »in einem gewissen Gegensatz zur Plebs« und zum Senat (Thommen 2008: 31). Unter Plebs wurde dagegen die Masse der Bürger im Gegensatz zur Oberschicht (den Patriziern, der Nobilität) verstanden. Die Gesamtheit der römischen Bürger schloss also einerseits die Plebs ein, in einem gewissen Sinne aber auch nicht. Dieses Oszillieren zwischen Mehrheit und Gesamtheit liegt auch dem Populismus zugrunde. Sobald das Volk von einer schweigenden Mehrheit zu politischem Handeln übergeht, steigert es sich zum Populus und beansprucht, im Namen der gesamten Nation zu sprechen. An diesem Punkt verzweigt sich die Debatte und unterscheidet zwischen Demos und Ethnos. Moderne Gesellschaften beruhen auf dem Demos als politischem Staatsvolk. Daneben wurde und wird das Volk aber auch als ethnisch-kulturelle Abstammungsgemeinschaft oder als Ethnos verstanden. Linke Populisten berufen sich auf den Demos als politisches Staatsvolk, rechte auf den Ethnos als homogene Abstammungsgemeinschaft oder als vorpolitische, vorstaatliche Volkseinheit.

Solange der Populismus als Protestpopulismus auftritt, berührt er die Frage einer ethnisch-kulturellen Homogenität nicht oder nur am Rande, wenn er sich beispielsweise gegen das Eindringen von Fast-Food-Ketten in landesspezifische kulinarische Traditionen und Gewohnheiten wendet. Seit den 1970er Jahren tritt der europäische Populismus aber nicht nur als Protest-, sondern zunehmend als Identitätspopulismus auf. Er prangert nicht mehr nur Missstände in einzelnen Bereichen (z.B. EU und Parteienentwicklung) an, sondern einen epochalen Mega-Missstand: die kulturelle und ethnische Überfremdung durch die Immigration. Populisten geben darauf nicht nur die bekannt schlichten Antworten »Ausländer raus!« oder »Das eigene Volk zuerst!«, sondern bedienen mit ihrer Anti-Politik auch die Sehnsucht nach Harmonie, Konfliktfreiheit, Authentizität und ›echten‹ Werten. Die Merkmalsbestimmungen des Populismus – Institutionenfeindlichkeit, Hang zu Verschwörungstheorien, Moralismus – sind nur abgeleitete Folgen dieser grundlegenden Aversion gegen Politik als Moment der Entfremdung von ursprünglicher Gemeinschaft und Einheit. Für Populismus anfällige Menschen sehen in politischem Handeln per se, unabhängig von Zielen und Inhalten, eine Manifestation von Entzweiung, Parteienhader und Eigennutz.

Wird der Populismus aber politisch, kann er diese Aversion nur ausbeuten, indem er als Anti-Politik auftritt. Diese Paradoxie einer Politisierung zum Zweck der Wiederherstellung eines vorpolitischen Zustandes operiert auf zwei Ebenen: Abwertung der Parteien als kalte, intransparente, indirekte Organe der modernen Politik und Aufwertung persönlicher (warmer, vertrauensvoller, unmittelbarer) Bindungen, Gefolgschaften und Loyalitäten. 1994 mobilisierte die FPÖ mit dem Wahlkampfslogan: »Einfach ehrlich, einfach Jörg«, 1995 mit »Er hat Euch nicht belogen«. 1999 steigerte sie dies zu »Einfach menschlich, FPÖ« und warb mit »Echte Freunde halten ihr Versprechen«. Nach dem Tod Haiders versuchte die BZÖ 2011, an die Aura des Verstorbenen mit dem Slogan »Echte Freunde bleiben unvergessen« anzuknüpfen. Der Text erschien in schnörkelreicher Kursivschrift und zeigte den verstorbenen Haider im Trachtenanzug an der Seite eines BZÖ-Politikers vor einer Bergkulisse. Heile Natur und Heimat konnotieren mit ›echt, menschlich und wahr‹. Ehrlichkeit steht gegen Lüge, echte Freundschaft gegen die taktischen Machspiele der Eliten, Anti-Politik gegen Politik.

## 8. Kann Populismus an der Macht noch populistisch genannt werden?

Populistische Regime sind in Europa unbekannt und in den USA nur in Bundesstaaten aufgetreten, spielen aber in Lateinamerika eine umso größere Rolle. Schon die Politik des Gouverneurs von Louisiana, Huey Long, hat in den USA die Frage aufgeworfen, ob hier nicht ein Gestaltwandel, eine Inversion oder Umkehrung ursprünglich populistischer Ziele in eine Herrschaftsform vorlag, die als »führerzentrierter Massenklientelismus« bezeichnet worden ist (Priester 2007a: 113f.). Breuer schlägt daher die Aufgabe des schwammigen Populismusbegriffs und seine Ersetzung durch Max Webers Begriff der plebiszitären Führerdemokratie als Unterform der charismatischen Herrschaft vor (vgl. Breuer 2006: 142ff.). Damit würde aber das Kind mit dem Bade ausgeschüttet und die Frage eskamotiert, ob es nicht auch so etwas wie falschen Populismus gibt. Diese Frage wurde bereits 1967 von Isaiah Berlin aufgeworfen. »Falscher Populismus ist die Verwendung populistischer Ideen für andere Ziele als die von Populisten angestrebten.« (To define 1967: 177) Den zentralen Kern des genuinen Populismus sieht Berlin in der Sehnsucht nach einem unentfremdeten Zustand der Brüderlichkeit und Gleichheit, der von Pseudo-Populisten ausgebeutet und in elitäres Fahrwasser gelenkt werde.

Für diese Sichtweise spricht, dass der Kern von Populismus in einer vorpolitischen, quasi-religiösen Sehnsucht nach den heilen, nicht-entfremdeten Ursprüngen verortet wird. Dagegen spricht aber die Gefahr, diesen *status nascendi* von Populismus zu idealisieren und nicht danach zu fragen, was Brüderlichkeit und Gleichheit in der Vorstellungswelt von Populisten bedeuten. Es handelt sich keineswegs um universalistische Werte, sondern um ein vormodernes Gemeinschaftsethos. Brüderlichkeit und Gleichheit gelten nicht für alle Menschen, sondern nur für Unseresgleichen als homogene Gemeinschaft. Hier liegt auch der Grund, warum diese unpolitische Sehnsucht nach Harmonie quasi gesetzmäßig oder mit großer Regelmäßigkeit so anfällig dafür ist, von Pseudo-Populisten ausgebeutet und instrumentalisiert zu werden. Analytisch ist die Unterscheidung von echtem und falschem Populismus tragfähig. Problematisch wird sie, wenn echter Populismus normativ mit gutem Populismus gleichgesetzt wird.

Sind populistische Regime daher nicht ein Widersinn oder eine contradictio in adiecto? Betrachtet man den Populismus statisch oder essentialistisch und fragt nach einem Wesenskern, kann die Antwort nur positiv ausfallen. Die Bezeichnung »populistisches Regime« ist eine Verlegenheitsfloskel und bedeutet nicht viel mehr, als dass es sich um Regime handelt, die weder faschistisch noch sozialistisch, weder autokratisch noch demokratisch im parlamentarisch-repräsentativen Sinne sind und dass sie eine Massenbasis im Volke haben. Wie oben ausgeführt, ist aber der Populismus als dünne Ideologie aus sich heraus nicht hegemoniefähig und kann nur in Anlehnung an und in Verbindung mit anderen Ideologien – Freedens Wirtsideologien – ein Regime begründen. Sogenannte populistische Regime sind also bereits Ligaturen oder ein mixtum compositum von Bestandteilen unterschiedlicher ideologischer Herkunft. In der Regel geht ein populistisch genanntes Regime Verbindungen mit dem Nationalismus ein und appelliert an nationale Freiheitskämpfe und Heldenepen. Populisten sind aber per se weder nationalistisch noch imperialistisch oder militaristisch, sondern nativistisch, d.h.

sie pochen auf ihrem Erstgeburtsrecht als Autochthone, das erst dann zu einem Politikum wird, wenn es von innen oder außen bedroht wird.

## 9. Zur Frage der populistischen Ideologie

Populismus ist keine mit jedweder Ideologie kombinierbare Strategie der Machtbeteiligung oder des Machterwerbs, sondern kreist um Kernthemen wie Gerechtigkeit, Tradition, Selbstbestimmung und Identität (vgl. Priester 2007a: 78–100). Dennoch sucht man auf ideologisch-programmatischer Ebene vergeblich nach einem substanziellen Kern des Populismus, zeichnet er sich doch gerade durch seine oszillierende Erscheinungsform aus. Immer wieder stößt man daher auf die Schwierigkeit, dass das Phänomen über die Auflistung bestimmter inhaltlicher Zielvorgaben, etwa einer marktliberalen oder staatsinterventionistischen Wirtschaftspolitik, nicht zu fassen ist. Trotzdem ist Populismus keine Form ohne Inhalt, sondern ein Relationsbegriff, der erst in Relation zu einem akuten Gegner inhaltliche Konturen annimmt. Diese sind aber nicht beliebig, denn weder verfolgt der Populismus eine zukunftsgerichtete Utopie noch systemimmanente (experto- oder technokratische) Modernisierungsziele, sondern die Wiederherstellung eines status quo ante, verstanden als Goldenes Zeitalter (vgl. Mény/Surel 2000: 220ff.; Priester 2007a: 19f.; Taggart 2004: 274). In kulturkritisch abgeflachter Form entspricht der populistische Sehnsuchtsort dem transzendentalphilosophischen Begriff der Lebenswelt. Es ist ein »Zustand vor jeder Theorie« (Blumenberg 2010: 78) oder, in den Worten Edmund Husserls, »das Universum der Selbstverständlichkeit«. Die Lebenswelt ist die unbegründete Welt und als solche primordial (Blumenberg 2010: 234). Als politische Akteure treten Populisten erst auf den Plan, wenn dieses Universum der Selbstverständlichkeit in Frage gestellt wird. Die Ursache für diese Bedrohung sehen sie aber nicht in einem strukturellen Wandel, sondern in moralischem Fehlverhalten mächtiger Personen oder Personengruppen. Ihr Verständnis von gesellschaftlicher Entwicklung beruht auf dem Gedanken des organischen Wachsens, analog zu Fauna und Flora. Deren Wachstum kann nur bedingt beschleunigt werden; es steht im Gegensatz zum technischen ›Machen‹. Das Natürliche steht gegen das Artifizielle, die Rasanz von Modernisierung gegen die Entschleunigung des gesellschaftlichen Wandels.

Es ist auffällig, dass im Zusammenhang mit Populismus kaum der Begriff des Konservatismus fällt, dem er doch als Traditionalismus oder Volkskonservatismus (Priester) nahesteht. Konservatismus als eigenständige politische Formation und als Ideologie bestimmter gesellschaftlicher Kräfte gibt es heute nicht mehr. Wie der Populismus, tritt auch er nur noch in Legierungen auf. Beide Strömungen teilen überdies ein zwiespältiges Verhältnis zur Moderne. Populisten sind keine dezidierten Antimodernisten, lehnen aber den einseitig auf Naturbeherrschung, Wachstumssteigerung und Konzentrationsprozessen beruhenden Weg in die Moderne ab. Ihre Rolle ist die des Aufhalters (Carl Schmitt).

## 10. Populistische Topoi zwischen Politik und Anti-Politik

Im Folgenden wird nach den präreflexiven Deutungsmustern von Populismus durch die Identifizierung bestimmter, immer wiederkehrender Topoi gefragt. Topoi können nie den Anspruch auf Vollständigkeit erheben und entziehen sich konkreter, inhaltlicher Füllung. Eher handelt es sich um Motive, Deutungsschemata, Residuen oder Stereotype mit einem hohen konnotativen Radius, was kollektiven Erinnerungen und eher gefühlten als reflektierten Vorstellungswelten weiten Spielraum lässt.

Der Populismus verfügt über ein heterogenes, aber begrenztes, nicht beliebig ausdehnbares Repertoire an Gemeinplätzen, die unterschiedlich miteinander kombiniert werden und sich flexibel an veränderte Umstände anpassen können. So kann etwa der Topos des Heartland die Bedeutung Agrargemeinschaft, Region, Lokalismus, kleinstädtisch geprägtes Kernland mit seinen »Gewohnheiten des Herzens« (Tocqueville) und überschaubaren Nahbeziehungen annehmen. In seiner linken Variante kann Rückkehr zum status quo ante aber auch den »amerikanischen Traum«, die glorreiche Zeit der französischen Volkserhebungen 1789 und im 19. Jahrhundert oder die antikolonialen Freiheitskämpfe in außereuropäischen Ländern bedeuten. Entscheidend ist nicht die inhaltliche Füllung des Heartland, sondern sein Vergangenheitsbezug, der nach Zeit und Ort variiert. Für Populisten steht nur eines fest: Es gibt einen Feind des Volkes. Wo er aber steht und welche Gestalt er annimmt, ist nur situativ und relational bestimmbar.

Die nachfolgend genannten Topoi zeigen, dass dem Populismus als politischem Phänomen ethisch-moralische Prämissen vorgelagert sind. Zu den immer wiederkehrenden populistischen Topoi gehören Polarisierungen zwischen:

1. Selbstbestimmung vs. Fremdbestimmung/Bevormundung
2. common sense/Alltagswissen vs. Experten- und Intellektuellenwissen
3. Konkretion vs. Abstraktion
4. Wahrheit vs. Heuchelei, echt vs. unecht
5. Persönliche Verantwortung vs. Anonymisierung in Großaggregaten
6. Lebensweltliche Tradition vs. Überfremdung
7. organisches Wachsen vs. technokratisches ›Machen‹
8. überschaubare lokale Gemeinschaft vs. atomisierte Gesellschaft und Gigantismus
9. Regionale/nationale Identität vs. Kosmopolitismus der »einen Welt«
10. Partikularismus vs. Universalismus

Das Aggregat dieser ohne Vollständigkeitsanspruch angeführten Topoi ist ein Einstellungssyndrom, das die Rechts-links-cleavage durch die Spaltung nach den Kriterien klein/groß, gleichbedeutend mit wahr/unwahr, richtig/falsch überformt. Soziale Gerechtigkeit wird von Populisten daher nicht nach dem Kriterium groß, gleichbedeutend mit universalistisch/etatistisch, konnotiert, sondern mit dem Kriterium klein, gleichbedeutend mit partikularistisch/lebensweltlich. Im Binnenverhältnis vertreten sie ein meritokratisches Gerechtigkeitsverständnis und treten gegen die »Privilegienherrschaft« der Eliten, der Großen oder der Oligarchie an. Im Außenverhältnis propagieren sie dagegen ein nativistisches Gerechtigkeitsverständnis, deutlich etwa in den Slogans des Vlaams Belang »Eigen volk eerst« oder des Front National »Les Français d'abord«.

Die oben aufgelisteten Elemente eines Denkstils oder einer Mentalität sind per se nicht politisch, sondern der Humus, auf dem Populismus als politisches Phänomen erst gedeiht. Sie sind das Rohmaterial, aus dem er geformt ist, ohne damit bereits eine bestimmte Form zu präjudizieren. »Populistische ideologische Elemente verfügen über eine große Flexibilität im Verhältnis zu volleren Ideologien.« (Laycock 2005: 126) Ghita Ionescu (To define 1967: 169) sprach von einer »immer wieder auftretenden Mentalität« (*recurring mentality*), die von stärkeren Ideologien oder Bewegungen absorbiert werde. Populistische Topoi fungieren als kontextabhängige »Kennzeichner (*qualifier*) für eine andere ideologische Position« (Taggart 2004: 274). So kann etwa der Topos ›die da oben‹ mit unterschiedlichen Inhalten gefüllt und an unterschiedliche Ideologien angedockt werden, bleibt aber in der personalistischen, moralisierenden Sichtweise gleichwohl populistisch. Diese latent immer vorhandene anti-politische Mentalität der ›kleinen Leute‹ manifestiert sich als eigenständige politische Kraft erst in einer Krise der Repräsentation. Diese Situation kann eintreten, wenn, erstens, wie in den USA die beiden großen Parteien sich auf die Seite von Big Business stellen und die Interessen des *common man* verraten, wenn, zweitens, konservative Volksparteien sich ›sozialdemokratisieren‹ und über wohlfahrtsstaatliche Transferleistungen das Gemeinwohl zugunsten von Sonderinteressen der Sozialstaatsklientel vernachlässigen (vgl. Laycock 2005: 133f.) oder wenn, drittens, die politischen Eliten als politisches Kartell fungieren und sich von politischen Außenseitern abschotten. Das österreichische Proporzsystem, das niederländische Poldermodell, die Versäulung der Politik in den Niederlanden und Belgien, die französische *cohabitation* zwischen Präsident und Regierung aus unterschiedlichen Parteien, der italienische *consociativismo* oder *trasformismo* sind Beispiele für diese Konkordanz von Parteieliten. Nicht zufällig ist gerade in diesen Ländern der populistische Protest gegen die Kooperation der Parteien besonders ausgeprägt.

Populisten sind geschworene Gegner technokratischer Modernisierungseliten, denen sie unterschiedliche Entwicklungen (derzeit vor allem die EU und die ungesteuerte Immigration, auch den Gigantismus im Städtebau oder in der Bildungspolitik) anlasten. Sobald populistische Parteien aber an Regierungen beteiligt sind oder als Stützparteien für konservative Regierungen auftreten, agieren sie an der »internen Peripherie« (Arditi) des Systems. Einerseits gehören sie dann selbst zur bekämpften politischen Klasse, andererseits unterminieren sie von innen mit Referenden und Plebisziten den liberalen Rechtsstaat. So hat beispielsweise die Schweiz mit ihrem direktdemokratischen System die erfolgreichste rechtspopulistische Partei Europas, und dies, obwohl (oder weil) die Zahl der Volksinitiativen und Referenden zwischen 1981 und 2009 (243) signifikant gegenüber dem Zeitraum von 1951 bis 1980 (150) gestiegen ist (vgl. Bundesamt für Statistik 2009). Vor diesem Hintergrund stellt sich die Frage, ob die Ausweitung von Referenden tatsächlich ein probates Mittel ist, um dem Populismus das Wasser abzugraben. Wie Berlusconi in Italien gezeigt hat, kann der Rechtsstaat aber auch auf andere Weise unterminiert werden. Der italienische Medienzar ging aus wirtschaftlichem Eigeninteresse frontal gegen die unabhängige Justiz vor und denunzierte die »roten Richter« als willfährige Handlanger der Linken.

Er unterstellte also eine Politisierung der Justiz, die er selbst anstrebte, wenn auch unter anderem Vorzeichen und zu seinen Gunsten.

## 11. Politik als Technik – ein Einfallstor für Populismus

Populismus tritt demokratietheoretisch als Demokratismus auf und betreibt die Delegitimation von Parteieliten und rechtsstaatlichen Institutionen. Die Elitenkritik von Populisten bezog sich aber immer auch auf die kulturellen Eliten. Populismus ist auch die Folge des Funktionswandels von Intellektuellen, die kaum noch an einer Interaktion mit dem Demos interessiert sind. Intellektuelle sind heute Experten und Spezialisten, und sei es Spezialisten für das Allgemeine. Aber sie begreifen sich nicht mehr als »organische Intellektuelle« (Gramsci) für oder gegen einen hegemonialen politischen Block. An die Stelle eines Dialogs zwischen unten und oben ist heute Technik getreten: Verkaufstechnik von politischen ›Produkten‹ und Kommunikationstechnik als Image- und Diskursberatung. Populisten sind die offenen Verführer, Spin-Doctoren und Kommunikationsexperten sind die »geheimen Verführer«. Mitunter kommt, wie bei Pim Fortuyn, beides zusammen.

# IV. Die überschätzte Rolle des Charismas im Populismus

Der hohe Verbreitungsgrad und die Überdehnung des Begriffs des Charismas haben zu dessen semantischer Ausdünnung und Trivialisierung geführt. Je mehr der Begriff popularisiert wird, desto unklarer und schwammiger wird er. Im Folgenden soll den Gründen und Ausprägungen dieser Ausdünnung nachgegangen und nach Gemeinsamkeiten und Unterschieden zwischen »numinosem« und »säkularem« Charisma gefragt werden. Im zweiten Teil wird die dem Populismus zugeschriebene intrinsische Verbindung mit charismatischer Führung aufgegriffen und die These vertreten: a) Populistische Führer legitimieren sich nicht primär als Charismatiker, sondern als Außenseiter. Populismus kann daher sowohl mit als auch ohne charismatische Führer auftreten; b) Je charismatischer eine populistische Bewegung auftritt, desto kurzlebiger ist sie. Je charismatischer dagegen ein populistisches Regime auftritt, desto mehr wirkt das Charisma als Schutzschild vor dessen Krise oder Niedergang.

Seit Max Webers Einführung des ursprünglich theologischen Begriffs in die Sozialwissenschaften ist dessen Erklärungskraft umstritten. Die Popularität des Begriffs in Journalismus, Publizistik und Wissenschaft verstärke überdies, so Spinrad (1991: 310) die Faszination durch Helden und Stars und reduziere die Komplexität von Geschichte auf das Handeln einzelner ›großer Männer‹. Auch in methodologischer Hinsicht wird der Begriff in Frage gestellt. Webers Herrschaftstypologie beruht auf idealtypischen Grenzbegriffen, die die Realität nicht abbilden, sondern stilisieren. Empiriker kritisieren daher, es sei unmöglich, den Begriff zu operationalisieren (Tucker 1969: 734), auch wenn dies neuerdings versucht wird (vgl. Eatwell 2002; Merolla/Zechmeister 2011).

## 1. Numinoses und säkulares Charisma

Für Weber war genuines Charisma mit der Sphäre der Transzendenz verbunden. Im Folgenden nenne ich es das numinose Charisma. Es beruht auf der emotionalen Hingabe an eine Person aufgrund ihrer außeralltäglichen Gaben, seien es magische oder rhetorische, geistige oder militärische, und ist weder an traditionale noch an legale Rahmenbedingungen gebunden. Diese rein persönliche Bindung ist anderer Art als die zwischen Lehnsherr und Vasall. Beruht diese auf den Traditionswerten Treue und Gefolgschaft, so jene darüber hinaus auf einer erst in Aussicht gestellten Leistung des Charismaträgers, der mithin unter dauerndem Bewährungszwang steht. Auch wenn er über bestimmte Eigenschaften wie Redegabe und mediale Präsenz verfügen muss, beruht sein Charisma auf der Zuschreibung durch seine Gefolgschaft und ist ein Beziehungsphänomen. »Im Unterschied zum heutigen Sprachgebrauch ist Charisma nicht das gleiche wie Prestige, Ansehen, Popularität oder persönliche Begabung. Charisma begründet eine soziale Beziehung, die die Verhaltensstruktur grundlegend verändert.« (Lepsius 1993: 99)

Die in Aussicht gestellte Leistung des Führers gegenüber der charismatischen Gemeinschaft bewirkt die spezifische Labilität dieses Herrschaftstypus. Revolutionär ist er nur in dem Sinne, dass er sich über die rational-bürokratischen Strukturen des modernen Staates hinwegsetzt und eine neue politische Ordnung, in der Regel ein autokratisches Regime, errichtet. In der Praxis kommt es in komplexen modernen Gesellschaften aber nicht zu einer völlig neuen Ordnung, sondern zu einem Dualismus von charismatisierten und parallel dazu weiter existierenden bürokratischen Herrschaftsstrukturen.

M. Rainer Lepsius hat am Beispiel des NS-Regimes den Prozess analysiert, der von latenten über manifeste charismatische Situationen zur Errichtung charismatischer Führung und schließlich zu den spezifischen Strukturen charismatischer Herrschaft führt. Der Charismabegriff ist daher geeignet, strukturanalytische und handlungstheoretische Ansätze miteinander zu verklammern und die intrinsische Verbindung eines bestimmten Handlungstypus mit strukturellen Voraussetzungen und Folgen aufzuzeigen.

Gesellschaftliche Entwicklungen wie Tertiarisierung, Säkularisierung, Medialisierung und ein höheres Bildungsniveau der Bevölkerung haben zu der Einführung des Begriffs des säkularen Charismas geführt. Dieser Begriff kam in den 1960er Jahren auf und reagierte auf den gesellschaftlichen Wandel in hochentwickelten Industrie- und Dienstleistungsgesellschaften (vgl. Bensman/Givant 1975). Hielt Tucker (1969: 732) noch am Charismabegriff fest, um die enge Verbindung der politischen mit der religiösen Sphäre in revolutionären Bewegungen aufzuzeigen, so setzte sich seit den 1960er Jahren die Ansicht durch, die fortschreitende Säkularisierung moderner Gesellschaften verhindere zunehmend die Entstehung des numinosen Charismas.

Es trete allenfalls noch in Entwicklungsländern im Übergang von traditionalen zu modernen Gesellschaften auf. Das Beispiel des Faschismus bestätigt indessen Webers Annahme, dass numinoses Charisma eine universelle, immer vorhandene Möglichkeit ist, die nicht vom Stand der Modernisierung, sondern vom Grad einer Krise abhängt. Worin unterscheiden sich das numinose und das säkulare Charisma und was rechtfertigt es, am Oberbegriff das Charisma festzuhalten?

Gemeinsamkeiten und Unterschiede

Versteht man die beiden Formen von Charisma nicht als Gegensatz, sondern als Kontinuum, ergibt sich eine hinreichend große Schnittmenge, die es rechtfertigt, am Begriff des Charismas auch in seiner ausgedünnten, säkularen Erscheinungsform festzuhalten und von der bloßen Personalisierung der Politik abzugrenzen.

*Numinoses Charisma*

| Dimensionen | Charismaträger | Gefolgschaft |
|---|---|---|
| Attribuierte Eigenschaften | Sendungsbewusstsein Magnetismus Hypnotische Ausstrahlung Außeralltäglichkeit als »Gnadengabe« | Enthusiasmus Gläubigkeit Hingabe Leidenschaft |
| Diskursführung | pseudoreligiöses Pathos der Distanz, Erhabenheit Messianismus | aggressive Affektivität manichäisches Weltbild |
| Rolle(n) | Hoffnungsträger (Retter, Messias) Sprachrohr der »Vorsehung« Gottgesandtheit *proxy control* | Emotionale Vergemeinschaftung, mehrdimensionale Opferrolle |
| Art der Krise | ubiquitär, mehrdimensional | Anomie existentielle Angst |
| Gegner | das System die Plutokratie | Verschwörungssyndrom, »Zersetzung« der kollektiven Identität |

## Säkulares Charisma

| Dimensionen | Charismaträger | Gefolgschaft |
|---|---|---|
| Attribuierte Eigenschaften | Sendungsbewusstsein Authentizität Histrionismus Mediale Präsenz Außeralltäglichkeit als Nonkonformismus | Gesunder Menschenverstand, common sense lineares Denken Ressentiment »falsche Konkretheit« |
| Diskursführung | Provokation durch Ironie, Anspielungen, Wortspiele, Kalauer Ressentimentmoralismus | defensiv-abwehrende Affektivität, manichäisches und moralistisches Weltbild |
| Rolle(n) | Sympathieträger Sprachrohr der *vox populi*, symbiotische Beziehung zum Volk *proxy control* | theatralische Vergemeinschaftung, Opferrolle durch diffuse Krise (Statusunsicherheit, Überfremdungsangst) |
| Art der Krise | Krise der Repräsentation | Vertrauensverlust in die Eliten, punktuelle Krisen als Protestauslöser |
| Gegner | Parteienkartell Establishment Politische Klasse | Verschwörungssyndrom, Furcht vor Umklammerung von oben und unten, Bedrohung der kollektiven Identität |

Der Kern des Charismas in jedweder Ausprägung ist das Sendungsbewusstsein des Charismaträgers (vgl. Eatwell 2005: 105; Gentile 2003: 128; Tucker 1979: 749). Ein populärer Politiker ohne Sendungsbewusstsein kann zwar eine Ikone, aber kein Charismatiker sein (zum Begriff des ikonischen Führers vgl. Eatwell 2002: 8). Beide Formen von Charisma gehen mit einem manichäischen Freund-Feind-Denken einher. Nur graduell unterschiedlich ist ferner die Opferrolle der Gefolgschaft als Selbstzuschreibung. In beiden Formen ist die Vergemeinschaftung von Führer und Gefolgschaft zentral, wobei schon beim numinosen Charisma die Frage auftritt, ob diese ausschließlich emotional-affektiver Art ist oder nicht auch hier schon rationale Aspekte, etwa die Aussicht auf materielle oder statusbezogene Vorteile, eine

Rolle spielen. Die emotionale Bindung der Gefolgschaft an den Charismaträger kann schnell nachlassen, wenn er bestimmte Leistungen (Linderung von Not, Schaffung von Arbeitsplätzen oder auch Sieg in einem Krieg) nicht erbringt. Eine weitere Gemeinsamkeit ist die vom Führer übernommene Stellvertreterkontrolle (*proxy control*) (vgl. Madsen/Snow 1996). In Zeiten der Krise verfügen Einzelne oder Gruppen nicht mehr über die Kontrolle der Situation und übertragen sie einem Stellvertreter.

Auch die hier dem säkularen Charisma zugeordnete theatralische Form der Vergemeinschaftung zeigt sich bereits beim numinosen Charisma. Die emotionale Bindung von Charismaträger und Gefolgschaft wird auch hier durch theatralische Inszenierungen verstärkt (vgl. Raab/Tänzler 1999). Beiden gemeinsam ist ferner der »histrionistische Stil« mit den Merkmalen: Übererregbarkeit, Tendenz zu Übergeneralisierung, Elitenfeindlichkeit, auch in Form von Wissenschafts- und Intellektuellenfeindlichkeit, dichotomisches Bewusstsein und erhöhte Emotivität (Intuition, Gesinnung, Hingabe, Glaube). Hinzu kommt in beiden Fällen die inszenierte Normabweichung, sei es von den Normen des gesamten liberal-repräsentativen Systems oder von den Normen des Politikerhabitus in Auftreten und Diskursführung.

Der größte Unterschied liegt dagegen erstens in der zeitgebundenen Stilhöhe. Der numinose Charismaträger pflegte in Gestik, Mimik, Tonlage und Wortwahl noch den ›hohen Stil‹ und beeindruckte durch Pathos, Emphase, übertriebene Gestik und pseudo-religiöse »Zelebrationsästhetik« (Emilio Gentile). Der säkulare Charismaträger, etwa Bossi, Le Pen oder Haider, zeichnet sich dagegen durch eine Schwundform des Charismas, den Charme, aus, sowie durch trivialästhetische, eher folkloristische als liturgische Rituale der emotionalen Vergemeinschaftung.[9] Jean-Marie Le Pen kann hier als Übergangstypus gelten. Er beherrschte die Emphase und die weihevolle Geste bei der Anrufung der Nationalheldin Jeanne d'Arc, spielte aber ebenso souverän auf der Klaviatur von Provokationen, Kalauern, Wortspielen und Sarkasmen.[10] Der Unterschied liegt zweitens in den unterschiedlichen Legiti-

---

9 Vgl. den Kult um den Po in der Lega Nord mit der rituellen Überführung von Quellwasser zur Mündung des Flusses in die Adria.

10 Vgl. die sarkastische Wortschöpfung *fédérastes*, eine Kontamination aus Päderast und Föderalist(en), zur Bezeichnung der EU; den Verbalausfall gegen den jüdischen Minister Michel Durafour, den Le Pen unter Anspielung auf dessen Namen (dt. etwa: hart im Ofen) und die KZs als Durafour-Krematorium bezeichnete; die Anprangerung der vier etablierten Parteien als »Viererbande« in Anspielung auf den Maoismus; die Kontamination der Namen zweier Politiker aus unterschiedlichen Lagern, Jospin und Juppé, zu Juppin und Jospé, die ›Jacke wie Hose‹ seien oder die Gleichsetzung der Politik der Eliten mit

mationsinstanzen. Der numinose Charismaträger legitimiert sich über seine Auserwähltheit durch eine transzendente Macht, eine äußere numinose Kraft oder Potenz (die »Vorsehung«) und versteht sich als Medium. Der säkulare Charismaträger legitimiert sich dagegen durch persönliche Eigenschaften wie Authentizität und Glaubwürdigkeit mit fließenden Übergängen zur medienverstärkten Personalisierung von Politik. Er tritt nicht als Medium und Brücke zur Transzendenz auf, sondern als Inkarnation seiner Gefolgschaft. Die stilistische Abflachung des Charismas ist ein Resultat der Verbreitung der unpathetischen, auf Unterhaltung ausgerichteten Massenmedien. Dagegen ist die Abflachung der Intensität des Charismas eine Folge flacherer, nicht als existentielle Bedrohung wahrgenommener Krisen in der heutigen Gesellschaft.

## 2. Strategien gegen nachlassendes Charisma

Bleiben die erwarteten Leistungen des Charismaträgers aus, gibt es drei Möglichkeiten, dem Schwinden seines Charismas entgegenzuwirken. (1) Die Krise wird perpetuiert, indem sich ihrer in Aussicht gestellten Lösung immer neue, auch inszenierte, Krisen entgegenstellen (vgl. Eatwell 2005: 111). (2) Misserfolge werden von der Person des Charismaträgers abgelöst. Der Glaube an den unfehlbaren, der Alltagsroutine enthobenen Führer spaltet sich von der Realität seiner Herrschaft mit ihren korrupten, karrieristischen Bonzen ab, etwa der Mussolinismus vom Faschismus, der Stalinismus vom Bolschewismus, der Hitlerismus vom NS-Regime (vgl. Kershaw 1988: 61ff.; Lepsius 1993: 118; Gentile 2003: 136f.). Oft ist diese Abspaltung des genuin charismatischen oder nachträglich charismatisierten Führers (z.B. Stalin) von seinem Regime erst die Ursache für einen Personenkult, garantiert doch der über den Parteiflügeln stehende Führer den Zusammenhalt der Bewegung und kann über den Vereinigungs- und Kohäsionseffekt sein Charisma noch steigern (vgl. Gentile 2003: 136).

(3) Ubiquitäre Verschwörungszusammenhänge werden hergestellt und verbreitet (für Chávez vgl. Pérez Hernáiz 2008). Franz L. Neumann nennt dies das Geschichtsbild der »falschen Konkretheit«. Die »caesaristische Iden-

---

Aids. Die Initialen SIDA (frz. für Aids) stünden für Sozialismus, Immigration, Drogen und Geschäftemacherei.

tifikation« beruht auf der Personifizierung des Geschichtsbildes und geht weit über die Suche nach Sündenböcken hinaus. Neumann vertritt die These, »dass überall da, wo in der Politik affektive Führer-Identifizierungen [...] vorkommen, Masse und Führer dieses Geschichtsbild haben: dass das Unglück, welches die Masse betroffen hat, ausschließlich durch eine Verschwörung bestimmter Personen oder Gruppen gegen das Volk hervorgerufen worden ist«. (Neumann 1967: 193f.) Er unterscheidet fünf Grundtypen von ›Verschwörungen‹: die Jesuiten-, die Freimaurer-, die Kommunisten-, die Kapitalisten- und die Juden-›Verschwörung‹. Das NS-Regime hat auf alle fünf Typen zurückgegriffen, aber in geringerer Dosierung operieren auch heute der Rechtsextremismus und der Populismus mit Verschwörungstheorien. Dabei können zeitgebundene Erscheinungsformen wie die Jesuiten- oder die Kommunisten-›Verschwörung‹ durch aktuelle ersetzt oder miteinander kombiniert werden, beispielsweise die Juden- mit der USA-›Verschwörung‹ oder in Venezuela die ›Verschwörung‹ venezolanischer Juden mit dem israelischen Geheimdienst Mossad. Es können aber auch ad hoc-›Verschwörungen‹ wie die ›Ärzteverschwörung‹ im Stalinismus inszeniert werden. Es kommt nicht auf spezifische Akteure an, sondern auf die Denkstruktur der »falschen Konkretheit« und des personalisierten Geschichtsbildes.

## 3. Personalisierung und Charismatisierung der Politik

Charisma gilt als spezifisches Merkmal populistischer Führer und wird häufig mit Personalisierung gleichgesetzt. Während aber personalisierte Politik nur auf dem Prestige einer Person beruht, ist Charisma unabdingbar mit dem Sendungsbewusstsein des Charismaträgers und der darauf beruhenden *proxy control* verbunden. Stellvertretend für seine Anhängerschaft verspricht der Charismatiker, eine als bedrohlich oder anomisch wahrgenommene Situation zu kontrollieren und die Krise zu lösen.

Die Personalisierung der Politik hat dagegen andere Gründe. Sie ist nicht Ausdruck einer gesellschaftlichen Krise und einer messianischen Heilserwartung in Teilen der Bevölkerung, sondern die Folge eines allgemeinen Misstrauens gegenüber Institutionen und nicht zuletzt die Folge der Verbreitung visueller Massenmedien. Personalisierung der Politik ist intellektuelle Komplexitätsreduktion; Charismatisierung der Politik ist darüber hinaus auch Emotionssteigerung. Mit dem Standbein, dem der Personalisierung, steht der Populismus noch innerhalb des Systems, ist doch Personalisierung heute in systeminternes Phänomen und als solches kein Abgrenzungskriterium zum Populismus. Mit dem Spielbein bewegt sich er sich dagegen in einer Grauzone zwischen interner und externer Peripherie und lotet den Handlungsradius aus. Indikatoren für diesen fließenden Übergang des Populismus von der Deinstitutionalisierung zur Delegitimierung der legalen Ordnung sind die endemische Kritik an der ineffizienten, aber zugleich gängelnden Bürokratie, die Beamtenschelte, die Anprangerung der mit der ›Parteienherrschaft‹ verbundenen Korruption und nicht zuletzt die Abwertung von Institutionen wie Parlament, Parteien und unabhängige Rechtsprechung.

## 4. Der Gestaltwandel des Charismas

Unterscheidet sich der Populismus also nur graduell vom politischen Mainstream durch einen stärker ausgeprägten personalistischen Führungsstil oder qualitativ durch das Merkmal eines charismatischen Führers? Hans-Georg Soeffner bestreitet, dass es überhaupt einen Zusammenhang zwischen Populismus und charismatischer Inszenierung gäbe: »Trotz immer wieder versuchter Anleihen aus dem Formenhaushalt charismatischer Inszenierungen hat der Populismus […] weder im Erscheinungsbild noch im Grundmuster etwas mit charismatischen Bewegungen gemein.« (Soeffner 1992: 198f., auch 1994: 267) Geht man mit Weber (1980: 142) davon aus, dass das Charisma *die* große revolutionäre Macht in traditional gebundenen Epochen ist, muss man in der Tat den Populismus, der nie eine revolutionäre Macht war, davon ausnehmen.

Zum genuinen Charisma in Webers Sinne gehören unabdingbar das Numinosum und die gottähnliche Aura des Charismaträgers. Er ist der Alltäglichkeit entrückt und achtet auf Distanz zu seiner Gefolgschaft. Auch wenn seiner Aura durch Berater, Medienkontrolle und selektive Öffentlichkeitsarbeit nachgeholfen werden kann, bleibt das numinose Charisma an spezifische Fähigkeiten des Charismaträgers gebunden. Sein Charisma ist zwar retuschierbar, aber nicht gänzlich fabrizierbar.

## Die Umdeutung des Charismas durch das Wahlprinzip

Beharrt man auf der religiösen oder numinosen Konnotation des Weberschen Charismabegriffs, so ist er in dieser messianischen Form mit Populismus nicht vereinbar. Wenn populistische Politiker überhaupt als Charismatiker in Erscheinung treten, dann nicht als Heilsbringer, sondern als Sprachrohre ihrer Anhänger. Schon Max Weber (1980: 155ff.) hat aber die Möglichkeit einer Umdeutung des Charismas angesprochen. Das autoritär gedeutete charismatische Legitimitätsprinzip kann durch das Wahlprinzip antiautoritär umgedeutet werden. Die Anerkennung des charismatischen Führers ist hier nicht mehr die Folge seiner Legitimität, sondern der Legitimitätsgrund. Die Rolle der Gefolgschaft wird durch ihr Mitspracherecht aufgewertet und begründet erst durch den Akt der plebiszitären Wahl die Legitimität des Führers. Zwischen den legalen (oder bürokratischen) und den charismatischen Herrschaftstypus schiebt sich ein auf plebiszitärer Wahl beruhender Übergangstypus, die »plebiszitäre Herrschaft«, die in höherem Maße als eine Parteiendemokratie von der öffentlichen Meinung abhängig ist (vgl. Breuer 2006: 145; Weber 1980: 156).

## Die Umdeutung des Charismas durch Personalisierung

Im Unterschied zu Soeffner geht Andreas Schedler nicht von einem antithetischen Verhältnis von Charisma und Populismus aus, sondern von einer Synthese unterschiedlicher politischer Stile. Darunter versteht er die »extreme« Personalisierung sowie die Nicht- oder Anti-Politik im Populismus. Ungeklärt bleibt aber, wo die Grenze zwischen extremer und nicht-extremer Personalisierung verläuft. Nach Schedler fördere der Personalismus einen Voluntarismus des politischen Handelns bis hin zu Erlösungsversprechungen, aber auch eine »symbolische Nicht-Politik«. Die politische Leerstelle des sich als unpolitisch inszenierenden populistischen Führers wird mit persönlichen Eigenschaften wie Stärke, Mut oder Volksnähe gefüllt (vgl. Schedler 1996: 301f.). Man kann diese Auflistung noch ergänzen und zeigen, dass eine populistische Klientel ihr unpolitisch-moralisches Selbstbild auf den populistischen Führer überträgt. Er ist redlich, wahrhaftig, treu, verlässlich und darin ›so wie wir‹. Der populistische Führer tritt als Spiegel auf, in dem sich seine Anhänger wiedererkennen; er ist die Inkarnation der Summe aller moralischen Eigenschaften, die sich die schweigende Mehrheit selbst zuschreibt und qualifiziert sich dadurch als deren Sprachrohr. 2004 hielt Jamal Karsli auf dem Flughafen von Marl, dem Ort, wo Jürgen Möllemann zu Tode gekommen war, eine Rede zum ersten Todestag des Verstorbenen. Karsli ging mit keinem Wort auf den Politiker Möllemann ein, sondern hob dessen persönliche Eigenschaften hervor: mutig, aufrichtig, integer, couragiert, charakterstark, vital, leidenschaftlich und aufrichtig, einer der immer »Klartext« geredet habe. Den Kritikern Möllemanns warf er dagegen Heuchelei und Doppelmoral vor.[11]

Schedler betont zu Recht, dass Charisma in heutiger Zeit nicht mehr von Webers Idealtyp abgedeckt werde. Aber auch in ausgedünnter, profanierter Form bleibt es ein Beziehungsphänomen zwischen Charismaträger und Gefolgschaft. Die symbolische Nicht-Politik der Führung ist eine Reaktion auf die mentale Disposition der Basis, Politik grundsätzlich skeptisch oder ablehnend zu beurteilen. Schon der französische Populistenführer Pierre Poujade hatte in den 1950er Jahren seine Bewegung als apolitisch bezeichnet. Dieser Apolitizismus wird im Populismus zur Waffe der Kritik. Die Politik, so das populistische Argument, habe sich als selbstreferentielles Subsystem gegenüber der Lebenswelt der Menschen verselbständigt und führe als politische ›Maschine‹ ein Eigenleben. Das gemeinsame Interesse von Politikern unterschiedlicher Parteizugehörigkeit an der Erhaltung dieses abgeschotteten Kartells rangiere vor ihrer Verpflichtung gegenüber dem Gemeinwohl. Sie führten das Gemeinwohl zwar im Munde, legten es aber einseitig zugunsten bestimmter Gruppen aus. Das können sowohl die Banker als auch die Sozialstaatsklientel sein.

Der populistische Führer weiß auf symbiotische Weise qua Herkunft und Werdegang, was das Volk will. Das Volk begibt sich mithin nicht seiner Souveränität, sondern akklamiert sich selbst als Person gewordener, konkreter Gestalt. Die Illusion, das Volk stelle seine von den Eliten missachtete Souveränität wieder her, wenn es die *vox populi* plebiszitär einem Stellvertreter überantwortet, lebt vom Misstrauen gegenüber Institutionen und Strukturen und dem Vertrauen in die als unpolitisch inszenierten Eigenschaften des Führers. Vor allem die Familie gilt als die Sphäre der Nicht-Politik. Hier herrschen keine kalten, anonymen Apparate, keine Heuchelei und Verstellung, keine Abstraktion, sondern Wärme, Nähe, Zuwendung, Vertrauen und konkrete zwischenmenschliche Beziehungen. Charismatiker greifen da-

---

11 Jamal Karsli, Rede zum ersten Todestag von Jürgen Möllemann am 05.06.2004, *www.karsli.net/?/p=73* (10.03.2012)

her gern auf das Vaterbild zurück, um ihre emotionale Bindung an ihre Anhänger zu festigen und deren Sehnsucht nach einer harmonischen, paternalistischen Ordnung auszubeuten. Bei den faschistischen Führern war dieser paternalistische Zug weniger ausgeprägt und kennzeichnet auch nicht alle populistischen Führer. Mussolini ließ sich in vielen Rollen feiern, darunter auch in der Vaterrolle, aber nicht als Vater des Volkes, sondern in römisch-antiker Tradition als Vater des Vaterlandes (*pater patriae*). Lenin wurde als »Vater der Werktätigen« verehrt; der Despot Stalin wurde zu »Väterchen Stalin« idyllisiert. Hugo Chávez verringert die Distanz zum Volk durch das Image eines gütigen, verständnisvollen Familienvorstandes und wird »Papa Chávez« genannt. Auch etliche Jahre nach seinem Tod und trotz seines jugendlichen Erscheinungsbildes wird Jörg Haider in seinem Stammgebiet Kärnten als »unser guter Vater« verehrt. Er war nicht nur der Gründervater eines Jugendclubs, sondern auch der Landesvater Kärntens und entließ nach seinem Tod seine Anhänger in eine »vaterlose Gesellschaft«. Treten Frauen als populistische Führerinnen auf, pflegen sie das traditionelle Rollenbild der Hausfrau und Mutter, aber keinen biologistischen Mutterkult. Pia Kjaersgaard gibt als Beruf Hausfrau und Mutter dreier Kinder an; ähnlich pflegt auch Sarah Palin ihr Image als Hausfrau und mehrfache Mutter. Eine ältere, von Eva Perón in ihren letzten Jahren verkörperte Variante ist das Image einer asexuellen Volksheiligen oder quasi-religiösen Madonna.

### Die Umdeutung des Charismas durch Trivialisierung

Richard Sennett greift den Begriff des säkularen Charismas auf und stellt fest, dieses habe inzwischen seine religiöse Bedeutung eingebüßt. Es sei nicht mehr, wie bei Weber, ein Faktor der Unordnung und Irrationalität, sondern der Ordnung und Rationalität. Der Charismatiker als Heiland und Überwinder der bestehenden Ordnung sei heute vom Charismatiker als Heiler eben dieser Ordnung abgelöst worden. »Aus der persönlichkeitszentrierten Politik des letzten Jahrhunderts ist ein Charisma hervorgegangen, das heute als stabilisierendes Moment im politischen Alltag funktioniert.« (Sennett 1993: 342) Es sei zu einem Faktor der Trivialisierung statt der Intensivierung von Gefühlen geworden und damit »zum Schmiermittel für das Räderwerk einer rationalen, geordneten Welt«. (Ebd.: 345) Allerdings erklärt Sennett die von den Medien forcierte Personalisierung zur Ursache des säkularen Charismas und setzt beide Phänomene gleich.

Schon Weber (1980: 143) hatte das Problem gesehen, dass sich das Charisma durch Verstetigung rationalisiert oder traditionalisiert. Auch wenn das innere Wesen des Charisma revolutionär ist, so zeigt sich dies nur *in statu nascendi*, kann aber durch Veralltäglichung gerade umgekehrt auch als Rechtsgrund erworbener Rechte wirken. In dieser »ihm innerlich wesensfremden Funktion« wird es zum Bestandteil des Alltags (Weber 1980: 662). Die Veralltäglichung des Charismas führt also Weber zufolge nicht nur zu dessen gradueller Abschwächung, sondern zu einem qualitativen Umschlag durch Übernahme einer ihm wesensfremden Funktion und damit zur Umkehr seiner ursprünglichen Stoßrichtung. Allerdings ist Webers essentialistische Diktion hier eher missverständlich. Zeigt sich nämlich das »Wesen« des Charismas nur *in statu nascendi* und ist es nur in dieser Phase revolutionär, so ist das veralltäglichte Charisma begriffslogisch kein Charisma mehr, sondern allenfalls ein Pseudo-Charisma. Dieses Problem wurde im letzten Kapital bereits im Zusammenhang mit Isaiah Berlins Unterscheidung zwischen echtem Populismus und Pseudo-Populismus angesprochen. Auch Berlin sah den eigentlichen oder echten Populismus nur *in statu nascendi*. Diese essentialistische Unterscheidung nach Wesen und Erscheinung führt in beiden Fällen – dem des Charismas und dem des Populismus – eher zu Scheindebatten. Historisch und empirisch ist immer von unreinen Erscheinungsformen und fließenden Grenzen eines Phänomens auszugehen. Dennoch ist die Konstruktion eines reinen Typus, sei es des Charismas oder des Populismus, notwendig, um überhaupt Abweichungen und Vermischungen erkennen zu können. Im Falle des Populismus dient das Konstrukt eines reinen oder genuinen Typus auch dazu, um die Gemeinsamkeiten von Links- und Rechtspopulismus als Angehörige einer gemeinsamen Familie deutlich zu machen.

## 5. Säkulares Charisma und Ressentimentmoralismus

Charisma ist ein Beziehungsphänomen und konstituiert sich durch die Interaktion zwischen Führer und Gefolgschaft. Solange charismatisch begabte Menschen keinen Resonanzboden finden, bleiben sie unerkannt. Dieser Resonanzboden hat sich aber vom numinosen zum heute vorherrschenden säkularen Charisma gewandelt. Das profanierte Charisma entsteht heute nicht vor dem Hintergrund einer anomischen Situation (verlorener Krieg, Hyperinflation, Massenarbeitslosigkeit, bürgerkriegsähnliche Zustände), sondern endemisch. Sein Resonanzboden ist eine latente Disposition zum Ressentiment in Verbindung mit teilweise berechtigter Kritik an den Eliten. Diese Kritik bleibt aber im Populismus in »falscher Konkretheit« personen- oder gruppenbezogen und konzentriert sich auf moralisches Fehlverhalten wie Korruptions- und Schmiergeldaffären, Skandale, Teuerungen und ungesteuerte Immigration.

Populistische Politiker reagieren seismographisch auf diese nicht mit Strukturen, sondern mit Akteuren verknüpften Missstände oder Skandale mit »Ressentimentmoralismus« (Max Weber). Sie bündeln und kondensieren Unmutsäußerungen nach Art der Werbung durch *branding*, d.h. durch die Besetzung eines Themas als Produktmarke, die über den Gebrauchswert des Produkts hinaus weitere Konnotationen auslöst und als Code einer emotionalen Vergemeinschaftung fungiert. Die Anprangerung der *political correctness* ist eine solche Grenzmarkierung zwischen dem ›Wir‹ und dem ›generalisierten Anderen‹ – dem Parteiensystem, der veröffentlichten Meinung, dem vorherrschenden politischen Diskurs, dem Verfassungskonsens oder der demokratischen Erinnerungskultur. In seiner inhaltlichen Unbestimmtheit ist das Schlagwort polysemisch und bildet als Codewort einen fließenden Übergang zum Rechtsextremismus.

## 6. Populismus zwischen Personalisierung und Charismatisierung

Der Begriff des säkularen Charismas reagierte auf die fortschreitende Säkularisierung der westlichen Gesellschaften, wurde aber ursprünglich weder mit Populismus noch mit der Medialisierung der Politik in Zusammenhang gebracht. Diesen Zusammenhang stellte Richard Sennett erst in den 1990er Jahren her. Das heute vorherrschende säkulare Charisma manifestiere sich in einem bestimmten Politikertypus und erweise sich im Umgang mit einer »spezifischen Klasse von Menschen« als besonders nützlich.

»Dieser Politiker stammt aus bescheidenen Verhältnissen, und seine Karriere stützt sich darauf, dass er die Öffentlichkeit mit Angriffen gegen das Establishment, die alteingesessenen Mächte aufwiegelt. Dabei ist er zumeist kein Ideologe, obwohl amerikanische Vertreter dieses Typus mitunter populistische Sympathien zeigen. Er lässt sich nicht vom Engagement für eine neue Ordnung, sondern vom reinen Ressentiment gegen die bestehende Ordnung leiten.« (Sennett 1993: 351)

## Der Gestaltwandel des Charismaträgers

Trat Webers Charismaträger als Titan, Held oder Messias auf, und zwar sporadisch in krisenhaft zugespitzten Situationen, in denen die legale Herrschaft als Garant für Rationalität und Berechenbarkeit versagt, so hat sich dieses Erscheinungsbild in sein Gegenteil verkehrt. Der säkulare Charismaträger ist die Verkörperung des alltäglichen Jedermann. Seine Außeralltäglichkeit zeigt sich nur noch in der Schwundform des Nonkonformismus. Die Beziehung zu seiner Gefolgschaft beruht nicht mehr auf einer Glaubensstruktur, sondern auf einem Wiedererkennungseffekt durch die Projektion des Selbstbildes seiner Anhänger auf seine Person.

Seine Ausstrahlung beruht auf Authentizität und Transparenz, die strategisch gegen das heuchlerische, intransparente Elitenkartell eingesetzt wird. Er übernimmt nicht mehr die Rolle des Messias, sondern die des säkularen Aufklärers und legt die Herrschaftsinteressen der Eliten bloß, die das Volk bevormunden, bürokratisch gängeln und andere als die im Volk verwurzelten Werte propagieren. Mit der Attitüde des Aufklärers reagiert der heutige populistische Führer auf den höheren Bildungsstand der Bevölkerung, die keine Autoritäten über sich anerkennt. Sein Sendungsbewusstsein hat zwar eine andere Stoßrichtung als die des numinosen Charismatikers, bleibt aber in der Verteidigung der alten, von den Eliten missachteten und verratenen Ordnung gleichwohl missionarisch. Seine Mission ist es, über die Abweichung von der Norm des status quo ante aufzuklären. Hinter der wachsenden Anonymität in Politik, Verwaltung und Wirtschaft stehe der Wille bestimmter Personen oder Personenkreise, die das Heft in der Hand hielten, seien es Juden, Freimaurer oder die Bilderberger, die Jörg Haider wiederholt ins Visier genommen hat. Politik ist grundsätzlich ein moralisch verderbliches Geschäft. Populistische Führer gefallen sich daher in der Rolle des Saubermannes. Aufklären heißt für sie auch aufräumen, den Eliten die Maske vom Gesicht reißen und ›klare‹ Verhältnisse schaffen.

Im Unterschied zur Personalisierung der Politik als einer allgemeinen Tendenz erstreckt sich Personalisierung im Populismus nicht nur auf die Person des Führers. Vielmehr ist die gesamte Weltsicht von Populisten personalistisch in dem Sinne, dass auch die Gegenseite nur als »personales Establishment« (Sennett) wahrgenommen wird. Diese Weltsicht beruht auf dem Vorrang persönlicher Nahbeziehungen gegenüber der wachsenden Anonymität ökonomischer und politischer Machtstrukturen. Hier liegt auch der Grund für die latente Großstadtfeindlichkeit von Populisten, die in fortgeschrittenen Industrie- und Dienstleistungsgesellschaften wie den USA eine größere Rolle spielt als in mittelständisch geprägten Ländern wie Dänemark, Österreich oder der Schweiz. Anständige, zuverlässige, für ihre Arbeit, ihre Familien und Nachbarschaften einstehende Menschen gedeihen nur in Kleinstädten, versichert Sarah Palin ihren Anhängern von der Tea Party-Bewegung (vgl. Kapitel VIII).

Webers Begriff des Ressentimentmoralismus erhält mit dem Auftreten des Populismus neue Aktualität.

»Das Ressentiment beruht auf einer halb-wahren, halb-illusionären Erklärung für die gesellschaftliche Position, die das Kleinbürgertum einnimmt: Weil eine kleine hochmütige Gruppe von Insidern die Fäden der Macht und des Privilegs in Händen hält, kommt das Kleinbürgertum auf keinen grünen Zweig [...]. Das Ressentiment bringt eine seltsam verkehrte Verschwörungstheorie hervor – die, die in der Gesellschaft ganz oben stehen, haben sich mit denen ganz unten zusammengetan, um die in der Mitte zu zerstören.« (Sennett 1993: 351)

## 7. Populistische Führer sind nicht immer Charismatiker

Es gehört zu den weit verbreiteten Annahmen zum Populismus, dass er sich durch das Vorhandensein charismatischer Führer vom liberalen Mainstream unterscheide. Aber diese Annahme gewinnt durch bloße Wiederholung nicht an Beweiskraft. Auch wenn das Charisma inzwischen trivialisiert worden ist, wird seine Rolle im Populismus stark überschätzt und aus einer *petitio principii* abgeleitet: weil eine Bewegung oder Partei populistisch ist, muss ihr Führer folglich charismatisch sein, d.h. das erst noch zu Beweisende wird als bereits bewiesen vorausgesetzt.

Legt man das numinose Charisma als Maßstab an, so ist Soeffner (1992: 193) zuzustimmen: »Populismus und Charisma sind unvereinbar.« Aber auch in profanierter Form sind längst nicht alle populistischen Führer auch Charismatiker. Etliche, konsensuell als (rechts-)populistisch geltende Parteien kommen ohne derartige Parteiführer aus wie der Vlaams Belang unter Filip Dewinter, die norwegische Fortschrittspartei unter Siv Jensen, die dänische Volkspartei unter Pia Kjaersgaard, die Schweizer SVP unter Christoph Blocher oder die US-amerikanische Reform Party unter Henry Ross Perot. Auch im Agrarpopulismus des ausgehenden 19. Jahrhunderts sind weder bei den russischen Narodniki noch in der US-amerikanischen People's Party charismatische Führer in Erscheinung getreten. Zu dem in Lateinamerika endemischen Populismus stellt Francisco Panizza fest: »Ein gemeinsames Kennzeichen der Analyse von Populismus ist es, dem Führer (*leader*) schlecht definierte charismatische Kräfte zuzuschreiben. Eine historische Untersuchung einiger der prominentesten populistischen Führer würde aber zeigen, dass die meisten von ihnen weder besonders charismatisch noch notwendigerweise angehende Tyrannen waren.« (Panizza 2005: 19) Auch in Europa ist die Zahl derer, die als säkulare Charismatiker gelten können, eher gering: Bossi, Haider, Le Pen. Ob Fortuyn dazugehörte oder nicht eher ein Marketingstratege war, ist zumindest umstritten (vgl. Eatwell 2005: 112).

Numinose, in Webers Sinne genuine Charismatiker greifen nur selten auf ihre Biographie als Legitimations- oder Inszenierungsmittel zurück. Über Hitlers Jugend oder sein Privatleben drang wenig nach außen; Mussolini achtete streng darauf, Informationen über seine Privatsphäre der Öffentlichkeit vorzuenthalten. Stalin, obwohl kein genuiner Charismatiker, entwickelte geradezu klaustrophobische Tendenzen. Sie alle wollten nur als öffentliche Person wahrgenommen werden. Ihre Außeralltäglichkeit zeigt sich in einem inszenierten Aufgehen in ihrer öffentlichen Funktion bis hin zu einem Charisma der Askese. Eva Perón wandelte das Stigma ihrer Herkunft in Charisma um. Ihren persönlichen Leidensweg transformierte sie zur Imitatio Christi und qualifizierte sich damit als Brücke zur Transzendenz. Hitler, aber auch Eva Perón in ihren letzten Jahren, haben asketische Züge ausgeprägt und damit eine nicht nur symbolische, sondern reale Identifikation ihrer Person mit ihrer Sendung suggeriert. Sie opfern sich für eine höhere Sache. Ihre Kommunikation mit den Massen verlief eindimensional *top-down*; die des populistischen Führers verläuft dagegen zweidimensional *bottom-up/top-down*. Als inkarnierte Stimme des Volkes fungiert er als Katalysator von Ressentiments ersten Grades (punktuellem, monothematischem Unmut), die er in Ressentiments zweiten Grades (Verknüpfung punktueller Missstände oder Krisen mit personellen Verursachern) umwandelt.

Im Unterschied zu den Charismatikern des 20. Jahrhunderts zeichnen sich heutige populistische Führer dadurch aus, dass sie ihre Biographie – ihre

Herkunft aus einfachen Verhältnissen (Le Pen) oder ihre sexuelle Veranlagung (Fortuyn) – strategisch einsetzen und dadurch ihre Authentizität gegenüber den »heuchlerischen und verlogenen« Eliten hervorkehren. Ihr Verhältnis zum Volk beruht nicht mehr auf Distanz und Entrückung, sondern auf inszenierter Distanzlosigkeit. Legitimiert sich der numinose Charismatiker durch die Zukunft als Retter und Heilsbringer, so der säkulare Charismaträger durch seine biographische Vergangenheit, d.h. durch seine soziale Herkunft und seinen Werdegang.

Es gibt in der Geschichte des 20. Jahrhunderts nur wenige Beispiele für numinose Charismatiker, aber diese Beispiele (Hitler, Mussolini, Eva Perón) zeigen, dass es sich um Menschen handelte, die im bürgerlichen Leben gescheitert oder aus der Bahn geworfen waren. Das negative Stigma ihres Scheiterns und ihrer unbürgerlichen Existenz haben sie in ein positives Stigma umgewandelt. Säkulare Charismatiker, hier vor allem populistische, tragen demgegenüber nicht das Stigma des Scheiterns und sind auch keine unbürgerlichen Existenzen. Vielmehr haben sie sich im bürgerlichen Leben als Aufsteiger durchaus bewährt und es als Offiziere, Geschäftsleute oder Unternehmer zu beruflichem Erfolg gebracht. Aber auch sie sind Außenseiter. Weder haben sie die üblichen Karrierewege der Eliten absolviert noch gehören sie gesellschaftlich zu den Arrivierten, haftet ihnen doch stets der Ruch des Parvenus an, auch wenn sie häufig Millionäre sind.

Auch die jüngeren lateinamerikanischen populistischen Führer fordern das politische Establishment nicht primär als Charismatiker, sondern als Außenseiter heraus. Entweder sind sie Abkömmlinge von Einwanderern wie Carlos Menem (Argentinien) mit syrischem, Alberto Fujimori (Peru) mit japanischem und Abdala Bucharam (Ecuador) mit libanesischem Hintergrund. Oder sie berufen sich auf ihre indigenen Wurzeln wie Hugo Chávez in Venezuela, Ollanta Humala in Peru oder Evo Morales in Bolivien. Diese Außenseiterposition qualifiziert sie aber nicht per se schon als Charismatiker. Populismus kann sowohl mit als auch ohne charismatische Führer auftreten und ist auch nicht zwingend von der persönlichen Ausstrahlung seiner Führer abhängig. Im Gegenteil: Hinter der medialen Präsenz eines Blair, Clinton oder Kennedy verblasst so mancher Populist, etwa der hölzerne Ross Perot, der als steif geltende Ollanta Humala, der technokratische Fujimori mit dem Habitus des ehemaligen Mathematikprofessors, der Gründer des Vlaams Blok (seit 2004 Vlaams Belang), Karl Dillen, mit der Ausstrahlung des gelernten Buchhalters oder Pia Kjaersgaard mit dem bewusst gepflegten Image der biederen Hausfrau.

## 8. Personenkult und der »Teflon-Effekt«

Der charismatische Herrschaftstypus beruht auf einer direkten, nicht mediatisierten Beziehung zwischen Führer und Gefolgschaft. Diese persönliche Beziehung zieht aber nicht unbedingt einen Personenkult oder eine unangefochtene Stellung des Führers nach sich und entwertet auch nicht zwingend die innerparteiliche Willensbildung. Die massenwirksam inszenierten Auftritte Le Pens oder Haiders konnten nicht darüber hinwegtäuschen, dass ihr autokratischer Führungsstil zahlreiche Abspaltungen nach sich gezogen hat, in Österreich die Spaltung zwischen FPÖ und BZÖ, in Frankreich die Abspaltung des bürgerlichen Flügels des Front National unter Bruno Mégret sowie zahlreiche weitere Abspaltungen. In Dänemark spaltete sich 1995 die Dänische Volkspartei unter Kjaersgaard von der Fortschrittspartei ab; die ungarische Kleinlandwirtepartei litt unter einem endemischen Spaltersyndrom, was schließlich zum Parteiausschluss ihres Vorsitzenden Joszef Torgyan führte. Auch wenn sich der Lepenismus bis zu einem gewissen Grad gegenüber dem Front National als Partei verselbständigt hat, so hat dies nicht, wie etwa der Mussolinismus, zur Kohäsion der Partei beigetragen, sondern parteiinterne Flügelkämpfe ausgelöst oder verstärkt. Der Lepenismus steht nicht für einen unangefochtenen Führerkult, sondern für Nepotismus und Cliquencharisma (*coterie charisma*) (vgl. Eatwell 2005: 116).

Am Beispiel des schon seit 1972 bestehenden Front National lässt sich auch die Frage der Nachfolgeregelung durch Erbcharisma erörtern, ist doch das persönliche Charisma des betagten Le Pen auf seine Tochter und politische Erbin Marine übergegangen. Alle anderen Fälle bestätigen aber die Regel, dass eine Bewegung zerfällt, wenn ihr Sprachrohr abtritt. Dies war bei Fortuyns LPF ebenso der Fall wie bei Haiders BZÖ, ganz abgesehen vom Intermezzo der deutschen Schill-Partei. Dagegen konnten sich in Europa nur solche Parteien über längere Zeit etablieren, die gerade nicht durch einen charismatischen Parteigründer oder -führer in Erscheinung treten. Dies gilt ebenso für die skandinavischen Länder, hier vor allem für Norwegen und Dänemark, wie für die Schweizer SVP oder den Vlaams Belang.

Für eine populistische Protestbewegung lässt sich die These aufstellen: je stärker sie charismatisiert ist, desto kurzlebiger ist sie, solange sie, wie in Europa, kein Regime begründet. Umgekehrt kann sich ein populistisches Regime gerade dann länger an der Macht halten, wenn es von einem Charismatiker geführt wird. Merolla/Zechmeister (2011: 33) zeigen in einer empirischen Untersuchung zur öffentlichen Wahrnehmung von Hugo Chávez, dass Charismatiker an der Macht vom »Teflon-Effekt« profitieren, einer Schutzschicht, die bei ausbleibender Leistung den Niedergang ihres Charismas zwar nicht verhindern, aber hinauszögern kann. Der sendungsbewusste Chávez propagiert nicht nur innenpolitisch eine neue Ordnung, sondern auch global die Vision einer multipolaren Welt. Dagegen beruhte die Herrschaft des uncharismatischen Fujimori auf dem traditionell autoritären Caudillo-Modell (vgl. Ellner 2003: 149 f.). Weder hat Fujimori eine eigene Bewegung oder Partei mit ideologisch stark motivierten Anhängern ins Leben gerufen noch Sendungsbewusstsein erkennen lassen. Seine Politik orientierte sich an keiner Mission, sondern an Umfrageergebnissen. Umfrageergebnisse können kurzfristig zwar Popularität garantieren, sind aber keine Grundlage für den Aufbau einer charismatischen Bindung zu den Anhängern (vgl. Ellner 2003: 159). Beide Politiker sind Populisten mit einem personalisierten Führungsstil, aber nur einer, Chávez, hat das Sendungsbewusstsein eines Charismatikers.

## 9. Ist die Zeit der Führer vorbei?

Allgemein wird davon ausgegangen, dass Webers messianischer und numinoser Charismabegriff heute keine Relevanz mehr habe. Charisma ist, wie zu zeigen versucht wurde, nicht gleichzusetzen mit Personalisierung, und auch sie hat im Populismus einen anderen Stellenwert als in den Parteien des Mainstream. Auf eine Kurzformel gebracht, beruht sowohl das numinose als auch das säkulare Charisma auf Personalisierung plus Sendungsbewusstsein. Welcher Art die Mission ist und welchen Intensitätsgrad das Sendungsbewusstsein erreicht, ist eine empirische Frage und hängt vom Grad der Krise und den Opportunitätsstrukturen ab. Personalisierung, insbesondere in charismatischer Form, steht in einem Spannungsverhältnis zur Herrschaft von Institutionen, hier vor allem von Parteien als Organen des legalen Herrschaftstypus. Sind diese geschwächt oder sinkt ihr Ansehen, steigt der Pegel der Personalisierung und wird verstärkt durch die Eigengesetzlichkeit der visuellen Medien, die von Gesichtern, Personen und *human touch* leben.

Neuere Entwicklungen weisen überdies in eine Richtung, die die hier vorgetragene These von der überschätzten Rolle des Charismas im Populismus noch in anderer Weise untermauern können: die Tendenz zu führerlosen Netzwerken als neuer politischer Organisationsform, angefangen beim

Konzept der *leaderless resistance* im Rechtsextremismus bis hin zu den jüngsten Erscheinungsformen von Populismus, der amerikanischen Tea Party-Bewegung und der Occupy Wall Street-Bewegung, die sich beide als führerlose Netzwerke verstehen. Offen bleibt aber die Frage, ob das Paradigma der akephalen Vernetzung nur eine Ideologie ist, die flache Hierarchien und die Abkehr vom charismatischen Stellvertreterprinzip suggeriert, tatsächlich aber von anonym bleibenden Institutionen gelenkt wird. Dies wäre eine neue, aber nicht die einzige Paradoxie des Populismus.

# V. Populismus als Prozess – ein Phasenmodell

> *»Populisten gehören nicht unbedingt zu den Volksklassen, die Volksklassen sind nicht unbedingt Populisten und nicht alle Populisten sind rechtsextrem.«*
>
> (Nonna Mayer)

In den letzten Jahren sind große Anstrengungen unternommen worden, den Begriff des Populismus gegenüber seiner ausufernden, häufig polemischen Verwendung einzugrenzen, auch wenn es nicht an Stimmen fehlt, die dafür plädieren, ihn als zu schwammig oder zu ideologisch aufzugeben (vgl. Breuer 2006; Collovald 2004). Daher müssen wir uns zunächst darüber verständigen, welchen Grad an Eindeutigkeit wir von sozialwissenschaftlichen Begriffen überhaupt erwarten können. Auch andere politische Begriffe wie Konservatismus, Faschismus, Demokratie oder Totalitarismus sind sowohl in ihren Merkmalsbestimmungen als auch in ihrer Anwendbarkeit umstritten und werden nicht selten überdehnt. Ob Faschismus ein Gattungsphänomen sei oder nicht eher nur den singulären italienischen Fall bezeichne, ob Totalitarismus in seiner Fokussierung auf formale Gemeinsamkeiten genetisch, funktional und sozial höchst unterschiedlicher Regime nicht eher den ideologischen Bedürfnissen des Zeit des Kalten Krieges entsprach, ob dem Begriff der Demokratie schon mit der Alternanz von zwei Parteien Genüge getan werde, ob der Konservatismus überhaupt eine Doktrin oder nicht eher eine »Veranlagung« (Michael Oakeshott) sei – all dies war immer schon und ist bis heute umstritten, und dies aus einem naheliegenden Grund: Forscher, die sich mit dem einen oder anderen Phänomen beschäftigen, sind selbst Teil des zu erforschenden Gegenstandes.

## 1. Die Gegner des Populismus

In Europa zeigt der Populismus eine »Wahlverwandtschaft« (Schedler) mit dem rechten Spektrum und tritt zwischen der parlamentarischen und der außerparlamentarischen Rechten auf, ist also weder rechtsextrem noch bürgerlich-konservativ, sondern ein Amalgam aus beidem. Vom Konservatismus übernimmt er die Wertorientierung und die Verteidigung traditionaler, lokaler Lebenswelten gegen den Gigantismus der Moderne und steht hier in großer Nähe zur französischen Neuen Rechten mit ihrem Vordenker Alain de Benoist. Dem Rechtsextremismus nähert er sich über die nationale Präferenz und die Fremdenfeindlichkeit. Der Rechtsextremismus geht Populisten zu weit nach rechts, wenn er sich gewaltbereiten Kameradschaften oder nationalrevolutionären Strömungen öffnet und mit plebejischem Habitus auftritt. Bürgerlich-konservative Volksparteien gehen ihnen nicht weit genug nach rechts, insbesondere dann nicht, wenn sie sich der Neuen Mitte zuwenden, wenn sie pro-europäisch auftreten, gesellschaftliche Modernisierungen initiieren oder mittragen und sich, wie die CDU, zu sehr ›sozialdemokratisieren‹.

Nachdem wir den Populismus über seinen Gegner, den Rechtsstaatsliberalismus eingegrenzt haben, ist nach weiteren Gegnern zu fragen. In der konkreten, wenig analytischen Sprache des Populismus werden sie als die Großen bezeichnet. Populismus entsteht in Zeiten von Modernisierungsschüben, die mit der Bildung größerer Aggregate einhergehen, sei es mit ökonomischer Kartell- oder Trustbildung Ende des 19. Jahrhunderts, mit der dominierenden Rolle des Finanzkapitals seit den 1930er Jahren oder mit den Souveränitätseinbußen der europäischen Nationalstaaten zugunsten eines größeren Elitenprojekts, der EU, seit den 1970er Jahren. In Italien richtet er sich auch gegen den Zentralstaat mit seiner überbordenden Bürokratie und seinem Ressourcentransfer vom prosperierenden Norden in den unterentwickelten Süden. Populismus richtet sich aber gleichermaßen gegen die großen Interessenvertretungsorgane der Arbeiterschaft in Gewerkschaften, gegen die großen Volksparteien, die, vor allem in den USA, immer schon als große Wahlkampfmaschinen mit undurchsichtiger Herkunft ihrer Finanzen aufgetreten sind. Seit es Populismus gibt, hat er daher Korruption, Ämterpatronage, Interessenverfilzung, Absprachen der Großen untereinander, wachsende Anonymität der Verantwortungsketten und fehlende Durchlässigkeit angeprangert.

Mit dem New Deal ist zu Beginn der 1930er Jahre ein neuer, machtvoller Gegner hinzugetreten: der moderne Interventions- und Sozialstaat, der eine eigene »neue Klasse« von Staatsbediensteten hervorgebracht hat. Dazu zählen nicht die klassischen Hoheitsfunktionen in Polizei, Armee und Justiz, sondern neue Tätigkeiten in großen bürokratischen Apparaten wie Verwaltungsbeamte, Sozial- oder Städteplaner, Berater, Experten, Spezialisten, Wissenschaftler und andere Intellektuelle, die auf den verschiedensten Politikfeldern beratend oder planend auf das politische Geschehen Einfluss nehmen. Populisten monieren an diesen staatsnahen Eliten die Verlagerung der Machtstrukturen von der Peripherie in ein Zentrum und die Entwertung von konkretem Erfahrungswissen durch abstraktes Expertenwissen. Der öffentliche Sektor ist ihnen auch deswegen ein Dorn im Auge, weil er den Risiken des Marktes enthoben ist (vgl. Priester 2007a: 61–69).

Der Populismus polarisiert nicht nur zwischen Eliten und Volk, sondern auch zwischen zwei Fraktionen innerhalb mittlerer sozialer Schichten: dem selbständigen privaten Sektor unter Einschluss von Arbeitern und den neuen Mittelschichten (der *new class*) im Staatssektor. Diese Spaltung oder cleavage zwischen dem öffentlichen Sektor und dem privaten, in dem die Klientel des Populismus vorrangig zu suchen ist, wird in der Populismusforschung noch zu wenig aufgegriffen. Für Frankreich hat Nonna Mayer festgestellt, dass der öffentliche Sektor eher links wählt, mit Ausnahme von Angehörigen der Polizei und der Streitkräfte. Am Beispiel des Front National zeigt sie, dass sich seit den 1990er Jahren die Spaltung zwischen den beiden Sektoren vertieft hat. Lohnabhängige im privaten Sektor wählen deutlich mehr für den Front National, nicht zuletzt, weil sie den öffentlichen Sektor für privilegiert und vor ökonomischen Risiken geschützt halten (vgl. Mayer 2003: 105f.).

Francisco Panizza stellt fest, Populismus konstituiere sich durch die Polarisierung von ›Wir‹ und ›die Anderen‹ (Panizza 2005: 4f.), was für europäische Verhältnisse erweitert werden muss. Hier handelt es sich um zwei Andere: zum einen die *über* der populistischen Klientel stehende Elite oder die Großen, zum anderen die *unter* ihr stehenden Anderen (generell die Fremden: Immigranten, Asylbewerber, ethnische Minderheiten, häufig, aber nicht immer, auch sexuell anders veranlagte Menschen). Die Dichotomisierung zwischen Eliten und Underdogs mag für Lateinamerika ihre Berechtigung haben, wird aber dem europäischen Populismus nicht gerecht. Populismus konstituiert sich hier über einen dualen Schließungsprozess nach oben *und* unten, wobei ›unten‹ in ethnischer Überformung auch ›die Anderen‹ meint.

## 2. Populismus als Prozess

Bevor es aber zu politischem Handeln von Populisten kommt, ist eine diesem Handeln vorgelagerte, tiefenstrukturelle Dimension zu berücksichtigen oder das, was als populistische Mentalität bezeichnet wird. Strategisches Handeln ist bereits der sichtbare Ausdruck eines politischen Willens, der auf ein bestimmtes, latent vorhandenes Potenzial zurückgreift und es mobilisiert.

Es ist in den Sozialwissenschaften üblich, mit Typenbildung zu arbeiten, meist mit Idealtypen. Wir bilden Typen, indem wir eine besonders scharfe Brille aufsetzen, mit deren Hilfe wir bestimmte Merkmale von Phänomenen konturieren und zu einem Typus stilisieren. Auch wenn die Typenbildung im Bereich des Populismus bisher wenig überzeugend ist (vgl. Kapitel II), ist dieser Weg keineswegs nutzlos und wird auch auf andere politische Phänomene wie den Konservatismus oder den Faschismus angewandt. Idealtypen sind zur Ordnung einer amorphen Vielfalt nützlich, aber nicht ausreichend zum Verständnis eines Phänomens, weil sie dessen Prozesscharakter nicht erfassen. Auch wenn Idealtypen unscharfe Ränder haben und sich überlappen, werden sie nicht diachron aufeinander bezogen. So ist beispielsweise der Idealtyp der charismatischen Herrschaft nicht die Folge der legalen Herrschaft und steht in keinem temporalen oder kausalen Bezug zu ihr. Idealtypen stehen vielmehr für sich. Sie beanspruchen nicht, genetisch-kausale Beziehungen zwischen den einzelnen Typen aufzuzeigen und sind daher für eine Prozessanalyse ungeeignet.

Bei der Analyse des Populismus fehlt bisher aber noch ein Zugriff auf seinen Prozesscharakter. Es gibt entweder Einzelfalluntersuchungen mit begrenztem theoretischem Anspruch oder zu allgemein gehaltene Definitionen eines Populismus ›an sich‹. Wie schon in der Faschismusforschung, läuft die Suche nach einem faschistischen respektive populistischen Minimum Gefahr, essentialistisch und statisch das Wesen eines Phänomens zu erfassen (vgl. Paxton 1998: 9f.). Wenn aber die Annahme richtig ist, dass in modernen Gesellschaften ein populistisches Potenzial latent immer vorhanden ist, muss der Frage nachgegangen werden, wie, wann und warum sich dieses populistische Magma zu einem handlungsfähigen Akteur kondensiert. Im Folgen versuche ich daher, den Prozesscharakter des Populismus in einem Phasenmodell aufzuzeigen und unterscheide: (1) Phase der Latenz, (2) Phase der Malaise, (3) Phase der politischen Sammlung und Ausweitung der sozialen Basis, (4) Phase der Teilhabe am politischen System, (5) Populismus an der Macht.

## Phase der Latenz

Unter Phase der Latenz ist eine Grundgegebenheit zu verstehen, nämlich die Existenz von Menschen, die sich als ›kleine Leute‹, als unpolitischer Jedermann und schweigende Mehrheit begreifen. Der Begriff der schweigenden Mehrheit bringt den Doppelcharakter der Befindlichkeit in dieser Phase gut zum Ausdruck. Diese Menschen verstehen sich als Mehrheit, weil sie die sozialstrukturelle Ausdifferenzierung nach Klassen, Schichten oder Milieus möglichst vage halten und sich über ein vorpolitisches Selbstverständnis definieren. Sie sind die *braves gens* (Poujade), in Italien die *brava gente*, die rechtschaffen ihre Pflicht tun, hart arbeiten, wenig Zeit und Interesse für Politik aufbringen und sie vor allem nach moralischen Kriterien beurteilen. Daher haben sie wenig Sinn für das Technisch-Professionelle an politischen Abläufen, für Taktik, Kompromisse, Mehrheitsbildung, parteiinterne Konflikte, für ideologische, programmatische oder strategische Debatten, die sie nur für Haarspalterei halten. In der Regel haben sie ein großes Harmoniebedürfnis und halten Politik für ein Geschäft, das nur dem Eigeninteresse und der Karriere von Berufspolitikern diene (vgl. Schedler 1996).

So veröffentlichte ein Blogger auf dem rechtsextremen Portal Altermedia aus Anlass des neuen Slogans der rechten Bürgerbewegung PRO Köln »Wir sind das Volk« im März 2009 »Zehn Gebote für Volksvertreter«. Darin heißt es: »Sei gerecht, bescheiden, pflichtbewusst, gewissenhaft, unbestechlich und treu – und sauber in jeder Hinsicht! [...] Denke daran, dass Dein Volk eine große Familie ist, in der jeder mit jedem ein wenig verwandt ist.«[12] Anlässlich des Schweizer Referendums zum Minarettbau von 2009 schrieb ein anderer Blogger: »Suchen und pflegen wir die Reststücke unseres Volkslebens! Suchen wir sie in den guten Gesichtern, die uns beggenen, im Kinderlachen, in ehrlicher Arbeit, im treu gehaltenen Wort, in der Verlässlichkeit. [...] Wahren wir die erebten Maßstäbe! [...] An die Stelle der parteitypischen Karrierekämpfe muss eine kameradschaftliche Verbrüderung treten.«[13]

Aus diesen Stellungnahmen spricht die Sehnsucht nach einem vorpolitischen Zustand der Harmonie und Verbrüderung. Ihre Richtschnur ist ein idealisiertes Familienbild. Dieses unhinterfragte Ideal wurde aber, so einer der Blogger, nicht erst durch die 68er Generation entwertet, sondern sei das »westliche Grundübel« schlechthin und beruhe auf der »materialistisch-ei-

---

12 http://de.altermedia.info/general/pro-kolns-neuer-schlachtruf-wir-sind-das-volk (29.01.2010)
13 http://nidinfo.wordpress.com/2009/12/07/minarett-verbot-%E2%80%93-beginnt-sich-das-volk-gegen-die-bevormundung-zu-wehren (20.01.2010)

gensüchtigen Lebenshaltung«. Ähnlich äußerte sich die 2009 gegründete Deutsche Konservative Partei:

»Das Problem unserer Zeit und insbesondere der CDU ist die Tatsache, dass materielle Werte ideelle Werte verdrängt haben. […] Früher ersetzten religiöse Werte diese Leitlinien, heute müssen sie von Persönlichkeiten, im Idealfall von Parteien gesetzt werden. Die Beliebigkeitspolitik der Parteien muss ersetzt werden durch einen »Codex« vorgegebener Überzeugungen. Bewusstsein für Formen und Institutionen, Vernunft und Weitsicht, Ehrlichkeit, Aufrichtigkeit, Standfestigkeit schaffen Vertrauen, das ist konservativ.«[14]

Sarah Palin von der Tea Party-Bewegung oder Timo Soini, der Vorsitzende der Wahren Finnen, formulieren nichts anderes als diesen konservativen Wertecodex. In dieses populistische Heartland hat noch keine materialistisch-eigensüchtige Lebenshaltung Einzug gehalten. Es gilt, traditionelle, von den Vätern ererbte Tugendkataloge zu verteidigen. Nicht die Konsum- oder die Wissensgesellschaft dürfen aus dieser Sicht das Verhalten prägen, sondern ein auf die Gesellschaft ausgeweiteter Familismus. Parteien- und Interessenkämpfe sind verwerflich, dienen sie doch nur dem Streit und der Relativierung vorgegebener Überzeugungen. Angestrebt wird die Überwindung einer ›eigensüchtigen‹, individualistischen Lebenshaltung durch moralische Reinigung und Erneuerung.

Dieser unpolitische Blick auf eine Gesellschaft, wie sie sein sollte, aber nicht ist und auch nie war, ist per se weder rechts noch links. Die Sehnsucht nach einer Welt, die von keiner materialistisch-eigennützigen Lebenshaltung geprägt ist, kann sich auch nach links wenden. Dies ist in Europa und speziell in Deutschland allerdings so gut wie nie der Fall, weil sich die Linke – Kommunisten und Sozialdemokraten – hier immer als Anwältin der Arbeiterschaft in der Großindustrie verstanden hat und für eine staatlich induzierte Modernisierung eingetreten ist, gerade auch in den für Traditionalisten besonders neuralgischen Bereichen der Bildungs-, Sozial- und Familienpolitik. Der Proudhonismus mit seiner Förderung kleiner, familienzentrierter Gewerbe durch genossenschaftliche Zusammenschlüsse und ein selbstverwaltetes Kreditwesen hat in Deutschland nie Fuß gefasst, kommt aber dem populistischen Ideal sehr nahe. Da aber die klassische, fortschrittsgläubige Linke die Lebenswelt der ›kleinen Leute‹ für einen Hort von Spießertum, Konventionalismus und Chauvinismus hält, wenden diese Men-

---

14 http://www.deutschekonservative.de/index.php?option=com_content&view=article&id=50&Itermid=63 (08.08.2011)

schen sich nach rechts und kultivieren das Ideal einer von Konflikten, Klassengegensätzen und Parteienhader befreiten Gemeinschaft im Gegensatz zur atomisierten Gesellschaft.

## Phase der Malaise

Diese traditionalistische Mentalität ist der Rohstoff, aus dem Populismus geformt ist. Eine Mentalität ist noch keine Ideologie, sondern, in den Worten Theodor Geigers, »früher« und dieser vorgelagert. Als Zwischenglied zwischen »Realfaktoren« und Ideologien ist sie eine vorreflexive, eher atmosphärische »Geistesverfassung« (Geiger 1932: 77f.). Das Unbehagen setzt mit dem Bevormundungssyndrom ein. »Beginnt das Volk, sich gegen die Bevormundung zu wehren?« fragt einer der oben zitierten Blogger. Solange die ›kleinen Leute‹ das Gefühl haben, von ihren politischen Repräsentanten ernst genommen und verstanden zu werden, bleiben sie passiv. Entweder beteiligen sie sich gar nicht an Wahlen oder sie stehen loyal zu ihren angestammten Volksparteien. Als eigenständige Akteure oder als Wechselwähler von links nach rechts treten sie erst auf, wenn die Wertmaßstäbe zwischen ›denen da oben‹ und ›uns, den kleinen Leuten‹ nicht mehr kongruent sind. Gesellschaftliche Konflikte entstehen aus dieser Sicht nicht durch Interessengegensätze, sondern durch das Aufeinanderprallen falscher und richtiger Werthaltungen. Die für richtig gehaltenen moralischen Maßstäbe unterliegen aber keiner Reflexion, sondern werden als Ausdruck einer vermeintlich natürlichen Ordnung essentialisiert.

Ein zu rascher gesellschaftlicher Wandel oder die subjektiv empfundene Bedrohung durch ihn wurden schon in den 1950er Jahren als auslösendes Moment des Poujadismus, des Prototyps aller nachfolgenden populistischen Bewegungen in Europa, ausgemacht. Die bis dahin in vordefinierte Diskurse eingebundenen Protestpotenziale verselbständigen sich dadurch, dass »die kollektiven Kränkungserfahrungen, die Statusängste und frustrierten Glückserwartungen der betroffenen Bevölkerungsgruppen aus den etablierten Diskursen und Legitimationsmustern gleichsam herausfallen und den Status vagabundierender Potentiale gewinnen, die eigentümlich quer liegen zum Spektrum politischer Richtungstraditionen.« (Dubiel 1986: 47)

Die zitierten Stellungnahmen zeigen die populistische Mentalität gewissermaßen in Reinform in ihrem Antimodernismus und Traditionalismus. Heute wenden sich diese Stimmen unweigerlich nach rechts, weil sich keine der etablierten politischen Kräfte auf die Mentalität der heilen Welt einlässt, sondern auf Wandel, Wachstum, Fortschritt, Modernisierung, Veränderung und Anpassung drängt. Der Konflikt zwischen einem »Codex vorgegebener Überzeugungen« und dem liberalen Prozeduralismus und Wertepluralismus ist innerhalb der bestehenden Ordnung nicht lösbar. Eine idealisierte Welt von gestern tritt gegen die Welt von heute und morgen an, ohne einen kritisch-reflexiven Beitrag zur deren Gestaltung zu leisten.

Die Hinwendung zum Populismus kann aber auch auf einem anders gelagerten Interessen- und Wertekonflikt beruhen. Der Werteforscher Ronald Inglehart unterscheidet zwischen materialistischer und postmaterialistischer Werthaltung. Er zeigt, dass die Unterschichten einer materialistischen Werthaltung verhaftet bleiben, während die formal gebildeteren und ökonomisch besser gestellten Mittelschichten sich postmaterialistischen Werten zuwenden. Unter dem Titel »Warum kommunistische Arbeiter für die Lega [Nord] stimmen« wurden 2008 Interviews mit Arbeitern des italienischen Autokonzerns Fiat veröffentlicht. Sie zeigen die Ablösung (*dealignment*) der Arbeiter von ihrer angestammten Linkspartei. Dieser Ablösungsprozess von links nach rechts beruht auf der wachsenden Diskrepanz der Werthaltungen zwischen der materialistisch eingestellten Basis und den postmaterialistischen linken Eliten.

Zur neuen Linkspartei PD[15] hieß es: »Eine Partei, die nur noch an Homosexuelle und Zigeuner denkt, während sie sich früher für die Arbeiter den Arsch aufgerissen hat.« Die PD sei »eine Partei, die Diebe (i.e. rumänische Roma, K. P.) verteidigt, aber unfähig ist, unseren Lohn zu erhöhen, der seit Jahren gleich geblieben ist. Ich habe die Lega gewählt.« Ein weiterer: »Ich habe die PD nicht aus Überzeugung gewählt, sondern um der Rifondazione einen Denkzettel zu verpassen. Bis zum Schluss war ich unentschieden, ob ich nicht die Lega wählen soll. Sie scheint im Moment den Arbeitern am nächsten zu stehen.« Ein anderer: »Wenn die von der Linken im Fernsehen reden, verstehe ich einen Scheiß von dem, was die sagen. Sie gebrauchen bombastische Worte ... die Globalisierung ... die Bewegung... Alles nur Ausflüchte. Uns interessiert der Lohn, ein bisschen besser leben und ein paar Groschen mehr in der Tasche. Basta. Rifondazione sagt, es sei ein Sieg, dass

---

15 In die 2007 gegründete Demokratische Partei (Partito Democratico, PD), eine eher sozialliberale als sozialdemokratische Partei, sind Teile der ehemaligen kommunistischen Partei PCI und linke Christdemokraten eingegangen. Links davon existieren weiterhin kommunistische Parteien, darunter auch die Rifondazione comunista (Kommunistische Neugründung).

wir die Truppen aus dem Irak abgezogen haben. Darauf kann ich nur antworten: Was habe ich davon in meiner Lohntüte?« Ein weiterer: »Was haben wir mit der Umwelt zu tun? Klar, das ist wichtig, aber ich will, dass andere Saiten aufgezogen werden, die mich direkt betreffen.« Wieder ein anderer Interviewteilnehmer meint: »Bertinotti (ehemaliger Vorsitzender der kommunistischen Rifondazione, K.P) trägt Kaschmir, ich dagegen verdiene tausend Euro im Monat. Einmal habe ich gesehen, wie Ferrero (ein kommunistischer Politiker, K.P.) mit seinem völlig verbeulten R 5 angekommen ist. So einer gefällt mir. Solche Dinge sind wichtig für uns.« Eine Arbeiterin: »Bei Fiat haben sie massenweise rechts gewählt. [...] Die Arbeiterklasse existiert nicht mehr; die Arbeiter haben nur einen Traum – den Arbeitsplatz wechseln, ein bisschen mehr Geld machen. Der Rest interessiert sie nicht. [...] Die meisten, die behaupten, sich der Stimme enthalten zu haben, haben in Wirklichkeit die Lega gewählt. Vor allem die Jungen sind rechts.«[16]

Immer wieder wird auch die abgehobene, diplomatisch verklausulierte Sprache von Politikern moniert. So hatte der Kommunistenführer Bertinotti nach der Wahlniederlage des Linksbündnisses 2008 im Fernsehen erklärt: »Wir müssen mit Blick auf das Mitte-Links-Bündnis eine Politik der Schadensbegrenzung verfolgen.« Dazu einer der Befragten: »Was will er denn damit sagen? Kann er denn nicht geradeheraus reden? Bleibt er nun bei denen da (dem Linksbündnis, K.P.), ja oder nein?« Geschätzt werden die offene, unverblümte Sprache, das klare, verständliche Wort, nicht die gestanzten Sprachhülsen, der technische Jargon und der Verhüllungscode von Berufspolitikern.

In der Phase der Malaise artikuliert sich ein unterschiedliches Potenzial: zum einen die unpolitischen Antimodernisten, für die die moderne Welt grundsätzlich einen falschen Weg eingeschlagen hat. Sie polarisieren zwischen der idealistischen (gemeinschaftsorientierten) Werthaltung und den materialistischen (individualistischen) Werten der modernen Gesellschaft. Zum anderen wenden sich enttäuschte ehemalige Linkswähler im industriellen Sektor gerade umgekehrt aus eigennützigem Materialismus nach rechts, aber nicht aus Überzeugung, sondern weil sie kein anderes Sprachrohr sehen, das ihre Interessen vertritt. Für die postmaterialistische Wertorientierung der linken Eliten bringen sie kein Verständnis auf und fühlen sich von ihnen verraten.

---

16 http://antoniovergara.wordpress.com/2008/04/16/perche-gli-operai-comunisti-votano-lega/ (25.01.2011)

## Phase der politischen Sammlung und Ausweitung der sozialen Basis

In zahlreichen Texten zum Populismus wird die These vertreten, Rechtspopulismus sei ein Unterschichtenphänomen. Er rekrutiere sich vorwiegend aus der Arbeiterschicht, die sich durch ihren *working class authoritarianism* (Seymour M. Lipset) auszeichne. Dies ist, wie ausgeführt, nur teilweise richtig und verkennt, dass in Europa alle populistischen Parteien, auch der rechtsextreme Front National, als Mittelstandsbewegungen begonnen und in den 1990er Jahre eine neoliberale Politik propagiert haben. Auch die Bürgerbewegung PRO NRW (»aufgeschlossen konservativ, freiheitlich, verfassungstreu, strikt antikommunistisch«) wirbt damit, eine Partei des Mittelstandes zu sein: »Eine wirkliche Klein- und Mittelstandspartei war in Deutschland überfällig. Jetzt ist sie da!«[17] In dieser gesellschaftlichen Mitte gärt es, auch wenn sich dieses Spektrum in Deutschland im Rahmen diverser, teilweise wieder aufgelöster Kleinparteien bewegt. Unmittelbar nach Verabschiedung der Maastricht-Kriterien 1992 gründete der ehemalige FDP-Politiker Manfred Brunner den Bund Freier Bürger (BFB) und fiel durch seine enge Freundschaft mit Jörg Haider auf. Brunner strebte eine am Vorbild der FPÖ ausgerichtete nationalliberale, rechtspopulistische Partei an und ging Listenverbindungen mit konservativen Kleinparteien wie der ostdeutschen DSU, dem Pendant zur bayerischen CSU, und der DP (Deutsche Partei) ein. 1998 fusionierte der BFB mit der Offensive für Deutschland des hessischen FDP-Landtagsabgeordneten Heiner Kappel, der sich als »Diener des Volkes« verstand, und proklamierte rechtspopulistische Ziele: gegen die *political correctness* und das »Tabuisierungskartell«, für Volksbegehren und Plebiszite, für eine restriktive Ausländerpolitik und effizientere Kriminalitätsbekämpfung. Aber ebenso wie der Schill-Partei war auch dem BFB kein Erfolg beschieden; er wurde als antieuropäische Ein-Thema-Partei wahrgenommen und löste sich 2001 auf.

Die 1998 von einem ehemaligen CDU-Mitglied gegründete Partei der Nichtwähler versucht, den »politischen Adel« wieder zur Verwurzelung im Volk zu zwingen. Die 1997 gegründete Deutsche Mittelstandspartei versteht sich als Nachfolgerin der Schill-Partei. Die Partei Deutsche Konservative führte Gespräche mit den Kleinparteien Freie Wähler Deutschlands und der Partei soziale Mitte Deutschland; 1993 wurde die Deutsche Partei (DP) neugegründet und nahm auch ehemalige DVU-Mitglieder in ihre Reihen auf.

---

17 http://www.mittelstand-pro-nrw.de/Mittelstandspartei.htm (27.07.2011)

Seit 2008 tritt die Partei Die Freiheit unter Führung des ehemaligen CDU-Mitglieds René Stadtkewitz auf, dessen Vorbild die niederländische Freiheitspartei des Geert Wilders ist. Bisher ist es diesen und anderen Kleinparteien nicht gelungen, die Hegemonie der CDU zu brechen. Teilweise sind sie sogar wieder von der Bildfläche verschwunden.

Alle europäischen rechtspopulistischen Parteien, die sich über längere Zeit gehalten haben, sind klassen- und schichtübergreifende Parteien, in denen aber der selbständige Mittelstand und Arbeiter im privaten Sektor überproportional vertreten sind (vgl. Mayer 2003: 109; Leonardi 2006; Ivarsflaten 2005). Erst nach der Ausweitung ihrer Klientel in die unteren sozialen Schichten vertreten diese Parteien inzwischen eine stärker sozialstaatliche Linie.

Arbeiter sind aber weder geborene Anhänger der Linken noch des Rechtspopulismus, folgt doch aus einer bestimmten sozialen Lage nicht automatisch ein bestimmtes politisches Verhalten. Abgesehen davon, dass es immer Arbeiter gegeben hat, die konservativ gewählt haben, erfolgte das *dealignment* der Arbeiter von ihren linken Stammparteien erst, als diese nicht mehr ihre tribunizische Funktion erfüllten, als, bedingt durch den Wertewandel der höheren Parteikader, postmaterialistische Werte gegenüber materiellen in den Vordergrund rückten, als keine gesellschaftsverändernde Vision mehr vorhanden war und das politische Alltagsgeschäft die Politik beherrschte.

Die italienische Lega Nord existiert bereits seit Beginn der 1990er Jahre und hat in ihrem Stammgebiet Nordostitalien immer auch Arbeiter rekrutiert. Aber sie sind in kleinen Familienbetrieben tätig und identifizieren sich, auch aus Sorge um ihren Arbeitsplatz, mit ihrem Betrieb und politisch mit ihrem Chef. Anders dagegen die oben zitierten Arbeiter in einem der größten und renommiertesten Werke der italienischen Autoindustrie in Turin, einer Hochburg des Fordismus. Sie sind eher aus Enttäuschung denn aus Überzeugung erst in den letzten Jahren zur Lega hinzugestoßen, zumal in der jungen Generation der Klassenzusammenhalt geschwunden und einem individualistischen Kosten-Nutzen-Kalkül gewichen ist. Hans Georg Betz sieht im dramatischen Anwachsen des *working class support* für rechtspopulistische Parteien keine direkte Antwort auf den strukturellen Wandel, sondern eine indirekte Antwort auf die Antwort der etablierten Linksparteien auf diesen Wandel, insbesondere eine Reaktion auf deren Hinwendung zu einer neoliberalen Politik in den 1990er Jahren. Vielfach handelt es sich um Protestwähler, die nicht *für* eine rechte Partei stimmen, sondern *gegen* das Establishment. Sie verstehen sich nicht als rechts, sondern als weder rechts, noch links. Diese Gruppe der »weder-noch« hat, wie Nonna Mayer zeigt, deutlich gegenüber jenen Wählern zugenommen, die aus ideologischen Gründen für den Front National stimmen (vgl. Mayer 2003). Hinzu kommt, dass die sozialdemokratischen Parteien in Deutschland und Frankreich, in Italien auch die Demokratische Partei (PD), ihre Wähler mehrheitlich unter Lehrern, Beamten und Angestellten im Staatssektor rekrutieren.

## Phase der Teilhabe am politischen System

Noch 1995, nachdem die Lega Nord bereits 1994 kurzfristig in das Berlusconi-Bündnis Polo della Libertà eingetreten war, erklärte der ehemalige Kommunistenführer und heutige Linkspolitiker Massimo D'Alema in einem Interview mit der linken Zeitung *Il Manifesto*:

»Die Lega hat sehr viel mit der Linken gemeinsam, sie ist kein Fluch. Zwischen der Lega und der Linken gibt es viele soziale Berührungspunkte. Ob man will oder nicht: die größte Arbeiterpartei Norditaliens ist die Lega. Sie ist Fleisch von unserem Fleische; sie war das sichtbarste und stärkste Symptom der Krise unseres politischen Systems und artikuliert sich durch einen demokratischen und antifaschistischen Anti-Etatismus, der nichts mit einem organischen Block der Rechten zu tun hat.«[18]

Eben diesem organischen Block der Rechten war die Lega aber längst beigetreten, und allein die Tatsache, dass sie auch Arbeiter rekrutiert, ist noch kein linkes Gütesiegel. Wenn D'Alema gehofft hat, die Lega für ein Linksbündnis zu gewinnen, hätte er sich fragen müssen, wieso diese bereits 1996 bei den Neuwahlen zum Parlament einen Stimmenanteil von 10,1 Prozent erreichen konnte und wieso die Linke dem Arbeiterrassismus nichts mehr entgegenzusetzen hatte.

Rechtspopulistische Parteien sind in Europa nie mehrheitsfähig gewesen, sondern treten in der Regel als Juniorpartner in bürgerlich-liberalen oder nationalkonservativen Dreierkoalitionen auf, in Österreich auch in einer Zweierkoalition mit den Konservativen. Da sie damit aber Gefahr laufen, das Merkmal einer Anti-Partei zu verlieren, sind sie unzuverlässige Partner, die solche Koalitionen rasch wieder verlassen oder zu Fall bringen können.

---

18 Interview mit *Il Manifesto*, zit. nach *La Repubblica* vom 01.11.1995, S. 13, *http://ricerca.repubblica.it/repubblica/archivio/repubblica/1995/11/01/un-conclave-per-la-sinistra.html* (07.02.2010)

2001 schaffte die Schill-Partei bei der Hamburger Bürgerschaftswahl Aufsehen erregende 20 Prozent und bildete daraufhin eine Koalition mit CDU und FDP, in der Schill das Amt des Innensenators übernahm und als »Richter Gnadenlos« für *law-and-order* eintrat. Aber schon 2004 war die Schill-Partei auf nur noch 0,4 Prozent gesunken. Während Schill von der politischen Bühne abtrat, suchten und fanden etliche seiner Anhänger in den PRO-Bewegungen eine neue politische Heimat. In Österreich erreichte die FPÖ 1999 bei den Wahlen 27 Prozent und trat 2000 in eine Koalition mit der ÖVP ein. Aber Sparmaßnahmen in der Sozialpolitik, die sie mitgetragen hatte, führten zur Enttäuschung vieler FPÖ-Wähler. Zwischen 2000 und 2002 erlitt sie bei Regional- und Lokalwahlen starke Verluste und stürzte bei den Nationalratswahlen 2002 auf nur noch 10 Prozent ab. Nach parteiinternen Konflikten kam es 2005 zur Gründung der BZÖ, die aber auch zu Lebzeiten Haiders nicht mehr an die früheren Erfolge der FPÖ anknüpfen konnte. Unter der Führung von Heinz-Christian Strache lief die FPÖ der kleinen BZÖ den Rang ab und steigerte sich bei den vorgezogenen Wahlen von 2008 auf 17,5 Prozent.

Das österreichische Beispiel ist auch in anderer Hinsicht aufschlussreich. Populisten prangern notorisch die Korruption der Eliten an und präsentieren sich als moralisch unanfechtbare Außenseiter, die der Selbstbedienermentalität der Eliten ein Ende setzen würden. Kaum hätte die FPÖ aber Zugriff zur Macht, zeigte das ›System Haider‹ sein wahres Gesicht. Nicht etwa eine kritische Linkspresse, sondern Haiders ehemaliger Gefolgsmann Andreas Mölzer, unter Haider Kulturbeauftragter der Kärntner Landesregierung, stellte fest: »Während bei illegaler Parteifinanzierung im Bereich der etablierten Parteien der Zweiten Republik das Geld weitgehend über dunkle Kanäle in den jeweiligen Parteikassen gelandet sein dürfte, scheint es das ›System Haider‹ ausgezeichnet zu haben, dass hier illegale Gelder ›privatisiert‹ wurden.«[19] Mölzer hat zwar lange gebraucht, um zu erkennen, dass Haider eine »katilinarische Persönlichkeit« war, aber nun rechnet er ab: Im Windschatten des alpenländischen Catilina hätten sich Gauner, ideologielose Karrieristen, politische Flachwurzler und halbseidene Persönlichkeiten versammelt, »denen die eigene Karriere offenbar nicht zuletzt Bereicherung bedeutete.«[20] Da waren nicht nur Liechtensteiner Schwarzgeldkonten, seltsame Geschäfte um die Kärntner Hypo Alpe Adria-Bank, Werbedeals eines

---

19 Andres Mölzer, Haiders Erben? Wir sicher nicht! In: *Die Presse*, 03.08.2010
20 Andreas Mölzer, Als sich im Windschatten Haiders Gauner sammelten. In: *Die Presse*, 12.09.2011

Weltkonzerns mit einer unbekannten, Haider nahestehenden Werbeagentur, Eurofighter-Beschaffung, Privatisierungen und Neustrukturierungen von Bahn und Telekom: überall flossen reichlich Provisionen in die Taschen der »halbseidenen Persönlichkeiten« um Haider. Die sich gern als Partei der Tüchtigen und Anständigen präsentierende FPÖ sei, so Mölzer, zwischen 2000 und 2006 offenbar »ein Hort struktureller Korruption« gewesen.

Aber nicht nur das ›System Haider‹, sondern auch das ›System Bossi‹ zeigt, dass Populisten, sobald sie Zugang zur Macht haben, die an den Eliten kritisierte Selbstbedienermentalität und Privilegienherrschaft auf sich selbst anwenden. Anfang April 2012 trat der Lega-Nord-Vorsitzende nach Korruptionsvorwürfen zurück. Der Schatzmeister der Partei soll 200.000 Euro aus der Parteikasse an Bossis Söhne weitergeleitet haben. Private Reisen und Bauarbeiten der Familie Bossi sollen aus Parteigeldern finanziert worden sein und es gibt Hinweise auf eine Beteiligung der Lega Nord an Geldwäsche aus Mafia-Geschäften. Teile der staatlichen Parteienfinanzierung flossen in schwarze Kassen, aus denen sich Bossis Frau und seine Söhne »wie aus einem Bankautomaten bedient haben.«[21] Für den, der das Gebaren Bossis seit längerem beobachtet, kommt das nicht überraschend. Schon seit Jahren hat er völlig unqualifizierte Familienangehörige auf lukrative Posten in der EU-Bürokratie gehievt. Aber im Windschatten Berlusconis hatten solche Praktiken eher einen provinziellen Zuschnitt und haben erst nach dem Abgang des Großen Kommunikators einen Skandal ausgelöst.

In Italien trat die Lega Nord erstmalig 1994 in die Dreierkoalition Berlusconis[22] ein, brachte aber noch im gleichen Jahr diese Koalition zu Fall und schloss sich nach einem längeren Intervall erst 2000 und 2008 wieder dem rechten Bürgerblock an. Die politische Rollenverteilung hat in Italien auch eine regionale Dimension. Die Lega Nord plädierte von Beginn an für eine Dezentralisierung des Landes mit dem Ziel, das Steueraufkommen dem »diebischen Rom« (*Roma ladrona*) zu entziehen und in den Regionen autonom zu verwalten. Auf diese Weise konnte Bossi den norditalienischen Arbeitern exorbitante Lohnerhöhungen versprechen, da die Transferzahlungen in das unterentwickelte Süditalien eingestellt würden. Aber nachdem es Berlusconi gelungen war, der Lega viele Wähler abzuwerben, schrumpfte sie rasch zu einer norditalienischen Regionalpartei und erhielt bei den Parla-

---

21 Andrea Bachstein, Schwarze Kassen und magische Kreise. In: *SZ*, Nr. 82, 7./8./9.04. 2012, S. 82
22 Weitere Koalitionspartner (Christdemokraten und 2006 eine kleine sizilianische Regionalpartei) können hier vernachlässigt werden.

mentswahlen 2001 nur noch 3,9 Prozent. Erst nach dem Debakel der Mitte-Links-Regierung unter Romano Prodi konnte sie bei der vorgezogenen Neuwahl von 2008 ihren Stimmenanteil auf 8,3 Prozent erhöhen.

Während aber im Vordergrund des medialen und wissenschaftlichen Interesses vor allem der provokante, vulgäre Stil von Bossi oder Berlusconi stand, blieb die politisch weitaus gravierendere Rolle der postfaschistischen Alleanza Nazionale mit ihrem völlig uncharismatischen Vorsitzenden Gianfranco Fini weitgehend unbeachtet. 1994 als Abspaltung von der neofaschistischen MSI entstanden, war sie 1996 aus den Parlamentswahlen mit 15,7 Prozent als drittstärkste Partei Italiens hervorgegangen. Im Unterschied zur Lega hat die Alleanza in Süd- und Mittelitalien ihren stärksten Anhang und konnte in einigen mittelitalienischen Provinzen bis zu 20 Prozent der Stimmen auf sich vereinigen. Bei den Wahlen von 2006 erzielte sie noch beachtliche 12,3 Prozent. Im März 2009 hat sie sich aufgelöst und ist Berlusconis rechter Sammlungspartei Popolo della Libertà beigetreten, hat sie aber 2011 nach anhaltenden Konflikten zwischen Fini und Berlusconi wieder verlassen. Nicht nur ihr Einfluss auf die Politik Italiens ist größer als der der Lega Nord, sondern auch die Präferenz von Arbeitern für diese Partei. Mit der widersprüchlichen Parole »mehr Staat« und »mehr Markt« tritt sie, im Gegensatz zur Lega, für einen starken Zentralstaat ein, profitiert aber in Süditalien von dem endemischen Klientelismus und bedient ihn zugleich.

Auch in Ungarn war die rechtspopulistische Kleinlandwirtepartei (FKGP) unter Torgyan seit 1998, damals noch mit einem Stimmenanteil von 12,4 Prozent, in mehreren Dreierkoalitionen als Klientelpartei an der Regierung beteiligt. Inzwischen ist sie, wie auch die antisemitische, großungarisch-populistische Wahrheits- und Gerechtigkeitspartei MIEP, politisch bedeutungslos. Ungarn ist insofern ein Sonderfall, als hier die sozialen Konflikte von der »nationalen Frage« überwölbt werden. Die Nationalitätenfrage entzündet sich an der großen Gruppe ethnisch-sprachlicher Ungarn, die infolge der Gebietsverluste nach dem Ersten Weltkrieg im benachbarten Ausland, mehrheitlich in Rumänien, leben und die nationalistische Agitation beflügeln. Von dem grassierenden Ethnonationalismus sind in Ungarn vor allem die auf 400.000 bis 500.000 geschätzten, seit Jahrhunderten im Land lebenden Roma betroffen. Sie verleihen der »Zigeunerfrage« ein ungleich größeres Gewicht als der Immigrationsfrage, die in anderen europäischen Ländern im Zentrum der rechtspopulistischen Agitation steht. Diese und andere Faktoren haben bewirkt, dass die rechtspopulistischen Parteien FKGP und MIEP zugunsten der national-bürgerlichen Partei Fidesz unter Viktor

Orban in den Hintergrund getreten sind. Dies hat den Rechtspopulismus aber nicht verringert, sondern verstärkt. Die Fidesz hat nämlich selbst die Rolle einer rechtspopulistischen Partei übernommen, oft in schillernder Zusammenarbeit mit und halbherziger Distanzierung von der rechtsextremen Partei Jobbik.

In Polen kann die Bauernpartei Samoobrona (Selbstverteidigung) unter dem Bauernführer Andrzej Lepper als populistische Protestpartei par excellence gelten. Auch sie war zwischen 2006 und 2007 mit kurzer Unterbrechung in einer Dreierkoalition der konservativen Partei Recht und Gerechtigkeit unter Jarosław Kaczyński sowie der Liga der polnischen Familien an der Regierung. Hier zeigte sich eine ähnliche Rollenverteilung wie in den Berlusconi-Bündnissen. Die stärkste Partei im Bündnis übernimmt die Rolle einer nationalliberalen oder nationalkonservativen catch-all-party. Den autoritären Part übernimmt eine rechts davon angesiedelte kleinere Partei, während Rechtspopulisten, oft auch numerisch als dritte Kraft, die Rolle des unberechenbaren Unruhestifters spielen.

Die rechtspopulistischen Parteien in der Schweiz, in Dänemark und Norwegen sind aus dem liberalen Lager hervorgegangen, was sie in einem vergleichsweise milden Licht erscheinen lässt, im Gegensatz zum französischen Front National, der bis heute ein Sammelbecken der weitverzweigten Strömungen der französischen Rechten ist (Sozialrevolutionäre, Vichy-Anhänger, Nachfahren der faschistischen Ligen der Zwischenkriegszeit, Solidaristen, Neuheiden und katholische Integralisten).

Welche Auswirkungen hat die passive Tolerierung einer bürgerlich-konservativen Regierung oder die aktive Teilnahme von Rechtspopulisten an einem Regierungsbündnis? Schwächt die direkte oder indirekte Beteiligung an der Macht ihr Image als Anti-Parteien ab? Werden rechtspopulistische Parteien gemäßigter, normalisieren sie sich oder üben sie umgekehrt einen radikalisierenden Einfluss auf die bürgerlichen Parteien aus? Eine pauschale Antwort darauf ist nicht möglich und hängt vom Handeln der Mainstream-Parteien ab. In Ungarn hat sich die ursprünglich linksliberale Fidesz kontinuierlich nach rechts entwickelt und rechtspopulistische Züge angenommen. In Frankreich hat Präsident Sarkozy sich des Identitätsthemas bemächtigt und mit bonapartistischen Volksanrufungen viele potenzielle Wähler des Front National für seine UMP gewonnen, mit der Folge, dass der Front National mit nur 4,3 Prozent bei den Parlamentswahlen 2007 und bescheidenen 6,3 Prozent bei den EU-Wahlen 2009 stark geschwächt wurde. Ob Marine Le

Pen, die Nachfolgerin ihres bärbeißigen Vaters, ihr Ziel erreichen wird, den Front National zu »entdiabolisieren«, bleibt abzuwarten.

## Populismus an der Macht

Dieser Punkt kann vergleichsweise kurz abgehandelt werden. Versteht man unter Populismus an der Macht nicht nur eine Machtbeteiligung, sondern ein populistisches Regime, so ist dies in Europa unbekannt. In den von populistischen Tendenzen geprägten USA haben es die beiden großen Parteien bisher immer noch vermocht, das populistische Potenzial zu absorbieren. Ob dies auch in Zukunft für die rechtspopulistische Tea Party-Bewegung und die linkspopulistische Occupy Wall Street-Bewegung gilt, ist offen, aber wahrscheinlich.

Populismusforscher, die vor einem lateinamerikanischen Hintergrund argumentieren, betonen, der Populismus an der Macht mutiere zu einem Herrschaftstyp, der nicht mehr populistisch genannt werden kann. Politische Außenseiter gelangen mit Hilfe populistischer Strategien zwar an die Macht, müssen aber, wenn diese einmal errungen ist, den Charakter ihrer Regime hin zu einem »führerzentrierten Massenklientelismus« (Priester) verändern. Ist Populismus an der Macht erfolgreich, dann transzendiert er sich und »geht in einen anderen Herrschaftstyp über.« (Weyland 2001: 14). In der Phase des Machterwerbs greifen populistische Führer auf den plebiszitären Modus zurück und versuchen, über außerparlamentarische Basisbewegungen, Volksanrufungen oder Volksabstimmungen ihre Macht zu vergrößern. In der Phase des Machterhalts gehen sie aber zunehmend zum klientelistischen Modus über, d.h. sie bedienen ihre Klientel, im engeren Sinne ihre getreuen Parteianhänger, ihre Gefolgschaft, ihre Paladine, mit materiellen Vergünstigungen. Die vergleichsweise kurze Machtbeteiligung der FPÖ zeigt dies deutlich, vom Berlusconismus ganz zu schweigen. Aber auch linke Populisten wie Chávez in Venezuela verfahren strukturell nicht anders. Auch sie vergeben lukrative Ämter und Posten an ihre engere Entourage, häufig auch an Familienmitglieder, und erkaufen sich die Gunst des Volkes durch Verbesserungen im Gesundheits-, Sozial- oder Bildungsbereich. Aus eurozentrischer Sicht erscheinen solche Maßnahmen zwar als ›links‹, beruhen aber nicht auf dem Ausbau des Sozialstaats, sondern auf der personalistischen do-ut-des-Beziehung des Führers als Patron, der seine Klientel begünstigt und im Gegenzug Loyalität erhält (vgl. Barr 2009; für die Politik Huey

Longs in den USA vgl. Priester 2007a). Die Inklusion der Massen erfolgt nicht über staatliche Institutionen, sondern über Parallelstrukturen, die der parlamentarischen Kontrolle entzogen sind.

## 3. Rechtspopulismus als politischer Katalysator

Annie Collovald (2004) zeigt, dass der französische Front National seit seiner Gründung 1972 als rechtsextrem galt und erst seit den 1990er Jahren nationalpopulistisch genannt wird, ohne dass eine einschneidende programmatische oder ideologische Wende oder eine neue Mobilisierungspraxis diesen terminologischen Wechsel hätte rechtfertigen können. Zweifellos wirkt die Bezeichnung »nationalpopulistisch« weniger stigmatisierend als »rechtsextrem«. Collovald sieht darin zu Recht eine Verharmlosung des Front National. Er gilt nicht mehr in toto als *das* schwarze Schaf in der französischen Parteienlandschaft, sondern in ihm gibt es lediglich einige schwarze Schafe. Mit dem Wechsel der Bezeichnung, so Collovalds Befürchtung, werde es dem Front National leicht gemacht, sich als normale Partei darzustellen. Diese Normalität des politischen Spektrums ist aber keine feste Größe. Mit dem Auftreten des Rechtspopulismus ist die Grenze zwischen den Parteien des Verfassungsbogens und den verfassungswidrigen, rechtsextremen Parteien durchlässig geworden. Rechtsextreme Parteien versuchen, aus ihrer Ghettosituation auszubrechen, indem sie gezielt mit populistischen Topoi den ›kleinen Mann‹ ansprechen; rechtspopulistische Parteien nähern sich umgekehrt dem Rechtsextremismus an und treten fast nur noch als xenophobe Anti-Immigrationsparteien auf.

Der Rechtspopulismus liegt topographisch am rechten Rand des politischen Spektrums: Diesseits des Randes stehen die konservativen Volksparteien, jenseits die rechtsextremen Parteien. Dieser Rand ist aber keine gedachte Linie, sondern ein ausfransendes Feld, das die bürgerlichen Volksparteien brach liegen lassen, nicht zuletzt deshalb, weil sie alle pro-europäisch sind. Der Rechtsextremismus ist im öffentlichen Bewusstsein diskreditiert und kann dieses Terrain nicht einnehmen. Hier springt der Rechtspopulismus ein und besetzt dieses Feld mit einem Diskurs, der nicht rechts genug ist, um ihn als anti-systemisch oder verfassungswidrig auszugrenzen, aber hinlänglich rechts, um jenen als Auffangbecken zu dienen, die sich von den Volksparteien immer weniger repräsentiert fühlen. In Deutschland ist dieses Feld organisatorisch stark fragmentiert. Bisher ist kein politischer Unternehmer in Erscheinung getreten, dem es gelingt, diese Gruppe von Unzufriedenen hinter sich zu scharen. Der Rechtspopulismus ist keine statische, monolithische Größe, sondern eher ein Seismograph oder ein politischer Katalysator. Er verhält sich wie ein Anleger, der sein Kapital permanent umschichtet, je nachdem, wo die größte Rendite winkt. Verspricht Deregulierung und Steuersenkung mehr Gewinn, setzt er sein diskursives Kapital dort ein. Treten soziale Probleme in den Vordergrund und findet er Zuspruch in den Unterschichten, schichtet er um und entdeckt die »soziale Frage«.

Michael Kohlstruck unterscheidet rechtspopulistische von rechtsextremen Parteien nach der Reichweite ihrer Anti-Haltung. Während rechtsextreme Parteien wie die NPD sich als Anti-System-Parteien mit einer geschlossenen, holistischen Doktrin verstehen, mobilisiert der Rechtspopulismus lediglich gegen das Establishment und tritt als Gegenstimme auf. »Gegenstimmen setzen keine eigenständige weltanschauliche Konzeption, keine konzeptiven Ideologien voraus; sie kanalisieren lediglich ein verbreitetes Unbehagen.« (Kohlstruck 2008: 224) Rechtspopulisten forcierten, so Kohlstruck, die traditionellen Inhalte eines rechtfertigungsenthobenen Alltagsbewusstseins. So erklärte der FPÖ-Vorsitzende Strache 2008 in einer Rede vor dem österreichischen Nationalrat:

»Sie entmündigen die Österreicher und verhöhnen sie gleichzeitig auch noch, sind abgehoben und präpotent [...]. Sie haben Angst vor dem Volk, das Volk hat aber ein gutes Gespür für Recht und Unrecht. Und dort, wo Unrecht zu Recht wird, werde ich meine Stimme laut erheben, und da wird Widerstand zur Pflicht.«[23]

Das ›Gespür‹ des Volkes ist von vornherein im Recht und unterliegt keiner Begründungspflicht. Das Volk habe, so die populistische Grundannahme, nicht nur ein unverfälschtes, sondern ein höheres moralisches Gerechtigkeits- und Wahrheitsempfinden als die Eliten, weil es sich noch nicht vom Gedanken der Skepsis als Fundament eines epistemologischen Universalismus hat infizieren lassen. Die moralische Polarisierung zwischen wahr/falsch, recht/unrecht ist nicht nur für den Rechtspopulismus charakteristisch, sondern für den populistischen Diskurs schlechthin. Das Volk werde von den elitären Politikern und Meinungsmachern entmündigt. Mündigkeit ist aber, so Immanuel Kant und die Aufklärung, kein A priori, sondern ein Lernprozess. Mit Hilfe seines Verstandes ist der Mensch befähigt, sich aus seiner

---

23 Rede von Heinz-Christian Strache in der Nationalratssitzung am 9. April 2008, *http://www.wien-konkret.at/politik/europa/verfassung/parlament/strache* (07.02.2010)

selbst verschuldeten Unmündigkeit herauszuarbeiten. Populisten drehen den Spieß um. Für sie verfügen Menschen quasi von Natur aus immer schon über Mündigkeit, die nicht erst erworben werden müsse, ihnen aber von den Eliten abgesprochen werde.

Auf diskursiv-ideologischer Ebene ist Kohlstrucks Unterscheidung zwischen Rechtspopulismus und Rechtsextremismus zuzustimmen, weniger hingegen auf wählersoziologischer Ebene. Hier zeigt sich nämlich, dass eine Partei wie der Front National zunehmend von Menschen gewählt wird, die sich keineswegs als rechtsextrem einstufen und diese Partei nicht aus ideologischen Gründen wählen. Mangels Alternativen benutzen sie den Front National oder in Italien die Lega Nord als Vehikel für einen Anti-Establishment-Protest. Die idealtypische Unterscheidung zwischen Anti-System- und Anti-Establishment-Parteien ist in der politischen Praxis also äußerst durchlässig, was sich auch in einem schillernden Sprachgebrauch zeigt. Rechtspopulisten sprechen hierzulande immer weniger von Establishment, immer häufiger dagegen von den Altparteien in fließendem Übergang zu den Systemparteien und verringern damit die Kluft zum Rechtsextremismus. Rechtsextreme Parteien sind beides zugleich: Anti-System- und Anti-Establishment-Parteien; rechtspopulistische Parteien treten zwar als Anti-Establishment-Parteien auf, zielen aber über Verfassungsänderungen auf einen schleichenden Systemwandel von einer parlamentarischen Demokratie zu einer Präsidialdemokratie und zielen damit ebenfalls auf das ›System‹.

Da in Deutschland die rechtspopulistische Schill-Partei schon nach vier Jahren im Amt abgewirtschaftet hatte, die rechtsextreme NPD aber den Anti-Establishment-Protest nicht auf ihre Mühlen lenken kann, springen Bürgerbewegungen wie die Bürgerinitiative Ausländerstopp (BIA) in Süddeutschland oder die PRO-Bewegungen in die Bresche, mitunter auch regionale Freie oder Unabhängige Wählergemeinschaften, ganz abgesehen von den bereits angeführten rechten Kleinparteien. So schreibt der Sprecher der PRO München, Rüdiger Schrembs, noch 2005 NPD-Kandidat zur Bundestagswahl und bis 2007 Mitglied des bayerischen NPD-Vorstandes, die Rechtsparteien Republikaner, DVU und NPD seien »verbraucht« und »stigmatisiert«. Vor allem mit der NPD geht er hart ins Gericht, und dies mit Blick auf eine konservativ-traditionalistische Wählerschaft, die sich von den plebejischen Aspekten der NPD abgestoßen fühlt.

»Das häufig zu beobachtende Erscheinungsbild ist geprägt von einem Äußeren, das von der britischen Unterschicht (*working-class*) abgeschaut wurde. Mit Glatzen, Tätowierungen, T-Shirts mit provokanten, nicht selten dümmlichen Aufschriften zeigt sich besonders die junge Anhängerschaft. Man spricht vom deutschen Nationalismus und übernimmt das ›Outfit‹ der Dumpfbacken von Liverpool. [...] Diese Barriere ist dafür verantwortlich, dass sie (die NPD, K.P.) als alternative Wahlpartei nicht wahrgenommen wird, obwohl es Massen von Wählern gibt, die nach einer Alternative zu den Altparteien seit Jahren Ausschau halten!«[24]

Abstruse Aufmachung, sektenhafte Politikunfähigkeit mancher Führungskader, selbstgewählte Bunkermentalität »mit starken Bezügen zu dem vor mehr als 60 Jahren untergegangenen NS-Regime«, die Aufnahme des gesamten »Narrensaums« von Späthitleristen, bekennenden Nationalsozialisten und Kriminellen sowie der besorgniserregende innere Zustand der Partei bewirkten, dass die NPD keinen Zugang zur »Bewusstseinslage des Volkes« finde.

Das Programm der PRO München ist auf eben diese Bewusstseinslage des Volkes zugeschnitten, vorrangig auf eine kleinbürgerliche Klientel, darunter auch den Einzelhandel, der vor Großmärkten zu schützen sei. Immigration, Moscheebau und kulturelle ›Überfremdung‹ haben zwar Priorität, aber auch innere Sicherheit und Schutz vor einer weiteren »Bebauung der Innenstadt mit seelenlosen Glaskästen und Betonklötzen« werden gefordert. Hier artikuliert sich ein deutscher Poujadismus am konservativen Rand rechts von der CDU, der weder habituell noch ideologisch mit dem Rechtsextremismus, vor allem nicht mit seinem nationalrevolutionären Flügel oder den Kameradschaften, in Verbindung gebracht werden will.

Abschließend lässt sich resümieren: Europäische Rechtspopulisten rekrutieren sich aus Nationalkonservativen oder Nationalliberalen am rechten Rand des politischen Spektrums, die sich der Hinwendung der bürgerlich-konservativen Parteien zur Mitte und zur EU widersetzen. Der NPD-Autor Karl Richter bescheinigt rechtspopulistischen Parteien eine »Auffangstellung«, wenn die Wähler die Neue Mitte meiden und nach Alternativen suchen (vgl. Kohlstruck 2008: 218). Alternativ zur formal gebildeten, leistungsstarken Neuen Mitte, die für postmaterialistische Werte eintritt, vertreten Rechtspopulisten die Alte Mitte, den kleinbürgerlichen Mittelstand und die ›kleinen Leute‹. In Phasen der Transnationalisierung und Globalisierung fühlen diese Kräfte sich vom ›Ausverkauf‹ der nationalen Interessen, von städtebaulichen Modernisierungen und, wie schon in den 1920er Jahren von Warenhäusern, so heute von Supermärkten und großen Ladenketten bedroht.

---

24 http://www.promuenchen.de/index.php?page=97 (07.02.2010)

Zwischen Rechtsextremismus und Rechtspopulismus ist heute vieles im Fluss, nicht zuletzt in der Bestimmung des Feindes im Weltmaßstab. Rechtspopulisten wie Geert Wilders in den Niederlanden treten die Nachfolge der Kalten Krieger der zweiten Nachkriegszeit an. Sie polarisieren nicht mehr primär zwischen dem Volk und den Eliten, sondern zwischen der Freiheit des Westens und dem »Totalitarismus« des Islam. Ob dieser neue Anti-Totalitarismus eine Zukunft hat, bleibt abzuwarten. Aber er hat eine Sogwirkung in der Bestimmung eines gemeinsamen äußeren Feindes. Das aktuellste Beispiel ist die Politik des Front National unter Marine Le Pen, die vom Antisemitismus abrückt und, im Unterschied zu ihrem Vater, den Anti-Islamismus als Vereinigungsformel entdeckt hat. Die intellektuelle Neue Rechte ist in dieser Frage noch gespalten, aber einer ihrer Wortführer, Guillaume Faye, thematisierte 2007 *Die neue Judenfrage* (*La nouvelle question Juive*) und plädiert für ein Zweckbündnis mit dem Zionismus in einer gemeinsamen Front gegen den Islam.

# VI. Hugo Chávez: Führer, Armee, Volk – Linker Populismus an der Macht

Der Name des Populisten Hugo Chávez steht für die »bolivarianische Revolution«, deren Ziel es ist, den »Sozialismus des 21. Jahrhunderts« aufzubauen. Nach dem Ende des real existierenden Sozialismus des 20. Jahrhunderts ist es daher nützlich, sich noch einmal zu vergegenwärtigen, worauf dieses gescheiterte, unter der Hegemonie der Sowjetunion stehende Modell beruht hat. Erstens, auf einer Geschichtsteleologie mit dem Endziel einer klassenlosen Gesellschaft freier Produzenten; zweitens, auf einer Gesellschafts- und Geschichtstheorie und der Analyse des Kapitalismus als einer auf dem Privatbesitz von Produktionsmitteln beruhenden Gesellschaftsformation; drittens, auf einer Ontologie, dem sogenannten dialektischen Materialismus, der die Bewegungsgesetze in Natur und Gesellschaft aufzudecken versprach.

## 1. Wiederkehr des Sozialismus?

Gesellschaftstheoretisch beruhte dieses Modell auf dem Antagonismus zwischen der Mehrwert produzierenden Arbeiterklasse und der Klasse der Kapitaleigner. Die ungleichzeitige Entwicklung von Produktivkräften und Produktionsverhältnissen werde, so Marx und Engels, zu einer Revolution führen, die die Herrschaft einer Minderheit durch die Herrschaft der Mehrheit in der »Diktatur des Proletariats« ablösen werde. Diese galt als Zwischenstufe auf dem Weg zur klassenlosen Gesellschaft, in der der Staat als Regulator von Klassenbeziehungen absterben und die Gesellschaft in einen Endzustand der Selbstregulation der Produzenten übergehen werde. Die Konzentration auf den Grundwiderspruch zwischen Kapital und Arbeit führte zur Vernachlässigung von Zwischenschichten (Kleinbürgertum, selbständige Bauern). Diese Schichten galten als historischer Anachronismus. Entweder wurden sie als rückständig bekämpft oder strategisch in ein Bündnis unter Führung des historischen Subjekts, der Arbeiterklasse, einbezogen. Der Dreh- und Angelpunkt dieses Modells war die Eigentumsfrage und die Überführung des Privateigentums an Produktionsmitteln in die Hand der Produzenten. Andere Konflikte wie etwa die Geschlechterfrage galten als nicht-antagonistische Nebenwidersprüche, die sich im Zuge des Aufbaus des Sozialismus mehr oder weniger von selbst lösen würden.

Diese Utopie eines in ferner Zukunft angesiedelten Reiches der Freiheit sollte in verschiedenen Etappen erreicht werden. Während dieser Zwischenstufen hielt man an der Notwendigkeit des Staates fest, mit zwei entscheidenden Folgen: Der Privatbesitz an Produktionsmitteln wurde nicht vergesellschaftet, sondern verstaatlicht und die Marktwirtschaft von einer Planwirtschaft abgelöst. Die Diktatur des Proletariats mutierte zur Diktatur der Partei über das Proletariat und die Gesellschaft insgesamt. Die Abschöpfung des Mehrwerts erfolgte nicht mehr durch einen Privat-, sondern durch einen Staatskapitalismus mit einem produktivistischen Entwicklungsmodell. Alternative Formen der Demokratie wie das Rätemodell und autonome Formen von Arbeiterkontrolle wurden schon sehr früh bekämpft und haben sich nirgendwo durchsetzen können. Stattdessen dominierte eine Einheitspartei als Hüterin der Orthodoxie und eine wachsende Bürokratie. Beides trug zur Lernunfähigkeit dieses Systems bei und führte schließlich zu seiner Implosion.

Wer sich nach dem Scheitern dieses Modells weiterhin auf den Sozialismus beruft, muss nicht nur Abstriche von diesen historischen Vorgaben machen, sondern den Sozialismus des 21. Jahrhunderts völlig neu definieren. Dabei stehen idealtypisch zwei Wege offen: Rückkehr zur wohlfahrtsstaatlich-keynesianischen Sozialdemokratie mit ihrem ethischen Verständnis von sozialer Gerechtigkeit durch staatliche Umverteilung oder linker Populismus. Die Zuschreibung ›links‹ erschließt sich zunächst nur durch Negation: keine gesamtgesellschaftliche Verstaatlichung der Produktionsmittel, sondern lediglich verstaatlichte Sektoren; keine Diktatur im Sinne einer Einparteienherrschaft, die auch dann gegeben war, wenn, wie in der DDR, formal ein Mehrparteiensystem vorlag. Ferner Absage an das Konzept einer Avantgardepartei als Interpretin historischer Gesetzmäßigkeiten, das andere Parteien oder gesellschaftliche Organisationen, etwa Gewerkschaften, lediglich als Transmissionsriemen zu den Massen anerkannte. Sodann die Absage an das historische Subjekt der Arbeiterklasse zugunsten des ›Volkes‹ als Aggregat unterschiedlicher Schichten. Und schließlich die Absage an ein sozialistisches Führungszentrum im Weltmaßstab zugunsten des Aufbaus multipolarer Interessensphären und Machtzentren.

Aus der Negation eines vorgängigen Modells folgt im Falle des linken Populismus aber kein alternatives theoretisches Konzept, sondern ein entideologisierter Pragmatismus. Ökonomisch herrscht ein Dualismus von verstaatlichten und privatwirtschaftlichen Sektoren vor, neben denen Mischformen existieren können. So postuliert Heinz Dieterich, der deutsche ehemalige Berater des Präsidenten Chávez: »Eine moderne Nationalökonomie ist in Lateinamerika nur gangbar, wenn sie auf vier strukturellen Säulen oder Wachstumspolen beruht: 1. den kleinen und mittleren Unternehmen; 2. den transnational operierenden nationalen Großbetrieben (*corporaciones transnacionales nacionales*); 3. den Kooperativen und 4. den strategisch wichtigen Staatsunternehmen.« (Dieterich 2007: 137)

Die Koexistenz von Staats- und Marktwirtschaft begründet aber weder eine postkapitalistische Ordnung noch läuft sie evolutionär darauf hinaus, auch wenn Dieterich dies prognostiziert. Da nämlich in Venezuela der wichtigste Produktivbesitz in Staatshand sei und, in geringerem Umfang, in den rund 65.000 aktiven Kooperativen, könne die neue postkapitalistische Wirtschaft graduell wachsen, bis sie die dominante Form im Lande sei, »ohne dass es notwendig ist, das Eigentum des Privatkapitals anzurühren, mit Ausnahme der verstaatlichten Betriebe«. (Dieterich 2007: 202) Die Verschiebung des Kräfteverhältnisses beruht nicht auf sofortiger, sondern gradueller Überwindung der kapitalistischen durch die sozialistische Logik. Die Frage, ob die Eigentümer des Privatkapitals diesem Gradualismus tatenlos zusehen werden, wird nicht erörtert.

Aber auch in politischer Hinsicht zeigen sich Unterschiede sowohl zum staatssozialistischen Einparteiensystem des 20. Jahrhundert, als auch zu den lateinamerikanischen Militärjuntas. Das populistische Modell beruht auf einem Massenanhang vorwiegend im sogenannten informellen Sektor von städtischem Subproletariat und Kleinunternehmern, die aus der Not eine Tugend machen. Da ihnen der Weg in den formalen Sektor mit seiner arbeits- und sozialrechtlichen Absicherung versperrt ist, sind sie darauf angewiesen, sich auf informellem Wege eine Existenz aufzubauen.

Im Unterschied zum staatssozialistischen Modell des 20. Jahrhunderts mit seiner Parteibürokratie und seinen Parteiintellektuellen ist das populistische Modell auch in seiner linken Variante stark personalisiert. Der populistische Führer ist das Gravitationszentrum, um das herum sich eine Herrschaftsstruktur eigener Art herausbildet, der *competitive authoritarianism*

(Levitsky/Way 2002). Dabei handelt es sich um eine abgemilderte Form von Autoritarismus auf der Basis von Parteienpluralismus und Parteienwettbewerb.

Populismus ist grundsätzlich, auch in einer linken Variante, ideologisch dünn und verfügt über keine konsistente Gesellschafts-, Wirtschafts- oder Staatsdoktrin. Unideologisch heißt indessen nicht, dass nicht Anleihen bei Doktrinen oder Ideologien gemacht würden, die als variabel einsetzbare Mosaiksteine des populistischen Diskurses fungieren. Die Frage, ob etwa die Berufung auf den Marxismus und das Christentum theoretisch kompatibel sei, stellt sich daher im Populismus nicht. Ihm kommt es nicht auf theoretische Konsistenz und Widerspruchsfreiheit, sondern auf Aktivismus und massenpsychologische Wirkung an. Chávez erklärt:

»Wir müssen Elemente des universellen und des aktuellen Denkens übernehmen, aus der Wissenschaft, aus dem Marxismus, dem Kapitalismus, dem Kommunismus und der Erfahrung mit dem Militarismus, der unter neuem Vorzeichen auftritt und vor zwei Jahrzehnten versucht hat, sich in Lateinamerika durchzusetzen und zu etablieren.« (Blanco Muñoz 1998: 71)

Populismus beruht auf der Kombination ideologischer Versatzstücke und kennt keine auf die Exegese kanonisierter Schriften spezialisierte Intellektuellenschicht. Die Hermeneutik des Populismus ist anderer Art als die von Buchideologien. Sein Zugang zur Wirklichkeit beruht nicht auf der Interpretation und praktischen Umsetzung eines ideologischen Korpus, sondern auf einem konstitutionellen oder erinnerungskulturellen Gründungsakt. Seine Utopie orientiert sich nicht an einer, wie Marx und Engels glaubten, mit Notwendigkeit eintretenden und wissenschaftlich prognostizierbaren Zukunft, sondern an der Vergangenheit als Norm. Dies zeigt sich etwa bei der US-amerikanischen Tea Party-Bewegung und ihrer Verfassungstheologie. Im venezolanischen Populismus unter Chávez beruht diese Utopie dagegen auf einem personalisierten Gründungsakt, an den durch Heldenverehrung einzelner herausragender nationaler Freiheitskämpfer erinnert wird.

Der Populismus ist ein Voluntarismus der Tat, dessen linker oder rechter Charakter von den Erwartungen seiner Anhänger abhängt. Sie bilden keine durch ein gemeinsames Schicksal als ausgebeutete Lohnabhänge zusammengeschweißte Klasse, sondern ein Konglomerat unterprivilegierter, vom regulären Arbeitsmarkt ausgeschlossener Volksmassen. Ihre Identität als politische Subjekte wird nicht durch eine Partei als »Kollektivintellektueller« (Antonio Gramsci), sondern durch eine Person, den populistischen Führer, hergestellt. Dieser beruft sich weder auf eine Philosophie noch auf eine Gesellschaftstheorie, sondern auf personalisierte ideologische Assoziationsauslöser, verkörpert durch einzelne herausragende Genies, Helden, Propheten oder Männer der Tat, die der Geschichte ihren Stempel aufgedrückt haben, also nicht auf den Marxismus, sondern auf Marx, nicht auf das Christentum, sondern auf Christus.

## 2. Personalisierung der Politik und Heldenverehrung

Im Chavismus wird diese personalisierte Minimalideologie als Baum mit drei Wurzeln dargestellt, bestehend aus den National- und Freiheitshelden Simón Bolívar, Simón Rodriguez und Ezequiel Zamora. Dieser Baum müsse, so Chávez, nach Art einer Kreislinie gedacht werden und Ideen unterschiedlichster Art (*de todo tipo*) aufgreifen, von links und von rechts, aus den ideologischen Ruinen der alten kapitalistischen, aber auch der kommunistischen Systeme (vgl. Blanco Muñoz 1998: 295).

Als Vater des bolivarianischen Sozialismus gilt vor allem Simón Bolívar. Sein Name steht für das Programm, zugleich aber auch für eine historische Ahnenreihe, in die sich Chávez einreiht. Der Personenkult um ihn als Führer (*lider*) der bolivarianischen Revolution wird durch seine Einreihung in eine Kette anderer Nationalhelden zwar relativiert, zugleich aber verstärkt, strahlt doch deren Werk und historisches Prestige auch auf ihn ab. Chávez vertritt einen Sozialismus, der nach eigenem Bekunden weder links noch rechts ist. Weder habe er ein ideologisches Modell noch eine Doktrin. Es gelte vielmehr, äußerst flexibel und dynamisch Elemente aus unterschiedlichen Diskursen aufzugreifen und in das von ihm verkörperte Denken und Handeln einzugliedern. »Daher sagen wir: rechts oder links, wo ist da die Grenze?« (Blanco Muñoz 1998: 73) ›Sozialismus‹ ist im Chavismus nur eine polysemische Worthülse, die als Magnetfeld unterschiedliche Kräfte anzieht. Wie sich die einzelnen Partikel in diesem Magnetfeld gruppieren, ist keine Frage einer Doktrin, die von Parteiintellektuellen interpretiert wird und die jeweils aktuelle politische Linie vorgibt, sondern eine pragmatische Frage.

Was aber sind die Handlungsimperative des Populismus an der Macht? Zunächst und vor allem der Voluntarismus des Führers, der, im Falle von

Chávez, die militärische Logik von Angriff und Verteidigung auf das politische Feld überträgt. Der italienische Marxist Antonio Gramsci hatte den Unterschied zwischen dem bolschewistischen Modell und dem in den westlichen Ländern einzuschlagenden Weg in die der Militärsprache entlehnten Metaphern des Stellungs- und des Bewegungskrieges gefasst. Während die Bolschewiki mit dem Sturm auf das Winterpalais dem Modus des schnellen Bewegungskriegs gefolgt seien, müsse im Westen mit seiner dem politischen Machtzentrum vorgelagerten Zivilgesellschaft ein ausdauernder Stellungskrieg geführt werden. Chávez ist, um diese Metaphern aufzugreifen, wieder dem Modus des Bewegungskriegs gefolgt. Der vergleichsweise raschen Eroberung der Macht folgt erst nachträglich die Durchdringung der kapillaren Strukturen der zivilen Gesellschaft, deren Eroberung für Gramsci noch die Voraussetzung für die eigentliche Machtübernahme war. Anders formuliert: Die Erlangung der kulturellen Hegemonie war für ihn die Voraussetzung für die politische Machtübernahme, nicht umgekehrt.

## 3. Populismus an der Macht – Entstehungshintergründe

Einige Populismusforscher vertreten die These, dass es, genau genommen, einen Populismus in Regimeform nicht gäbe (vgl. Weyland 2001; Priester 2007a; Barr 2009). Vielmehr verändere sich der Populismus an der Macht substanziell und mutiere zu etwas qualitativ anderem: zu einer Form des Autoritarismus mit einem mehr oder weniger charismatischen Führer, der durch Massenklientelismus einen breiten gesellschaftlichen Konsens herstellt. Diese populismustheoretische Debatte soll hier nicht weiterverfolgt werden. Mit Vorbehalt wird daher im Folgenden die gängige Bezeichnung des Chavismus als eine Form von Populismus zugrunde gelegt.

Der Aufstieg von Hugo Chávez Frías an die Spitze von Venezuela im Jahre 1998 kann als exemplarisch für ein populistisches Regime gelten. Dem Wahlsieg des ehemaligen Oberstleutnants Ende 1998 war von 1958 bis in die 1980er Jahre ein Elitenkonsens vorausgegangen. Im Pakt von Punto Fijo 1958 hatten sich die beiden größten Parteien, die sozialdemokratische Acción Democrática und die christdemokratische COPEI, auf eine Politik des

Ausgleichs verständigt.²⁵ Dieser Elitenkonsens geriet in den 1980er Jahre in eine Krise, die 1989 infolge von Preiserhöhungen und einer neoliberalen Wirtschaftspolitik zu massiven Unruhen, dem sogenannten Caracazo, führte. Bereits 1982 hatte Chávez eine politische Bewegung, das Movimiento Bolivariano Revolucionario 200, gegründet, die sich unter Berufung auf den Freiheitshelden Bolívar als nationalrevolutionäre Freiheitsbewegung verstand. Aber erst bei den Wahlen von 1998 siegte Chávez mit 56 Prozent der Stimmen. Im Zentrum seiner Wahlkampagne stand die Bekämpfung von Armut und Korruption (vgl. Werz 2006). Schon gut zehn Jahre später fiel die Bilanz zwiespältig aus.»Der Transformationsprozess in Venezuela stößt an Grenzen. Er scheint allen linken Theorien und Ansätzen zu widersprechen.« (Azellini 2008: 55)

Die venezolanische Wirtschaft beruht auf einer Rentenökonomie, d.h. auf den Erträgen aus der Erdölförderung. Damit ist sie in hohem Maße von der Entwicklung des Rohölpreises abhängig. Als Chávez 1998 an die Macht kam, befand sich der Ölpreis mit 10 US-Dollar/Barrel auf einem Tiefstand, erholte sich aber schon ein Jahr später und stieg kontinuierlich bis zu einer Rekordmarke von 140 US-Dollar im Sommer 2008 an. Doch der überteuerte Ölpreis fiel im darauffolgenden Jahr auf nur noch 40 US-Dollar und stand 2009 bei einem mittleren Weltmarktpreis von 62 US-Dollar.²⁶

Die Macht des Chavismus beruht auf drei Säulen: dem Präsidenten, dem Erdöl und dem Militär. 2008 waren 18 der insgesamt 24 Gouverneure Mitglieder der Regierungspartei PSUV²⁷, darunter zwei Frauen. Von den verbleibenden 16 kamen 10 aus dem Militär.²⁸ Der Bolivarismus fungiert als Gründungsmythos, aber ansonsten lebt der Chavismus von der populistischen Polarisierung zwischen Volk und Oligarchie.

»Das bolivarische Projekt, falls man überhaupt davon sprechen kann, ist rein politisch. Der ganze bolivarische Diskurs spart im Grunde die Ökonomie und die Grün-

---

25 Dem Abkommen trat auch die kleine Unión Republicana Democratica (URD) bei, die in der Folgezeit aber bedeutungslos blieb.
26 Vgl. Entwicklung der Ölpreise 1960–2008, *http://www.tecson.de/poelhist.htm* (22.02.2010)
27 PSUV = Partido Socialista Unificado de Venezuela, 2007 gegründet. Ihre Vorläuferorganisation, mit der Chávez 1998 die Wahlen gewonnen hat, war das Movimiento V. República (Bewegung für die V. Republik).
28 Bei drei Gouverneuren konnte der Werdegang nicht ermittelt werden. Zur Präsenz von Ex-Militärs in Politik (Minister, Gouverneure, PSUV, politische Polizei DISIP), Diplomatie und staatlichen Institutionen (Institute, Fonds, Stiftungen) auf dem Stand von 2006 vgl. Alexander Boyd, The Militaristic Nature of the Chávez Regime, *http://vcrisis.com/index.php?content=letters/20060126121* (06.03.2011)

de für die ökonomische Krise aus. Das reflektiert sehr gut die absolute Priorität, die Chávez bisher dem Politischen gegeben hat, und seinen Mangel an ökonomischen Konzepten.« (Boeckh/Graf 2005: 102)

Im Januar 2010 erschien in der linken online-Zeitschrift *Debate Socialista* ein Editorial zu dem Thema »Ist Chávez Marxist?«. Die Antwort lautete, Chávez sei ein revolutionärer Führer (*lider*), der sich, wie jeder revolutionäre Führer, in den Strom der Geschichte werfe. »Chávez ist Christ, Bolivarianer, Marxist und Fidelist, weil er ein Revolutionär ist.«[29] Knapper kann man die Unterordnung ideologisch-programmatischer Ziele unter einen voluntaristischen Aktionismus nicht formulieren.

Der Lateinamerikaspezialist Klaus Meschkat beklagte 2005 diesen theorielosen Aktivismus unter Chávez, der Ideologen freien Raum lasse. »Da gibt es merkwürdige externe Sinnstifter der bolivarianischen Revolution, die sich einer recht eigenwilligen Terminologie bedienen, um eine Art Schrumpfmarxismus mit obskurantistischen Versatzstücken als Quintessenz des Chavismus zu verkünden.« (Meschkat 2005: 73) Mit diesem Verdikt ist der deutsche, in Mexiko lehrenden Soziologe Heinz Dieterich gemeint, der als intellektueller Berater des venezolanischen Präsidenten auftrat und das Konzept einer Äquivalenzökonomie propagiert. Dieterich vertritt einen entmonetarisierten Steinzeitsozialismus, der auf dem Grundgedanken einer Zeitökonomie beruht. Die Entlohnung erfolgt über Arbeitszeit-Inputs. Wer 40 Stunden arbeitet, gleichgültig, ob als Arzt oder Krankenschwester, als Professor oder Sekretärin, bekommt 40 Zeiteinheiten gutgeschrieben, die er in Dienstleistungen umtauschen kann. Entsprechend der Zeit, die in diese Leistungen eingeflossen ist, werden ihm bestimmte Zeiteinheiten von seinem Zeitkonto abgezogen. Indessen könnte nicht nur jeder Bildungsökonom, sondern auch der von Populisten hochgehaltene gesunde Menschenverstand dem Soziologen klarmachen, dass bereits in die Berufsausbildung unterschiedliche Zeiteinheiten eingeflossen sind. Ein Arzt muss in seine Ausbildung mehr Zeit (und Geld) investieren als eine Friseurin. Diese Investition in Form von monetärem Input und entgangenem Verdienst muss sich aber irgendwann rentieren. Dem hält Dieterich, sei es aus Naivität oder aus Idealismus, entgegen, dass Ärzte in den künftigen Gesellschaft aus rein altruistischen Motiven ihren Beruf wählen würden, nicht, um Geld zu verdienen, sondern um Menschen zu helfen (vgl. Dieterich 2011: 37).

---

29 ¿Es Chávez Marxista?. In: *Debate Socialista*, Januar 2010, *http://www.debatesocialistadigital. com/editoriales/a32010/enero/es_chavez_marxista.html* (07.03.2011)

Dieterich stand sowohl Chávez als auch dem General und ehemaligen Verteidigungsminister Raul Baduel nahe. Als dieser sich 2007 wegen der geplanten Verfassungsreform von Chávez distanzierte, versuchte Dieterich, beiden Akteuren gerecht zu werden und propagierte ein strategisches Bündnis zwischen ihnen. Seither ist es um seinen Einfluss auf den Chavismus stiller geworden. Er selbst ist von Chávez desillusioniert. Dieser habe den Schritt in die egalitäre Zeit-Tauschwirtschaft nicht vollzogen, sondern mache sozialdemokratische Politik. Ob dem so ist, wird im Folgenden näher untersucht.

## 4. Ziele und Leistungen des Chavismus

Die bolivarianische Revolution beruhte 1998 auf nur fünf Grundforderungen, den sogenannten »Motoren«: (1) dem Muttergesetz (*ley madre*), einem Ermächtigungsgesetz zum Erlass von Sondergesetzen, (2) der Verfassungsreform, die bereits 1999 in Angriff genommen wurde, (3) der Bildungsreform, (4) der Erziehung des Volkes zu neuen, anti-individualistischen Werten sowie (5) einer neuen Geometrie der territorialen Machtverhältnisse. Darüber hinaus wird die Stärkung kommunaler Partizipation angestrebt. Mit diesem »Parlamentarismus der Straße« soll der bürgerliche Staat überwunden werden. Im Entwicklungsplan von 2006, dem »Nationalen Projekt Simón Bolívar«, werden sieben ökonomische und soziale Entwicklungsziele bis 2013 genannt: (1) eine neue sozialistische Ethik, (2) die Verfolgung des höchsten gesellschaftlichen Glücks, (3) die revolutionäre »protagonistische« Demokratie, (4) das sozialistische Produktionsmodell, (5) eine neue nationale Geopolitik, (6) Venezuela als Energieweltmacht und (7) eine neue internationale Geopolitik. Das Ziel sei der Aufbau eines ethischen Staates.[30]

Der Chavismus versucht, über drei Maßnahmen die »Volksmacht« (*poder popular*) zu stärken und die extrem arme und arme Bevölkerung am Wohlstand des Landes zu beteiligen: auf politischer Ebene durch die Einrichtung von Kommunalräten als Organen einer partizipatorischen Demokratie; auf sozialer Ebene durch die Einrichtung spezieller Sozialprogramme, der sogenannten Missionen (*misiones*); auf ökonomischer Ebene durch Zwischenfor-

---

30 Proyecto Nacional Simón Bolívar. Primer Plan Socialista (PPS). Desarollo económico y social de la Nación 2007-2013, *http://www.mpd.gob.ve/Nuevo-plan/plan.html* (13.03.2011)

men zwischen dem privaten und dem verstaatlichten Sektor, hier vor allem von Kooperativen und den »Unternehmen der sozialen Produktion« (*empresas de producción social*, EPSs).

Zunächst aber zu den unbestreitbaren Leistungen des Chavismus: Nach Angaben des Venezolanischen Instituts für Statistik (INE) betrug im zweiten Halbjahr 1998 die Armutsrate nach Haushalten 43,9 Prozent, davon extrem arm 17,1 Prozent. Im ersten Halbjahr 2009 war sie auf 26,4 Prozent gesunken, davon extrem arm 7,0 Prozent. Während die Armutsrate insgesamt also nicht ganz halbiert wurde, fiel die der extrem Armen um mehr als 50 Prozent.[31] Der Gini-Koeffizient, ein Maß zur Bestimmung von Einkommensungleichheit, fiel zwischen 1998 und 2010 von 0,48 auf 0,39.[32] Waren 1999 52,4 Prozent der Erwerbstätigen im informellen und 47,6 Prozent im formalen Sektor tätig, hatte sich 2009 das Verhältnis mehr als umgekehrt: 44,0 Prozent im informellen und 56,0 Prozent im formalen Sektor. Aber es bleiben immer noch in absoluten Zahlen rund 5,5 Mio. Erwerbstätige, die in informellen Arbeitsverhältnissen ohne Versicherungsschutz und arbeitsrechtliche Absicherung tätig sind.

Auch die Arbeitslosigkeit hat sich nach Angaben des INE seit 1998 mehr als halbiert. Sie lag 2009 bei 7,5 Prozent und ist Anfang 2010 weiter gesunken, was aber von Gewerkschaftsseite bestritten wird. Faktisch liege die Arbeitslosenquote bei 12 Prozent, was damit erklärt wird, dass die im informellen Sektor Beschäftigten statistisch nicht erfasst werden.[33] Der Index der menschlichen Entwicklung (HDI), ein Kombinationsindex, der Lebenserwartung, Analphabetenquote, Schulabschlüsse und das Lebensniveau, gemessen an der Kaufkraft, misst, ist zwischen 1998 und 2007 um 27,7 Prozent gestiegen (vgl. CIDH 2009: 256) und lag nach Angaben der venezolanischen Regierung bei 0,84 (2008), nach dem Human Development Report der UN allerdings nur bei 0,637 (Angaben für 2010).[34]

Dagegen steht aber eine zwischen 2006 und 2008 fast um das Doppelte gestiegene Inflationsrate. Mit 30,4 Prozent (2009) und 29,8 Prozent (2011) gehört sie zu den höchsten Inflationsraten weltweit. Nach Angaben der in-

---

31 Instituto Nacional de Estadistica (INE), *http://www.ine.gov.de* (10.03.2011)
32 Vgl. U.S. Department of State. Background Note: Venezuela, *http://www.state.gov/r/pa/ei/bgn/35766.htm* (10.03.2011)
33 Instituto Nacional de Estadística (INE), *http://www.ine.gov.ve/* (18.02.2011), vgl. dagegen den Gewerkschafter Orlando Chirino, *http://www.guia.com.ve/noti/44960/la-nueva-burguesía-que-se-forma-en-el-país-no-quiere-a-los-sindicatos* (25.02.2010)
34 Human Development Report der UN, *http://hdr.undp.org* (10.03.2011) und *http://www.ine.gob.ve/condiciones/calidadvida.aps* (10.03.2011)

teramerikanischen Kommission für die Menschenrechte lag die durchschnittliche Inflationsrate in der Ära Chávez bei 19,5 Prozent (vgl. CIDH 2009: 257). Der Preisanstieg betrug 2007 22,5, 2008 30,9, 2009 25,1 Prozent und ist zwischen September 2009 und September 2010 noch einmal um 27,9 Prozent gestiegen.[35] Hinzu kommt eine exorbitant hohe Kriminalitätsrate. Nach Angaben des INE haben sich die Anzeigen bei Eigentumsdelikten zwischen 1999 und 2003 mehr als verdoppelt, vor allem bei Diebstahl von Fahrzeugen, Drogen, Bargeld, Feuer- und Stichwaffen. Das INE hat die Beschlagnahmung von Drogen nur zwischen 2002 und 2003 erfasst. Während dieser Zeit ist weniger Marijuana und Kokain, dafür aber mehr Heroin und deutlich mehr Crack konfisziert worden, also eher harte Drogen, wobei Crack als Unterschichtdroge gilt.[36] Die Kriminalitätsrate ist seit Chávez' Machtantritt um 67 Prozent gestiegen mit jährlich 52 Morden landesweit, allein in der Hauptstadt Caracas mit 130 Morden auf 100.000 Personen.[37]

Diese Entwicklungen sind erklärungsbedürftig. Wie kommt es, dass trotz umfangreicher Sozialprogramme, trotz der Halbierung der Armuts- und Arbeitslosenquote ein signifikant hoher Anstieg der Kriminalität zu verzeichnen ist? Die venezolanische Sozialwissenschaftlerin Ana María Sanjuan erklärt dies mit wachsender Korruption, Ineffizienz, Vetternwirtschaft, dem Aufstieg einer neuen, regimenahen Schicht von Neureichen, dem Erstarken neuer Wirtschaftseliten mit staatlicher Hilfe und einer unwirksamen Politik der Verbrechensbekämpfung. Es sei zwar zur Bekämpfung der Armut gekommen, nicht aber zu einer gerechten Verteilung der Einkommen.»Von elementarer Bedeutung ist auch die Bekämpfung unternehmerischer Seilschaften und der Günstlingswirtschaft.« (Sanjuan 2007). Erst in jüngster Zeit scheint sich eine Wende anzubahnen. Nach Angaben des neuen Polizeichefs Luis Fernandez sei die Mordquote um 60, die von Raubüberfällen um 59 Prozent gesunken. Auch bei der Bekämpfung von Drogen seien Erfolge zu verzeichnen.[38]

---

35 Angaben nach Index Mundi, *http://www.indexmundi.com/es/venezuela/tasa_de_inflacion_ (precios_al_consumidor).html* (17.06.2011)

36 Vgl. *http://www.ine.gov.ve/condiciones/cuadro_justicia.asp?Tt=2212-09&cuadro=justicia221 2_098xls=221209* (22.02.2011)

37 Ricardo Angoso, Venezuela al borde de la quiebra por la bajada del petroleo, *http://economy.blogs.ie.edu/archives/2008/12/2009_los_proble.php* (23.02.2011). Vgl. auch Länderbericht des deutschen Auswärtigen Amtes von 2009, *http://auswaertiges-amt.de/diplo/de/Laenderinformationen/01/Laender/Venezuela.html* (05.12.2010)

38 Edward Ellis, New Police Force Reduces Crime. In: *Correo del Orinoco International* vom 23.07.2010, *http://venezuelanalysis.com/print/5518* (02.03.2011)

## 5. Die neue Bourgeoisie – Korruption und Nepotismus

Während Chávez den Sozialismus des 21. Jahrhunderts propagiert, ist im Land von der *boliburguesía*, der neuen bolivarianischen Bourgeoisie, die Rede, die sich vor allem in der Bauwirtschaft, im Finanz- und Bankenbereich und im Erdölsektor ausgebreitet hat. Auch Chávez selbst ist der Vetternwirtschaft nicht abgeneigt, wenn es um die eigene Familie geht. Sein Vater, ein gelernter Lehrer, amtierte als Gouverneur des Bundesstaates Barinas. Für Chávez' Bruder Argenis wurde eigens das Amt eines Staatssekretärs in diesem Bundesstaat eingerichtet, um seinem Vater, dem Gouverneur, zur Seite zu stehen. Chávez' Bruder Anibal amtiert als Bürgermeister von Sabaneta, sein Bruder Adelis ist, neben anderen Funktionen, Vizepräsident der Bank Sofitas. Sein Bruder Adan begann seine Karriere als Stabschef im Kabinett, war Botschafter in Kuba und von 2007 bis 2008 venezolanischer Bildungsminister. Anschließend trat er die Nachfolge seines Vaters als Gouverneur von Barinas an und ist Mitglied des Parteivorstandes der chavistischen Partei PSUV. Gegen Chávez' Brüder Narciso und Argenis wurde 2008 ein parlamentarischer Untersuchungsausschuss eingesetzt, der Korruptionsvorwürfen nachgehen sollte. Über Strohmänner habe Narciso Chávez mehrere Farmen in Barinas erworben, wo sein Vater als Gouverneur amtierte.

Schon 2005 hat Meschkat auf den Personenkult um Chávez und die seit seinem Machtantritt 1998 wachsende Kriminalitätsrate hingewiesen. »Je mehr sich Hugo Chávez in seine Rolle als Heilsbringer Lateinamerikas hineinsteigert, desto unwahrscheinlicher wird es, dass er einen Sinn für die Legitimität und Notwendigkeit einer politischen Opposition gegen die Perpetuierung seiner Herrschaft entwickeln wird.« (Meschkat 2005: 69) Anlässlich der geplanten Verfassungsreform 2007 stellte die in Venezuela lebende deutsche Wirtschaftshistorikerin Dorothea Melcher in einem Interview mit der TAZ fest, die Effizienz des Regimes lasse zu wünschen übrig. Statt weniger würden immer mehr Lebensmittel importiert und es bilde sich eine neue Staatsklasse heraus, »die sich schamlos bereichert, Gouverneure, aber auch Militärs. Die Vetternwirtschaft von Christ- und Sozialdemokraten ist von der ›Boli-Bourgeoisie‹ abgelöst worden.«[39]

---

39 »Chávez hat kein Mittel gegen die Korruption«. Interview mit Dorothea Melcher. In: *TAZ*, 01.12.2007

Am 24. Januar 2010 äußerte sich Chávez in einer Rede zum Thema »Bolivarianischer Gegenangriff«. Neben Anrufungen des Vaterlandes und des »heiligen, reinigenden Feuers« der Revolution betonte er:

»Mit unserer bolivarianischen Revolution wohnen wir der Geburt des sozialistischen Staates bei, der sich über den Resten des absterbenden bürgerlichen Staates erhebt. Diesen Übergang erleben wir heute. Wir sind verpflichtet, diesen Übergang weiter zu verfolgen und zu vertiefen, wenn wir die Merkmale der alten Politik wirklich an der Wurzel packen wollen – die Ausplünderung, die Korruption, die Bürokratie, die Vorteilsnahme und die Ineffizienz, die noch fortbestehen und die aktuelle Praxis infiltrieren.«[40]

Unbestritten sind dies Merkmale der ›alten‹ Politik, aber eben auch der neuen. Die neuen Oligarchen kommen überwiegend aus dem Militär, aus dem auch Chávez hervorgegangen ist und auf das er sich stützt. Zu den bekanntesten bolivarianischen Oligarchen zählen diverse Gruppen, an vorderster Stelle die um Diosdado Cabello und Rafael Sarria, beide ehemalige Militärs. Cabello war Minister für Öffentliche Arbeit und Wohnungswesen, womit er direkten Zugriff auf Infrastrukturprojekte im öffentlichen Sektor hatte, sowie Gouverneur eines Bundesstaates. Über Mittelsmänner hat er ein Vermögen über drei miteinander verbundene Banken, verschiedene Industrieunternehmen und Aktienbeteiligungen an Dienstleistungsunternehmen angehäuft. Neben seinem Amt als Minister war Cabello auch Direktor der venezolanischen Telekommunikationsbehörde Conatel. Als solchem oblag ihm die Schließung von zwei privaten Fernsehsendern und 32 privaten Rundfunkstationen, denen die Ausstrahlungsrechte entzogen wurden. Stattdessen wurden kommunale, von staatlichen Geldern abhängige Bürgersender gegründet.

Im Zentrum einer weiteren Gruppe stand bis Ende 2009 Jesse Chacón, auch er ein ehemaliger Militär und Minister für Wissenschaft, Technologie und Telekommunikationswesen. Vor allen sein Bruder Arné Chacón, ein ehemaliger Fregattenkapitän, gilt als typischer Boli-Aufsteiger, der fast über Nacht eine Bank und eine der größten lateinamerikanischen Fabriken für Milchpulver erwarb. Schließlich gehört noch eine gleichfalls um zwei ehemalige Militärs zentrierte Gruppe zur neuen Oligarchie: Ronald Blanco La Cruz, zwischen 2000 und 2008 Gouverneur des Bundesstaates Táchira, und Edgar Hernández Behrens, der ehemalige Präsident der venezolanischen

---

40 Rede des Präsidenten Chávez vom 24. 01. 2010 *http://www.vtv.gov.ve/art%C3%ADculos/opini%C3%B3n/29048* (14.02.2011)

Bundesbank. Blanco La Cruz wurde wegen Betrugs und Veruntreuung öffentlicher Mittel der Prozess gemacht, aber seit 2009 ist er Botschafter in Kuba. Behrens, ein ehemaliger Major, wurde Ende 2009 wegen Korruptionsvorwürfen abgesetzt.

Die Zahl der Militärs, die nach Chávez' Machtantritt in politische und ökonomische Machtpositionen eingerückt sind, geht in die Hunderte, vor allem in den Staatsbetrieben PDVSA (Erdöl, inzwischen Mischkonzern) und der Corporación Venezolana de Guayana, im staatlichen Telekommunikations- und Nachrichtensektor sowie im verstaatlichten Bankensektor. Militärs kontrollieren den staatlichen Sicherheitsbereich DISIP (*Dirección de Servicios e Inteligencia y Prevención*); sie sind als Gouverneure zahlreicher Bundesstaaten oder in staatlichen Stiftungen und Sonderkommissionen, als Bankdirektoren, Botschafter, Institutsdirektoren oder Parlamentsabgeordnete tätig.

Chávez verkörpert einen Populismus an der Macht, für den in Europa der Begriff des Bonapartismus steht – ein Führer, der sich auf die Macht des Militärs stützt, sich mit Hilfe von Sozialprogrammen und patriotischen Appellen eine Massenbasis in den unteren Bevölkerungsschichten schafft, der zwar den Sozialismus im Munde führt, aber zugleich den Aufstieg einer neuen, regimetreuen Aufsteigerschicht bis in die eigene Familie duldet. So hatte etwa die große Kabinettsumbildung von 2008 nicht die Absetzung der prominentesten Boli-Oligarchen zum Ziel, sondern nur ein Revirement: der ehemalige Wohnungsbauminister wurde stellvertretender Staatspräsident, sein Vorgänger übernahm die Leitung der Staatspartei PSUV und der neue Wohnungsbauminister wurde ein Militär im Ruhestand. Keiner musste gehen, aber nach der Niederlage beim ersten Referendum zur Verfassungsänderung galt es, Aktivität zu demonstrieren. Am 16. Februar 2009 gelang Chávez im zweiten Anlauf – der erste war 2007 gescheitert – eine Verfassungsänderung, die seine unbegrenzte Kandidatur für das Präsidentenamt ermöglicht, eine Maßnahme, die nicht einmal Vladimir Putin ergriffen hat.

Zu einer größeren Kabinettsumbildung kam es Anfang 2010. Von insgesamt 25 Ministern wurden acht ausgewechselt.[41] Im Januar 2010 traten der in Personalunion amtierende Vizepräsident und Verteidigungsminister Ramón Carrizales, ein Oberst im Ruhestand, und seine Frau als Umweltministerin zurück. Auch der Energieminister demissionierte wegen zahlreicher Stromausfälle. Das Amt des Verteidigungsministers übernahm wiederum ein Mili-

---

41 Vgl. die Kabinettsliste *http://www.ipicture.de/daten/regierung_venezuela.html* (04.03.2010)

tär im Rang eines Generals. Ende 2009 trat der Technologieminister Jesse Chacón zurück, dessen Bruder Arné, Vorsitzender der Banco Real, wegen eines Bankenskandals festgenommen worden war. Auch der Gesundheitsminister Carlos Rotondaro erklärte seinen Rücktritt. Er hatte sich dagegen gewehrt, dass zunehmend Kubaner in strategisch wichtige Positionen in seinem Ministerium und in Krankenhäusern eindringen. Um die Sozialprogramme im Gesundheitsbereich auf den Weg zu bringen, hatte Chávez rund 20.000 kubanische Ärzte ins Land geholt und Kuba mit Erdöllieferungen kompensiert. Nachfolger des scheidenden Gesundheitsministers wurde wiederum ein Militär im Ruhestand, der Oberstleutnant Luis Reyes Reyes. Er war von 2000 bis 2008 Gouverneur des Bundesstaates Lara und stand 1992 beim Putschversuch gegen Chávez an dessen Seite. Einer der größten Korruptionsfälle in der Ära Chávez ist mit dem Namen des ehemaligen Finanzministers Rafael Isea verbunden, auch er ein ehemaliger Leutnant, der 1992 an dem von Chávez geleiteten Putschversuch von Teilen der Armee teilgenommen hatte. Isea hatte über einen Mittelsmann mit Staatsgeldern Junk Bonds gekauft, diese ›faulen‹ Papiere zu einem neuen Produkt gebündelt und mit hohen Gewinnen an eine Privatbank weiterverkauft. »Der Schaden für das Land und der Gewinn sind ozeanisch«, urteilte 2009 der Vorsitzende der sozialdemokratischen Oppositionspartei Podemos, der die Transaktionen Schritt für Schritt rekonstruiert hat.[42] Nach seiner Demissionierung als Finanzminister amtiert Isea seit 2008 als Gouverneur des Bundesstaates Aragua.

Im Sommer 2008 berichtete die oppositionelle rechtsliberale Zeitung *El Universal*, die Präsidentin der Nationalversammlung, Cilia Flores, habe mehr als 40 Verwandte und Freunde auf verschiedene Posten in der Nationalversammlung gebracht, Enkelkinder, Cousins und den eigenen Sohn inbegriffen.[43] Flores hatte ihr Amt von ihrem Ehemann, dem Außenminister Maduro Moros, übernommen. Die Präsidentin bestritt die Anschuldigungen und ging zum Gegenangriff auf die Journalisten über, die sie als »Söldner der Feder« bezeichnete. Aber Flores ist kein Einzelfall. Bis in die Familie des Präsidenten reicht der Nepotismus, und auch hier folgt bereits die zweite Generation. Cleber Chávez, ein Neffe des Präsidenten, leitet die Sozialpro-

---

42 Ismael García, La corrupción… paso a paso, *http://ismaelgarcia.net/home/index.php/la-corrupcion-paso-a-paso/* (05.03.2011)

43 Mas de 40 familiares de Flores trabajan en la Asamblea Nacional. In: *El Universal* vom 14.07.2008, *http://www.entornointeligente.com/resumen/imprimir.php?items=671592* (15.03.2011)

gramme im Bundesstaat Barinas, der Hochburg der Familie Chávez. Asdrubal Chávez, ein Cousin des Präsidenten, ist als Direktor im staatlichen Erdölunternehmen PDVSA tätig. Enzo Chávez, der Sohn des Präsidentenbruders Adan, leitet in Kuba eine Erdölraffinerie.

Korruption ist zwar in ganz Lateinamerika verbreitet, aber auch fast vierzehn Jahre nach seinem Machtantritt ist es dem chavistischen Regime nicht gelungen, dieser Geißel Herr zu werden. Im Gegenteil: sie reicht bis in die Reihen der PSUV und die internen Machtstrukturen des Regimes. Die wichtigsten Einfallstore für Korruption sind Gouverneursämter, Staatsunternehmen und der staatlich subventionierte Lebensmittelsektor. Nur einige Beispiele: Die Nationalversammlung ermittelte gegen Antonia Muñoz, Mitglied des Parteivorstandes und Gouverneurin des Bundesstaates Portuguesa, wegen Korruption. Gegen zwei weitere Mitglieder des Parteivorstandes, Yelitza Santaella als Gouverneurin von Delta Amacuro und Freddy Bernal als Bürgermeister von Caracas-Stadt wurde wegen Korruption ermittelt. Auch wenn etliche oppositionelle Gouverneure unter dem gleichen Verdacht stehen, ändert dies nichts an der Tatsache, dass auch der Chavismus in Korruption verstrickt ist.

Staatsbetriebe sind ein weiteres Einfallstor. Rafael Ramírez, der Präsident des staatlichen Erdölunternehmens PDVSA, räumte Fälle von Korruption in diesem Staatsunternehmen ein. Im März 2009 wurden Korruptionsfälle im staatlichen Fernsehsender TVES (*Televisora Venezolana Social*) bekannt. Der Sender besteht erst seit 2007, nachdem seinem privaten Vorgänger die Konzession entzogen worden war. Auch aus der Mission Mercal, einer staatlich subventionierten Lebensmittelkette, wurden Hunderte von Korruptionsfällen gemeldet. Hier sind die staatlich subventionierten Preise für Grundnahrungsmittel, vor allem Zucker, der Grund für dubiose Massenaufkäufe, um die Produkte zu weit höheren Marktpreisen zu veräußern. In einen der jüngsten Korruptionsskandale ist die staatseigene Goldmine CVG Minerven involviert, die zur Staatsholding CVG (*Corporación Venezolana de Guyana*) gehört. Obwohl der Goldpreis einen Höchststand erreicht hat, arbeitet der Betrieb offiziell mit Verlust. Darüber hinaus hat der Direktor der CVG Minerven illegale Gespräche ausländischen Interessenten zwecks Übernahme von Teilen seines Betriebs geführt. Nachdem die regierungsnahe Internetzeitung Aporrea zunächst die Vorwürfe mit Verschwörungstheorien abgewehrt hatte, veröffentlichte sie im September 2011 einen Artikel mit dem Titel »In der CVG Minerven bewegt sich die Korruption wie ein Fisch im Wasser.«[44] Vizepräsident Elias Jaua sprach Ende 2010 selbstkritisch im Zusammenhang mit einem Skandal in einem staatlichen Lebensmittelkonzern die »interne Korruption« an. Er warnte vor dem »populistischen Diskurs der Rechten«, aber auch vor einigen Sektoren innerhalb des revolutionären Lagers, die nicht nur die Führungsrolle der Partei, sondern auch Chávez' Rolle als *lider* in Frage stellten.[45]

## 6. Seilschaften und Ineffizienz

Hatte schon Adan Chávez seinen Vater im Amt des Gouverneurs von Barinas beerbt, so versuchen auch andere chavistische Gouverneure, ihre Ämter an ihre Kinder oder Ehefrauen zu vererben. Adan Chávez hatte enge Geschäftsbeziehungen zu seinem Hausbankier Ricardo Fernandez Barrueco gepflegt, einem der prominentesten *self-made-men* des Regimes. Als Nahrungsmittellieferant für die staatlich subventionierte Ladenkette Mercal war Fernandez, »der König der Mercal«, über Staatsaufträge zu Geld gekommen und anschließend ins Bankgeschäft eingestiegen. Seine Verhaftung Ende 2009 hat Spekulationen darüber ausgelöst, ob der linke Flügel des Chavismus gegenüber dem kapitalistischen im Aufwind sei oder ob die kubanische Regierung auf eine Säuberungswelle gedrängt hat. Etwa zur gleichen Zeit wurden auch zwei hochrangige Amtsträger des Regimes, die Gouverneure der Bundesstaaten Caraboto und Guárico, Acosta Carlés und Manuitt, aus der chavistischen Partei PSUV ausgeschlossen. Als Grund wurden Verstöße gegen die Parteidisziplin angegeben. Beide hatten die Wahlvorschläge der Partei in ihren Gebieten abgelehnt und eigene Kandidaten aufgestellt. Im Falle von Manuitt war es seine eigene Tochter. Auch der ehemalige Gouverneur von Yaracuy, Carlos Giménez, wurde 2008 verhaftet und wegen Unre-

---

44 Luis Roa, En CVG Minerven la corrupción se mueve como pez en al agua, *http://www. aporrea.org/regionales/a130178.html* (17.09.2011). Der Direktor hatte hinter dem Rücken der Regierung, aber im Einvernehmen mit Spitzenvertretern des rechten Flügels der chavistischen Partei, Diosdado Cabello und Jesse Chacón, gehandelt. Vgl. Venezuela: CVG-Minerven president accused of clandestine negotiations, *http://www.pr-inside.com/venezuela-cvg-minerven-president-accused-r1477585.htm* (17.09.2011)

45 Elias Jaua, En 2010 luchamos contra la corrupción interna, *http://noticiaaldia.com/2011/02/ jaua-ejerce-derecho-de-palabra/* (15.03.2011)

gelmäßigkeiten im Zusammenhang mit einer Stiftung aus der Partei ausgeschlossen. 2007 war Luís Tascón, damals noch ein überzeugter Anhänger des Chavismus und seit 1999 Mitglied der Nationalversammlung, ohne Anhörung und ohne Recht auf Verteidigung aus der Partei ausgeschlossen worden. Tascón war 2004 durch die sogenannte Tascón-Liste unrühmlich bekannt geworden, als er eine Namensliste derer, die für das Referendum zur Abwahl des Präsidenten eingetreten waren, ins Netz gestellt hatte. Inzwischen ist er desillusioniert und rechnete im September 2008 in einem Interview mit der Realität der V. Republik ab. Viele Regimeanhänger hätten ihre Macht nur genutzt, um sich zu bereichern und sich in eine Elite zu verwandeln, die glaube, über dem Gesetz zu stehen. Zu den wichtigsten dieser neuen Aufsteiger zählt er Diosdado Cabello sowie die Gouverneure von Managas und Bolivar, José Gregorio Briceño und Francisco Rangel Gomez, letzterer ein General im Ruhestand. Sie alle hätten mit Sozialismus nichts im Sinn und seien nur am Erhalt ihrer Macht interessiert. Die interne Machtstruktur des Regimes, so Tascón, sei geprägt von Bürokratismus und Korruption, wobei vor allem Cabello der zweite Mann hinter Chávez sei.[46] Tascón hat inzwischen die linkschavistische Partei Nuevo Camino Revolucionário (Neuer revolutionärer Weg) gegründet.

Im Dezember 2009 erklärte der damalige stellvertretende Vorsitzende der chavistischen Partei PSUV, Alberto Müller Rojas, auch er ein ehemaliger General, in einem Interview mit der regimenahen Internetzeitung Aporrea auf die Frage, ob es diese Bolibourgeoisie, die Banken und Versicherungsunternehmen kaufe und im Erdölgeschäft tätig sei, tatsächlich gäbe: »Ja, es gibt sie, und das ist eine der Schwächen des Prozesses. Das Problem liegt darin, dass man sie genauso behandeln muss wie die alte Bourgeoisie... Sie haben Privilegien.« Kritisch sprach Müller Rojas auch die wachsende Bürokratisierung und den Mangel an kompetentem politischem Personal an. Eine der Ursachen für die Kluft zwischen Führung und Basis liege darin, dass es Regierungsmitglieder mit mehreren Ressorts gebe. »Das liegt daran, dass wir keine Leute haben... Es ist eine Tragödie.«[47] Ende März 2010 trat der wenig später verstorbene Müller Rojas von seinem Amt zurück. Nach seinem Tod

---

46 Interview der Zeitung *Periodismo Guayanés* mit Luís Tascón vom 04.09.2008, http://periodismoguayanes.blogspot.com/2008/09/estamos-sentados-en-una-bomba-de-tiempo.html (24.02.2010)

47 Interview mit Alberto Müller Rojas, »Es war ein Irrtum, Bürokraten zu Parteiführern zu machen«, http://www.aporrea.org/ideologia/n146379.html (26.02.2010)

zitierte ihn die NZZ in einem Nachwort mit den Worten: »Wir tauschen den Internationalismus, das Merkmal der Revolutionen, gegen einen kleinbürgerlichen Nationalismus ein, der die Erwartungen der Gesellschaft nicht erfüllt.«[48]

Die chavistische Partei PSUV wird vor allem von Staatsbediensteten (Beamten, Bürgermeistern, Gouverneuren) kontrolliert. Bauern und generell das Volk haben dagegen wenig Gewicht. Die PSUV ist eine klassenübergreifende Partei, in der teilweise unvereinbare Interessen aufeinanderprallen: städtisches Bürgertum, Landbesitzer, Bauern, Eigentümer von kleinen, mittleren und großen Betrieben auf der einen Seite, landlose Bauern, Arbeiter, prekär im informellen Sektor Beschäftigte, progressive Mittelschichten auf der anderen. Pro- und antikapitalistische Positionen stehen sich gegenüber; eine ideologisch-programmatische Vereinheitlichung ist unter diesen Auspizien kaum möglich. Die Partei wird allein durch Patronage, durch Chávez' Charisma und seinen populistischen Diskurs zusammengehalten (vgl. Hawkins 2010: 245). Dennoch gibt es auch in der PSUV Kämpfe zwischen rechten und linken Flügeln. Bei den Wahlen zum Parteivorstand 2008 konnten sich aber weder die Vertreter des rechten, prokapitalistischen, noch die des linken Flügels durchsetzen. Im Januar 2011 äußerte sich Chávez erstmals kritisch zur Lage seiner Partei. Er warf ihren Mitgliedern vor, »die Realität der armen Bevölkerung zu vernachlässigen und nur im Wahlkampf aktiv zu werden.«[49] Dies sei einer der größten Mängel der Partei.

Auch von Gewerkschaftsseite wird harsche Kritik an der neuen Aufsteigerelite, aber auch am autoritären Führungsstil des Präsidenten geübt. Der Gewerkschaftsführer Orlando Chirino äußerte sich in einem Interview vom August 2009: »Die Regierung will ein politisches Projekt konsolidieren, das sich sozialistisch nennt, aber in Wirklichkeit einen kapitalistischen Staat errichtet, der gegen die Gewerkschaften und die Interessen der Arbeiter wie Kollektivverträge, Löhne und Sicherheit am Arbeitsplatz ist. Die neue Bourgeoisie, die sich im Land herausbildet, will keine Gewerkschaften.«[50]

---

48 »Abwendung von Hugo Chávez. Rücktritt eines engen Vertrauten«. In: *NZZ*, 01.04.2010, Nr. 76, S. 5

49 »Chávez kritisiert eigene Partei scharf«. In: *Portal Amerika 21*.de, *http://amerika21.de/meldung/2011/01/21284/chavez-kritik-psuv* (02.02.2011)

50 Interview der Zeitung *El Nacional* mit Orlando Chirino vom 03.08.2009, *http://www.guia.com.ve/noti/44960/la-nueva-burguesía-que-se-forma-en-el-país-no-quiere-a-los-sindicatos* (25.02.2010)

2010 sprach ein hoher Funktionär des Regimes, der Diplomat Roy Chaderton, die Errungenschaften, aber auch die Defizite der Regierung Chávez an. »Die Korruption macht uns Sorgen und beschäftigt uns, aber die fehlende Sicherheit, unsere erste nationale Sorge, betrifft vor allem die arme Bevölkerung und die Mittelklasse.« Zudem riefen bei allen Fortschritten im Gesundheitsbereich »unzumutbare Rückschläge und Auflösungserscheinungen im öffentlichen Gesundheitswesen den kollektiven Zorn«[51] der Bevölkerung hervor. Während das Sozialprogramm im Gesundheitssektor nicht zuletzt dank kubanischer Ärzte Erfolge vorweisen kann, gilt dies nicht für das öffentliche Gesundheitswesen, das vernachlässigt wird.

Neben den Klagen über Ineffizienz und hohe Kriminalitätsraten sagt vor allem die Entwicklung der Korruption einiges über den Charakter des Regimes. Nach Angaben von Transparency International rangierte Venezuela unmittelbar vor Chávez' Machtantritt 1997 auf einer Skala von 1 (kaum Korruption) bis 10 (hohe Korruption) bei 7,2 Punkten, war aber im Jahre 2003 auf 7,6 Punkte gestiegen (vgl. Canache/Allison 2005: 95). Für 2009 ermittelte Transparency International in seinem Global Corruption Barometer auf einer Skala von 1 (hohe Korruption) bis 10 (keine Korruption) für Venezuela einen Wert von 1,9. Auf die Frage, welche Sektoren (Parteien, Parlament, privater Sektor, Medien, Justiz, Beamte/Staatsbedienstete) am meisten von Korruption betroffen seien, erreichte Venezuela in den Sektoren Parteien (34 Prozent) und Beamte/Staatsbedienstete (30 Prozent) noch vor Argentinien die höchsten Werte aller erfassten lateinamerikanischen Länder. Dagegen lag die Antwort auf die Frage, wie hoch die Aktivitäten der Regierung zur Korruptionsbekämpfung eingeschätzt würden, im unteren Mittelfeld.[52]

## 7. Partizipative Demokratie und die Rolle der Kommunalräte

Ein zentraler Aspekt des Chavismus ist die Einrichtung von Kommunalräten (*consejos comunales*) als Grundstein für eine partizipative Demokratie. Sie soll die repräsentative Demokratie überwinden und die politische Teilhabe der Massen stärken. Diese Kommunalräte haben nicht nur im Land selbst, son-

---

51 Roy Chaderton, »Und wenn wir die Wahlen verlieren…?«, *http://www.amerika21.de/hintergrund/2010/chaderton_203948_venezuela* (21.02.2010)
52 Transparency International 2009. Global Corruption Barometer, *http://www.transparency.org* (18.02.2010)

dern auch bei vielen ausländischen Sympathisanten des Chavismus große Hoffnungen auf Selbstbestimmung, Basisdemokratie und Empowerment der unterprivilegierten Bevölkerungsschichten hervorgerufen.

Die Einrichtung von Kommunalräten wurde 1999 in der Verfassung verankert. Schon davor hatte es diverse chavistische Basisinitiativen wie die Bolivarianischen Zirkel (vgl. Hawkins 2010: 166–194), Wahlkampfeinheiten und örtliche Planungsräte gegeben. 2006 wurden die Kommunalräte per Gesetz (*Ley de los Consejos Comunales,* LCC) als Nachbarschaftsversammlungen von je 200 bis 400 Familien eingerichtet. Ein Kommunalrat besteht durchschnittlich aus 20 Personen.[53] Bereits im ersten Jahr nach der Verabschiedung des Gesetzes wurden 16.000 Kommunalräte gegründet. Für 2008 stellte der Minister für kommunale Angelegenheiten 100.000 Kommunalräte im ganzen Land in Aussicht. Faktisch gab es zu diesem Zeitpunkt aber nur rund 36.000, von denen sich über 10.000 erst in der Gründungsphase befanden (vgl. Machado 2009: 179).

Kommunalräte sind politisch und finanziell autonome Einheiten und funktionieren als Nachbarschaftsplanungsorgane vor allem im Infrastrukturbereich. Sie können eigene Projekte entwickeln, die entweder vom Staat oder von föderalen und kommunalen Instanzen finanziert werden. Jeder Kommunalrat kann bis zu 14.000 US-Dollar, oft darüber hinaus, für ein Projekt beantragen. Die Beschlüsse eines Kommunalrates können durch Volkswahl rückgängig gemacht werden, wenn mindestens 20 Prozent aller über 15-jährigen Personen einer Kommune darüber abstimmen.

Bisher ist der Prozess der Überwindung der repräsentativen durch die partizipative Demokratie aber über eine Parallelstruktur nicht hinausgelangt, in der die Kommunalräte neben der weiter bestehenden Kommunalverwaltung und den Bürgermeistern existieren. Das eigentliche Ziel der Kommunalräte ist die Stärkung des direkten Kontakts zwischen dem Präsidenten und der Basis. Die im Gesetz vorgesehene »Präsidiale nationale Kommission der Volksmacht« wird ohne parlamentarische Legitimation direkt vom Präsidenten eingesetzt. Sie entscheidet über die Anträge der Kommunalräte und leitet sie an den Nationalfonds der Kommunalräte, gewissermaßen die Zahlungsstelle, weiter, deren Mitglieder ebenfalls vom Präsidenten designiert werden (LCC, Kapitel VI und VII). Der Prozess verläuft also von oben nach unten. Ob einem Finanzierungsantrag stattgegeben wird, hängt nicht von

---

53 Vgl. Gesetz über die Kommunalräte (*Ley de los consejos comunales*) *http://www.mipunto. com/venezuelavirtual/leyesdevenezuela/ordinarias/leyordinariadeconsejoscomunales.html* (27.02.2010).

demokratisch gewählten, sondern von parlamentarisch nicht kontrollierten Kommissionen ab, über deren Zusammensetzung allein der Präsident entscheidet. Damit sollen einerseits die klientelistischen und bürokratischen Strukturen auf der Ebene von Kommunen und Bundesstaaten umgangen, andererseits soll die Legitimationsbasis des Regimes gestärkt werden. So können sich die Kommunalräte beispielsweise direkt an das Ministerium für Partizipation und soziale Entwicklung wenden, um staatliche Gelder für ihre Projekte zu beantragen. Allerdings stellte die erste empirische Untersuchung über die Kommunalräte fest, dass nur 29,4 Prozent der Antragsteller die Mittel rechtzeitig erhalten (vgl. Machado 2009: 181). Überdies stehen Kommunalräte häufig im Zangengriff zwischen nationaler Kontrolle einerseits und der Übernahme von Projekten durch die Kommunalverwaltung andererseits, die dann eigene Vertragsfirmen oder Lieferanten beauftragt, mit denen sie klientelistisch verbunden ist. Dieser Dualismus zwischen den alten Verwaltungsstrukturen und den neuen Organen der Partizipation ist bisher noch ungelöst.

Im Januar 2010 beschloss daher das Parlament die Einrichtung einer Sonderkommission zur Stärkung der Volksmacht. Diese Kommission besteht aus je einem Parlamentsmitglied der Bundesstaaten, dem Ministerium für kommunale Angelegenheiten, Repräsentanten der Basisorganisationen und einer Kommission der chavistischen Partei PSUV. Mit der Einrichtung dieser Sonderkommission geht aber die Zentralisierung der Finanzverwaltung der Kommunalräte einher, die zuvor einer selbstverwalteten Gemeindebank (*banco comunal*) oblag. Dieses »flexible, offene, demokratische, solidarische und partizipative« Organ der Selbstverwaltung (LCC, Artikel 4, Punkt 10) wurde also abgeschafft zugunsten eines »besseren Managements der Ressourcen, die der Staat ihnen (den Kommunalräten, K.P.) zur Umsetzung ihrer Projekte gewährt.«[54]

Ein weiteres Problem ist der Rückgriff auf freiwillige, unbezahlte Arbeit der Bürger für Projekte, die entweder auf Eis liegen oder deren Fonds in undurchsichtigen Kanälen verschwunden sind. Zunehmend werden Infrastrukturmaßnahmen (z.B. Pflasterung von Straßen, Einrichtung von Sportplätzen, Zugang zu gesundem Wasser), für die eigentlich der Staat oder die Kommunen zuständig sind, auf die freiwillige, unbezahlte Arbeit von Gemeindemitgliedern abgewälzt. Auch die unbezahlte Teilnahme an den Akti-

---

54 Vgl. Asamblea Nacional instalarà comisión especial para fortalecer el Poder Popular, *http://www.vtv.gob.ve/noticias-nacionales/28781* (27.02.2010)

vitäten der Kommunalräte bei gleichzeitiger Besoldung des kommunalen Verwaltungspersonals birgt Konflikte in sich. Ungelöst ist ferner der Prozess der politischen Entscheidungsfindung. Bilden die Kommunalräte auf der untersten Ebene nur ein ergänzendes Element im Rahmen der bestehenden Instanzenzüge oder sollen sie grundsätzlich die bisherigen Strukturen ersetzen? Überdies ist die kommunale Partizipation nicht sehr hoch. Nach Angaben des Amtes für Statistik INE nahmen 2008 nur 12,9 Prozent der über 15-Jährigen an einer kommunalen Basisorganisation teil.[55] Die Korruption ist nicht nur auf Verwaltungsebene, sondern auch in den Kommunalräten »erschreckend hoch« (Machado). Hinzu kommt, dass die Kommunalräte dem Druck zu politischer Konformität ausgesetzt sind. So kritisierte der chavistische Gouverneur des Bundesstaates Guárico, William Lara, die Kommunalräte stießen vielfach mit Kräften aus Politik und Wirtschaft zusammen, die versuchten, Druck auf deren Autonomie auszuüben und von ihnen bedingungslose politische Loyalität »als Preis für das Recht auf die Finanzierung ihrer Projekte« erwarten (zit. nach Machado 2009: 181). Dagegen machte die Ministerin für kommunale Angelegenheiten aus der Instrumentalisierung der Kommunalräte für die Regierung keinen Hehl, sei doch jeder Kommunalrat zugleich ein Komitee für die positive Abstimmung anlässlich des Referendums von 2009. Er sei ein Machtorgan. Kritiker heben hervor, die Kommunalräte seien dabei, sich in Anhängsel der Staatspartei PSUV zu verwandeln.

»Wegen ihrer Reichweite und ihrer Anbindung an öffentliche Mittel und auch, weil der Staat der prinzipielle Impulsgeber dieser Form von sozialer Organisation ist, sind sie Manipulationen, Erpressungen, klientelistischen Praktiken sowie der Zentralisation und Kooptation durch diverse politische Kräfte ausgesetzt. Dies bringt es mit sich, dass diese interessante organisatorisch-soziale Praxis in Venezuela zu ersticken droht und der effektive Aufbau einer Volksmacht verhindert wird.« (Machado 2009: 184)

Die eigentliche Bedrohung der Kommunalräte liegt aber weniger in der allgegenwärtigen Korruption, sondern in ihrer Instrumentalisierung durch die chavistische Partei im Zuge der angestrebten zivil-militärischen Einheit des Landes. Dabei wird die Unterscheidung zwischen zivil und militärisch im

---

55 Instituto Nacional de Estadística (INE), http://www.ine.gov.ve/ (22.02.2010), vgl. auch Josh Lerner, Communal Councils in Venezuela: Can 200 Families Revolutionize Democracy?, http://www.venezueanalysis.com/analysis/2257 (26.02.2010)

Rahmen des Konzepts der wechselseitigen Verantwortung (*corresponsabilidad*) zunehmend aufgelöst. Die Kommunalräte sind immer weniger Organe kommunaler Selbstverwaltung, immer mehr dagegen zentraler Bestandteil des chavistischen militärisch-zivilen Komplexes (vgl. Hawkins 2010: 200, zur wachsenden Zentralisation partizipativer Strukturen Smilde, in: León/Smilde 2009: 2).

Der regimenahe Politikwissenschaftler Alexander Yánez stellte 2006 in der linken Internetzeitung Aporrea diesen Zusammenhang in aller Deutlichkeit klar.

»Man könnte denken, dass die Kommunalräte auf einen spezifischen Handlungsrahmen (die Kommune) beschränkt oder begrenzt seien. Allerdings räumen sowohl die Verfassung als auch die Gesetze zur Landessicherheit und zu den Kommunalräten die Möglichkeit ein, diesen Rahmen zu überschreiten, um so deren Reichweite und Bedeutung zu erweitern und sie zum wichtigsten Ausdruck, zum Träger und zur Stütze der zivil-militärischen Sphäre umzugestalten.«[56]

Die Sicherheit und Verteidigung des Landes habe nämlich, so Yánez, eine doppelte Dimension, eine rein militärische, aber auch eine weiter gefasste (*más amplia*) Kooperation und Partizipation der Streitkräfte bei der zivilen Entwicklung des Landes. Angesichts denkbarer Bedrohungen habe Chávez die Notwendigkeit erkannt, die bisherige Militärdoktrin in eine integrale Verteidigungsdoktrin umzuwandeln. Den Kommunalräten komme zwar die Formulierung von Ideen, Vorschlägen und Projekten zu, die zum Bereich der öffentlichen Aufgaben (*politicas públicas*) gehören. Da aber auch Sicherheit und Landesverteidigung öffentliche Aufgaben seien, hätten sie eo ipso auch Funktionen in diesem Bereich zu übernehmen. Wohlwollende Beobachter machen geltend, das Konzept der zivil-militärischen Einheit trage zur Zivilisierung des Militärs bei. Die Streitkräfte träten nicht mehr als Staat im Staate auf und handelten in enger Verbindung zur Zivilbevölkerung (vgl. Wilpert 2006: 5). Allerdings ist die Zivilisierung des Militärs qualitativ etwas anderes als die Militarisierung der Zivilgesellschaft.

Zu den Aufgaben der Kommunalräte gehört ferner der Aufbau eines Informationssystems in der jeweiligen Kommune (LCC, Artikel 10 und 21). Im Falle eines Konflikts sei dies, so der regimenahe Politikwissenschaftler Yánez, »eine wichtige Quelle der Informationsbeschaffung und Logistik. [...] Unter Bedingungen des Krieges oder einer ausländischen Invasion

---

[56] Alexander Yánez, Los Consejos Comunales y la Seguridad y Defensa en Venezuela (erschienen 16.12.2006), http://www.aporrea.org/ideologia/a28464.html (03.03.2011)

könnten die Kommunalräte das Konzept der sozialen Kontrolle (*contraloría social*) in ein Konzept der gesellschaftlichen Informationsbeschaffung (*inteligencia social*) umwandeln.« Der Autor stellt also unmissverständlich klar, dass die Kommunalräte vor allem der sozialen Kontrolle dienen und in Konfliktfällen die Rolle eines Blockwartsystems übernehmen sollen. Sie haben zwar keine judikativen und exekutiven Befugnisse, zeigen aber den staatlichen Behörden Fälle von »Gaunertum« oder Drogenkonsum an, womit jetzt schon und erst recht in einem Ausnahmezustand dem Denunziantentum und der Bespitzelung Vorschub geleistet wird.

Unter *contraloría social* wurde ursprünglich die Kontrolle der Bürokratie durch die Bevölkerung verstanden. Als Teil der partizipativen Demokratie ist sie gesetzlich verankert (LCC, Artikel 1) und wird daher von einigen Autoren positiv bewertet (vgl. Wilpert 2006). Auf lokaler Ebene können zwar Kontrollkommissionen der Kommunalräte zur Überprüfung des Budgets tätig sein. Der staatliche Machtapparat ist dagegen aber nicht nur immun, sondern instrumentalisiert das Konzept dieser bürgernahen »sozialen Kontrolle« für seine Zwecke und verkehrt es in sein Gegenteil. Die *contraloría social* dient nicht nur zur Kontrolle der lokalen Bürokratie durch die Bevölkerung, sondern umgekehrt auch zur Kontrolle der Bevölkerung durch den Staatsapparat. So rief Chávez 2007 dazu auf, ein Komitee der sozialen Kontrolle als verlängerten Arm der Regierung zu gründen und hielt die Bevölkerung dazu an, über Bauern, Ladeninhaber oder Straßenverkäufer Bericht zu erstatten, die die staatliche Kontrolle von Lebensmittelpreisen umgehen. Der Hintergrund war, dass es im Zuge der steigenden Inflation zur Hortung von Grundnahrungsmitteln und zum Schwarzmarktverkauf von rationiertem Zucker durch Straßenverkäufer gekommen war.

## 8. »Authentische Arbeit«, Betriebe der sozialen Produktion und Kooperativen

Im Entwicklungsplan von 2006, dem »Projekt Simón Bolívar«, wird eine sozioökonomische Dreigliederung propagiert. Zu den kapitalistischen Staats- und Privatbetrieben sollen »Betriebe der sozialen Produktion« (*em-*

*presas de producción social,* EPsS) hinzutreten; langfristig sollen die Staatsbetriebe in EPsS umgewandelt werden (Kapitel IV, Punkt 3.2.4).[57] 2005 hatte Präsident Chávez in seiner Fernsehsendung *Aló Presidente* (Nr. 241) die Gründung von Betrieben der sozialen Produktion als Grundsteine der sozialistischen Produktionsweise proklamiert. Mit ihnen sollen neue, assoziative Arbeits-, Produktions- und Distributionsformen geschaffen werden. EPSs sind »kommunitäre Produktionseinheiten« und haben produktive und soziale Funktionen. Ihre Einrichtung wurde von viel propagandistischem Aufwand begleitet. In ihnen werde keine entfremdete, sondern authentische Arbeit geleistet. Sie seien die größten und machtvollsten Instrumente zur Überwindung der kapitalistischen Produktionsweise und trügen dazu bei, den Verteilungskonflikt zwischen Kapital und Arbeit zu überwinden und eine Umverteilung des Nationaleinkommens herbeizuführen.

EPSs sind Produktionsgemeinschaften auf kollektiver Basis ohne Gewinnabsicht und können Kooperativen, aber auch kleine Privatfirmen sein. Die Preise für ihre Produkte oder Dienstleistungen sind nicht den Marktgesetzen unterworfen. Die Beschäftigten sind die kollektiven Eigentümer einer EPS und verwalten sie eigenständig. Sieht man indessen von der ideologischen Absichtserklärung ab, sind EPSs nichts anderes als staatlich initiierte und kontrollierte Arbeitsbeschaffungsmaßnahmen. Mit ihnen sollen Menschen, die auf dem regulären Arbeitsmarkt nicht vermittelbar sind, darunter viele Absolventen der Alphabetisierungs- oder Weiterbildungsprogramme der Missionen, einen Arbeitsplatz finden. Von zentraler Bedeutung ist aber, dass die EPSs als marktenthobene Kollektivunternehmen den zwei größten Staatsbetrieben PDVSA (Erdöl, Lebensmittel) und CVG (Eisen/Stahl/Aluminium) angegliedert sind und von deren Wertschöpfungskette abhängen. Die PDVSA verpflichtet inzwischen ihre Vertragspartner, auch ausländische, mit den EPSs zusammenzuarbeiten.

Die Gewinne einer EPS werden nicht individuell ausgeschüttet, sondern fließen in kommunale Projekte und schaffen damit eine weitere Parallelstruktur neben den Kommunalräten. Da die in einer EPS Tätigen die Eigentümer ihres Betriebes sind, gelten für sie keine tariflich festgelegten Löhne. Vielmehr erfolgt die Bezahlung nach der geleisteten Arbeit, aber nur teilwei-

---

57 Proyecto Nacional Simón Bolívar. Primer Plan Socialista – PPS – 2007–2013, *http://www. mpd.gob.ve/Nuevo-plan/plan.html* (13.03.2010). Einen konzisen Überblick über die Ziele der EPSs im Erdölsektor gibt die vom Ministerium für Energie und Erdöl herausgegebene Broschüre *Empresas de Producción Social EPS. Sector Petrolero. Preguntas y Respuestas,* Caracas 2006, *www.asuntopublico.com/documentos/esp.pdf* (13.03.2011)

se monetär. EPS-Beschäftigte können auch mit Gutscheinen für Einkäufe in der staatlich subventionierten Ladenkette Mercal entlohnt werden oder kommen in den Genuss von Sozialleistungen anderer Missionen, etwa im Gesundheitsbereich, durch Zusatzleistungen oder geringere Wartezeiten. Faktisch läuft dieses entmonetarisierte Tausch- oder Kompensationssystem auf ein staatlich gefördertes Truck-System hinaus, das als sozialistisch ausgegeben wird.

EPS-Betriebe müssen mindestens zehn Prozent ihrer Gewinne an den Sozialfonds des Mutterbetriebs abführen, mit dem keine firmeninternen, sondern kommunale Projekte finanziert werden. Daneben müssen EPSs bei öffentlichen Ausschreibungen obligatorisch ein soziales Angebot (*oferta social*) abgeben und können auf diese Weise die Angebote kleiner oder mittlerer Privatfirmen unterbieten. EPSs können im Bereich der Produktion tätig sein und stellen Halbfabrikate fertig, die ihnen von den mit ihnen assoziierten Mutterbetrieben angeliefert werden. Nüchtern betrachtet, handelt es sich bei den EPSs um Instrumente zur Flexibilisierung der Arbeit durch Auslagerung von Teilen der Produktion; sie sind aber von den Vorgaben der weiterhin kapitalistisch produzierenden Mutterbetriebe abhängig. Ferner können EPSs im Vertrieb tätig sein. Da ihre Waren oder Dienstleistungen nicht den Marktgesetzen unterliegen, profitieren die kapitalistisch produzierenden Staatsbetriebe, deren Produkte die EPSs vertreiben, von diesem ›sozialistischen‹ Niedriglohnsektor. Schließlich können EPSs Gemeinschaftsdienste für eine Kommune leisten, etwa in den Bereichen Wasserversorgung, Elektrizität, Telekommunikation, können aber auch Sperrmüll entsorgen, öffentliche Wäschereien, Handwerksbetriebe (Kunsthandwerk, Schreinereien etc.) oder Wachdienste betreiben. Die Regierung bringt mit den EPSs nicht den Sozialismus auf den Weg, sondern einen mit einem Startkapital von 100 Mio. US-Dollar geförderten Niedriglohnsektor, der den staatskapitalistisch produzierenden Mutterbetrieben billige, formal selbständige Zuarbeiter garantiert.

Wie erwähnt, existieren als dritte Säule der bolivarianischen Ökonomie neben dem verstaatlichten und dem privaten Sektor die Kooperativen. Im Unterschied zu den marktenthobenen EPSs sind Kooperativen kollektivierte Privatbetriebe. Sie gelten als wichtiges Instrument zur Bekämpfung der Arbeitslosigkeit und zum Abbau des informellen Sektors, in dem in Venezuela immer noch rund 50 Prozent der erwerbstätigen Bevölkerung tätig ist (vgl. Leder 2008). Die Beschäftigten in diesen privatwirtschaftlichen Kooperativen sind allen Risiken von Marktkonkurrenz, ungesichertem Verdienst und fehlender Sozialversicherung ausgesetzt. 2008 gab es 264.845 eingetragene Kooperativen, von denen aber 77 Prozent inaktiv waren.[58] Die meisten von ihnen existieren im Großraum Caracas und sind zumeist (2005: 38,9 Prozent) im Dienstleistungsbereich (Handel, Restaurants, Hotels) tätig.[59] Wie bei den EPSs besteht auch hier die Tendenz zur Auslagerung betrieblicher Arbeit in diese ›Wir-AGs‹. »Es ist inzwischen eine durchaus übliche Praxis, dass Unternehmen formelle Arbeitsplätze in Kooperativen auslagern, um so Kosten zu sparen.« (Leder 2008). Es scheint aber keine Debatte darüber zu geben, warum 77 Prozent der registrierten Kooperativen inaktiv sind – und auch entsprechende Experimente der Sandinisten oder des linken peruanischen Militärregimes unter Juan Velasco Alvarado Anfang der siebziger Jahre nicht funktioniert haben.

Fassen wir zusammen: Im Gegensatz zu den ideologischen Absichtserklärungen greift der Chavismus paradoxerweise auf neoliberale arbeitsmarktpolitische Instrumente zurück – auf das Outsourcing von Arbeitsvorgängen auf EPS oder Kooperativen, auf die Propagierung des sozialen Werts der freiwilligen Bürgerarbeit im infrastrukturellen oder kommunalen Bereich sowie auf die Bekämpfung und das geplante Verbot von Gewerkschaften als Garanten der Tarifautonomie.

## 9. Militarisierung des Landes – Volk unter Waffen

Die venezolanischen Streitkräfte kennen neben der Armee, der Luftwaffe und der Marine einen vierten Arm, die Nationalgarde (*Guardia Nacional*). Sie wurde vor allem für den militärischen Einsatz im Landesinneren gegründet. Nach Chávez' Wahlsieg von 1998 blieben die Streitkräfte bis 2002 unverändert, wurden dann aber zunehmend politisiert mit dem Ziel, sie in den

---

58 Die Zahlenangaben variieren zum Teil erheblich. Ich beziehe mich auf Colina Rojas (2006), der für 2005 66.680 aktive Kooperativen angibt sowie auf *http://gerstionparticipativavenezuela.files.wordpress.com/2010/08/diagnostico_economia_social-y-solidaria_en-venezuela.pdf* (14.03.2011), wonach die Zahl der aktiven Kooperativen geringfügig darunter liegt (Stand: 2005).
59 Vgl. Estadisticas sobre el cooperativismo en Venezuela, *http://www.aciamericas.coop/Estadisticas-sobre-el,579* (05.03.2011)

Dienst des Regimes zu stellen und zum militärischen Arm der Partei zu transformieren.

Mit der Reform des Gesetzes über die Streitkräfte vom Oktober 2009 ist inzwischen ein fünfter Arm hinzugekommen. Die seit 2005 bestehende nationale Miliz (*Milicia Nacional Bolivariana*, MNB) wurde, zusammen mit der bis dahin ebenfalls autonomen Bauernmiliz (*Milicia Campesina*), in die Streitkräfte integriert. Der Kommandant der nationalen Miliz im Rang eines Generalmajors untersteht im Kriegsfall oder in einem vom Präsidenten dekretierten Ausnahmezustand direkt dessen Weisungen; lediglich die Verwaltung der MNB obliegt dem Verteidigungsministerium. Die Miliz besteht aus den Reservisten und der sogenannten Territorialmiliz, der wiederum die neu eingerichteten Kampfkorps (*cuerpos combatientes*) unterstellt sind, und folgt dem Ziel: Volk unter Waffen. Die Miliz soll einerseits die Streitkräfte verstärken, andererseits aber, analog zum kubanischen Modell, auch zivile Aufgaben bei der »nationalen Entwicklung« im ökonomischen, ökologischen und sozialen Bereich übernehmen.[60] 2010 bestand sie aus 400.000 Personen, soll aber auf 1.100.000 aufgestockt werden.

Die Importquote für Nahrungsmittel ist in Venezuela außerordentlich hoch und lag 2009 bei über 70 Prozent.[61] Zunehmend werden daher die Synergie-Effekte landwirtschaftlicher Forschungsinstitute, des ehemals staatlichen, inzwischen auf die Streitkräfte übergegangenen landwirtschaftlichen Produktionszentrums OCSA und der Miliz gebündelt, um die Nahrungsautarkie im Lande sicherzustellen und eine endogene Entwicklung zu fördern. Ziel ist es, »die alimentäre Souveränität und Sicherheit des Landes zu garantieren«.[62] In diesem Zusammenhang werden im ganzen Land dem Militär unterstellte landwirtschaftliche Musterbetriebe errichtet. In diesen militärischen Produktionszentren (*centros de producción agropecuarias*) werden künftig auch »sozialistische Produktionsbataillone« ausgebildet, analog zu den kubanischen Produktions- und Verteidigungsbrigaden. Sie arbeiten eng

---

60 Zur Militärdoktrin, die auf Simón Bolívars Konzept des zivil-militärischen Befreiungsheeres zurückgeht, vgl. Heinz Dieterich, Die Militärdoktrin der venezolanischen Revolution, *http://puk.de/nhp/index.php/de/component/content/article/691.html* (05.03.2010)

61 Vgl. die Angaben des deutschen Auswärtigen Amtes *http://www.auswaeriges-amt.de/diplo/de/Laenderinformationen/01-Laender/Venezuela.html* (05.12.2010) und Dieterich 2007: 204

62 Vgl. INIA uno esfuerzo con la OCSA a fin de garantizar la soberanía agroalimentaria del país, *http://www.inia.gob.ve/index.php?option=com_content&task=view&id=268&Itemid=75* (03.03.2010)

mit der der Miliz unterstellten nationalen Reserve sowie mit den Kooperativen und Kommunalräten der jeweiligen Region zusammen. Ein Militärsprecher erklärte, »dass viele dieser Zentren in ungenutzten Gebieten angesiedelt werden, in denen die in der Nähe dieser Einheiten lebende Bevölkerung hinreichend produktive Möglichkeiten erhalten wird. Zweifellos werden die Kommunen und die Kommunalräte durch die ›sozialistischen Produktionsbataillone‹ und durch die neue Idee der Produktivdistrikte, die im ganzen Land verteilt werden, problemlos weiterhin zivil-militärisch integriert werden.«[63] Die gesamte wissenschaftlich-technische Arbeit dieser Produktionszentren liegt in der Hand des technischen und agrotechnischen Personals der Streitkräfte.

Sozialistische Produktionsbataillone sind die kleinste Einheit der sozialistischen Produktionsbrigaden (*brigadas de producción, distribución y consumo socialistas*), deren Einrichtung Präsident Chávez im Februar 2008 in seiner Sendung *Aló Presidente* (Nr. 303) verkündet hatte. Sie beruhen auf freiwilliger Arbeit von Zivilisten und kommen im landwirtschaftlichen oder infrastrukturellen Bereich zum Einsatz. In einem Grundsatzartikel zum Thema »Freiwillige Arbeit« heißt es in dem theoretischen Forum *Debate Socialista*:

»Der Weg zum Sozialismus ist in Venezuela, einem rentenkapitalistischen Land (*país rentista*) mit einer kleinen Arbeiterklasse, nicht denkbar ohne eine machtvolle Bewegung kollektiver freiwilliger Arbeit. Nur so können wir die notwendigen materiellen Bedingungen schaffen, um das egoistische Bewusstsein zu überwinden und es durch ein Bewusstsein der sozialen Pflicht zu ersetzen. […] Die freiwillige kollektive Arbeit darf nicht länger eine marginale Angelegenheit sein und muss so organisiert werden, dass sie die [gesamte] Gesellschaft durchdringt.«[64]

Dazu seien statistische Ämter zur Erfassung und Evaluation der geleisteten Arbeitsstunden einzurichten und die besten Arbeiter zu prämiieren, allerdings nur mit moralischen Anreizen. Das Internetportal Aporrea bezeichnet Lohnarbeit sogar als Sklavenarbeit und stellt ihr die freiwillige Arbeit als einzige Form menschenwürdiger, wahrhaft humanistischer und christlicher (!) Arbeit gegenüber. Der Anreiz zu freiwilliger Arbeit liegt aber paradoxerweise in der Aussicht auf einen festen Arbeitsplatz in einem Lohnarbeitsver-

---

63 Vgl. Finca La Placera serà centro de formación de batallones de producción socialista, *http://www.abn.infor.ve/go_news5.php?articulo=120903* (06.03.2010)
64 Neftali Reyes, Trabajo Voluntario. In: *Debate Socialista*, Januar 2010, *http://debatesocialistadigital.com/neftalireyes/trabajovoluntario.html* (07.03.2010)

hältnis und damit in ›Sklavenarbeit‹.⁶⁵ Auf Regierungsebene sieht man freiwillige Arbeit realistischer. Die Einrichtung von Freiwilligenbrigaden, heißt es in einer Stellungnahme des Ministeriums für kommunale Angelegenheiten vom Dezember 2009, sei eine Strategie zur Verbilligung der Arbeit etwa bei der Schaffung oder Sanierung von Wohnungen.⁶⁶ Der eigentliche Grund für die Propagierung der freiwilligen Arbeit dürfte aber sein, dass mit dem Rückgang des Ölpreises nach 2008 die auf den Erdöleinnahmen beruhenden Sozialprogramme und die staatliche Finanzierung der Kommunalräte zu teuer werden (vgl. Balteo Yazbeck 2010).

Kritiker der Reform des Gesetzes über die Streitkräfte vom Oktober 2009 betonen, mit der Miliz habe sich Chávez eine ihm persönlich unterstellte Prätorianergarde geschaffen. Die interamerikanische Menschenrechtskommission CIDH fordert: »Nach Ansicht der Kommission sollten die Bürger, die militärisch geschult werden, nicht in die Strategien zur internen Verteidigung inkorporiert werden. Die CIDH ist zudem besorgt über die ungenaue Definition der Struktur, der Funktionen und der Kontrolle dieser Milizen.« (CIDH 2009: XIII). Vor allem im Militär selbst stößt die Reform des Gesetzes auf Kritik und verstärkt die Konflikte in den Streitkräften.

Von zentraler Bedeutung für die Herrschaftsstruktur des Chavismus ist aber, dass die Fusion ziviler und militärischer Aufgaben entscheidende Auswirkungen auf die Kommunalräte hat. Dem Gesetz nach sind sie zwar autonome Organe einer partizipativen Demokratie, aber seit der Inkorporierung der Miliz in die Streitkräfte im Herbst 2009 wächst deren Einfluss auf die Kommunalräte. Denn zu den Funktionen der Miliz gehört die Koordination von Verteidigungsmaßnahmen in Zusammenarbeit mit eben diesen Kommunalräten, um den zivilen und den militärischen Sektor zu vereinheitlichen. Im neuen Art. 46 des Gesetzes über die Streitkräfte ist daher eine *direkte* Einflussnahme der Miliz auf die Kommunalräte vorgesehen. Die Miliz soll die Kommunalräte im Bereich ihrer Zuständigkeit »orientieren, koordinieren und unterstützen, um ihnen bei der Erfüllung öffentlicher Aufgaben zu helfen«. Eine militärische Instanz greift also direkt in die Belange der Kommunalräte ein und nimmt Einfluss auf deren ›Orientierung‹, nicht zuletzt auch, um zu verhindern, dass oppositionelle Kräfte in ihnen die Oberhand gewinnen. Diese Zentralisierung und Militarisierung partizipativer

---

65 Omar J. Hernández, Economía socialista: trabajo voluntario vs. esclavismo (erschienen 27.05.2008), *http://www.aporrea.org/ideologia/a57670.html* (11.03.2010)

66 Brigadas Socialistas de Autoconstrucción recibieron reconicimiento en el 23 de Enero, *http://www.mpcomunas.gob.ve/printnews_detail.php?id=3772* (08.03.2010)

Strukturen, die ursprünglich die Zivilgesellschaft stärken sollten, steht auch im Zusammenhang damit, dass der Begriff der Zivilgesellschaft zunehmend negativ besetzt wird. Die Zivilgesellschaft gilt als Ort und Instrument regimefeindlicher Kräfte (vgl. Smilde, in: León/Smilde 2009: 3).

Abgeordnete der sozialdemokratischen Partei Podemos, die die Zustimmung zur Reform des Gesetzes über die Streitkräfte verweigert hatten, kritisieren auch den geheimen Charakter, mit dem es im Parlament durchgepeitscht wurde.[67] Abgesehen von der Frage, ob der neue militärische Rang der nationalen Miliz überhaupt verfassungskonform ist, sieht die Reform des Gesetzes über die Streitkräfte noch eine weitere Maßnahme vor – die Integration ausländischer Militärs oder Zivilisten in die venezolanischen Streitkräfte, womit vor allem Kubaner gemeint sind. Das Konzept der zivil-militärischen Einheit beinhaltet darüber hinaus auch die paramilitärische Ausbildung von Schülern und Schülerinnen der Sekundarstufe.

## 10. Militarisierung der Betriebe und drohendes Verbot der Gewerkschaften

Richten sich die von der Miliz koordinierten Kampfkorps nur gegen einen äußeren Feind? Schon 2001 hatte Chávez Arbeiterunruhen im sensiblen Erdölsektor in der Region Zulia von der Nationalgarde niederschlagen lassen. Streikende wurden »mit Waffengewalt und Einschüchterungen der Belegschaften« an ihre Arbeitsplätze zurückgetrieben.[68] Chávez hat aus zwei Gründen ein Interesse an der Schwächung unabhängiger Gewerkschaften. Zum einen verfolgen etliche, wenn auch nicht alle, eine Politik des Ausgleichs mit der Arbeitgeberseite. Zum anderen bilden nicht die organisierten Industriearbeiter *(obreros)* die soziale Basis des Chavismus, sondern im informellen Sektor tätige, gewerkschaftlich nicht organisierte Bevölkerungsschichten. Dieser informelle Sektor besteht aber nicht nur aus subproletarischen städti-

---

67 Vgl. Asamblea modifica ley para Chávez, *http://www.aviacionargentina.net/foros/temas-de-defensa-generales.11/2667-el-ejercito-privado-de-hugo-chavez.html* (25.02.2011)
68 Sebastian Sedlmeyr (2001), Arbeitskampf mit der Nationalgarde. Präsident Chávez versucht die Gewerkschaften auf Linie zu bringen, *http://www.lateinamerikanachrichten.de/index.php?/artikel/1565.html* (26.02.2010). Zahlreiche weitere Beispiele für die Repression von Arbeiterunruhen bei Rojas 2010.

schen Unterschichten, sondern auch aus einem selbständigen Kleinbürgertum mit eigenen kleinen Unternehmen.
Mit der Reform des Gesetzes über die Streitkräfte, das am 02.02.2010 im venezolanischen Gesetzesanzeiger veröffentlicht wurde, hat sich Chávez ein wirksames Instrument zur militärischen Kontrolle der Betriebe und Belegschaften geschaffen.[69] Vor dem Hintergrund der angestrebten zivil-militärischen Einheit trägt nämlich die Miliz dazu bei, »die interne Ordnung gegenüber schweren sozialen Störungen aufrecht zu erhalten oder wiederherzustellen«. Von besonderer Bedeutung ist hier der neue Art. 50 des Gesetzes über die Streitkräfte. Er besagt, dass die Kampfkorps (*cuerpos combatientes*) direkten Zugang zu Fabriken und anderen Arbeitsstätten erhalten. »Die Kampfkorps sind Einheiten von Bürgerinnen und Bürgern, die in öffentlichen und privaten Einrichtungen arbeiten. Auf freiwilliger Basis werden sie vom Oberkommando der bolivarianischen Miliz zur integralen Verteidigung der Nation registriert, organisiert und ausgebildet. Sie sichern die Integrität und Funktionsfähigkeit (*operatividad*) der Arbeitsstätten ab, denen sie angehören.« (Artikel 50) Vor allem im staatlichen Erdölkonglomerat PDVSA und in mehreren Bundesstaaten kommen diese uniformierten Kampfkorps bereits als militärischer Werkschutz zum Einsatz und sorgen für die Verhinderung von gesetzlich zwar möglichen, faktisch aber als Sabotage geltenden Streiks. Allein im Staatsbetrieb Pequiven (petrochemische Industrie) ist seit 2009 ein Kampfkorps von 700 Personen tätig, die uniformiert ihrer Arbeit nachgehen und vier Stunden wöchentlich militärische Übungen auf dem Werksgelände abhalten.

Neben diesen Kampfkorps, die, wie ausgeführt, der Miliz und damit seit 2009 den Streitkräften unterstehen, sind in staatlichen und privaten Betrieben auch sogenannte sozialistische Patrouillen (*patrullas socialistas*) tätig. Sie unterstehen der chavistischen Partei PSUV, umfassen 300.000 Personen und haben die Aufgabe, ideologische Schulung zu betreiben. Ihre Rolle ist die eines politischen Kommissars oder einer Parteiavantgarde in den Betrieben. Und schließlich sind dort noch Arbeitermilizen (*milicias obreras*) tätig, allein in den Staatsbetrieben rund 150.000 Personen. Auch sie werden militärisch ausgebildet und fungieren nach frühsowjetischem Vorbild als Wächter (*vigilantes*) der Revolution in strategisch wichtigen Sektoren (Erdöl, Elektrizität, Grundstoffindustrien, Transport und öffentliche Verwaltung). Betriebe im privaten und staatlichen Sektor müssen den Nachweis erbringen, dass in ih-

---

69 Vgl. Gaceta Oficial de la República Bolivariana de Venezuela, Nr. 39.359 vom 02.02.2010

nen Arbeitermilizen und sozialistische Patrouillen organisiert sind; davon wird auch der Abschluss von Kollektivverträgen abhängig gemacht. Diese organisatorische Vielfalt ist indessen nicht Ausdruck von Pluralismus, sondern nur ein Übergangsstadium im Prozess der Schaffung einer neuen, einheitlichen Arbeitsstruktur (*estructura laboral*). Das Ziel ist die Vereinigung von Arbeitermilizen, sozialistischen Patrouillen, Arbeiterräten und Gewerkschaften unter dem Leitgedanken des integralen Arbeiters mit produktiven und zugleich militärischen Aufgaben. Wegweisend für diese neue Arbeitsstruktur ist das bis 2019 angesetzte Makroprojekt »Plan Socialista Guayana 2019« vom Mai 2009, das Anfang August 2009 per Dekret beschlossen wurde. Darin wurde der Bundesstaat Guayana zu einer Pionierzone für den Aufbau des Sozialismus, basierend auf der »sozialistischen Rationalität«, erklärt.[70] Die bisher getrennten Staatsbetriebe im Bereich Eisen, Stahl und Aluminium werden zu zwei Konsortien (*corporaciones*) zusammenschlossen. Auch andere Sektoren (Zement, Dienstleistungen, sozialistische Märkte) wurden bereits in Konsortien umgewandelt.

Im »Plan Socialista Guayana« wird in Kapitel 3, Punkt 6 unter dem Stichwort »Rolle der Arbeiterorganisationen« gefordert: »Abschaffung der Selbstverwaltung und der Gewerkschaften als Organisationsform. Die Gewerkschaft muss abgeschafft werden, weil sie kein Organ der Partizipation, sondern ein Kampforgan ist.«[71] In einem Interview vom 19. Juni 2009 erklärte der damalige stellvertretende Vorsitzende der PSUV, Alberto Müller Rojas, im theoretischen Konzept des Sozialismus seien Gewerkschaften nicht vorgesehen und überflüssig. »Die Gewerkschaft verliert in der sozialistischen Gesellschaft ihre Daseinsberechtigung, denn die Arbeiter werden nicht gegen sich selbst kämpfen. Es gibt dann nicht mehr die Dialektik von Kapital und Arbeit, oder genauer gesagt, von Kapitalismus und Arbeit, denn das Kapital wird immer ein Produktivfaktor bleiben.«[72] An Stelle von Gewerk-

---

70 Zwei weitere offizielle Texte sind hier von Bedeutung: das 2009 vom Arbeitsministerium verfasste Dokument »Politicas Laborales y Negociación Colectiva« (Arbeitspolitik und Kollektivverhandlung), sowie das von der Kommunistischen Partei Venezuelas ausgearbeitete »Proyecto del Ley Consejos Socialistas de Trabajadores y Trabajadoras« (Projekt für das Gesetz der sozialistischen Arbeiterinnen- und Arbeiterräte).

71 Im Original: »Eliminar como forma de asociación, la autogestión y los sindicatos. Se debe quitar el sindicato porque no es mecanismo de participación, sino un mecanismo de lucha.« http://www.slideshare.net/Chavel/Rangel/plan-socialista-guayana-2019-3279089 (10.03.2011)

72 Interview mit Müller Rojas in der Zeitung *Correo del Caroni* vom 30.12.2009, http://laclase.info/nacionales/guyana-se-pone-prueba-en-2010?page=2 (11.03.2011), vgl. auch Ricardo

schaften sollen Arbeiterräte eingerichtet werden, die in den Betrieben Arbeiterkontrolle (*control obrero*) ausüben. Allerdings sind deren Einflussnahme Grenzen gesetzt, beruht doch die Einrichtung von sozialistischen Großbetrieben (*corporaciones*) im Staatssektor auf drei Säulen: den Arbeiterräten, den Staatsvertretern und den Kommunen, was auf eine Art ›sozialistischen‹ Korporativstaat hinausläuft.

Bei einem Besuch des sozialistischen Pioniergebiets von Guayana, einer Enklave der Staatswirtschaft, griff Präsident Chávez im März 2009 die dortigen Gewerkschaftsführer mit dem Argument an, sie wollten sich nur bereichern und immer mehr Vorteile und Privilegien erlangen. Von Gewerkschaftsseite wurde der »Plan Socialista Guayana 2019«, nach dessen Vorgaben künftig auch in anderen Regionen sozialistische Pionierzonen eingerichtet werden sollen, als Ausbeutersozialismus und Massaker aller Rechte der Arbeiter kritisiert. Die Arbeiter würden eingespannt, um zu schlechteren Arbeits- und Lohnbedingungen die Produktion zu steigern. Die Menschenrechtskommission CIDH stellte 2009 fest, das Streikrecht werde zunehmend kriminalisiert und Gewerkschafter würden massiv bedroht. Aber nicht nur das: Innerhalb von zehn Jahren wurden zwischen 1997 und 2007 52 Gewerkschaftsführer nicht nur bedroht, sondern auch ermordet. Nur in drei Fällen kam es zu einer Verurteilung; die meisten Fälle blieben unaufgeklärt oder die Täter gingen straffrei aus (vgl. CIDH 2009: 288ff. und XIII–XVI).

Fassen wir zusammen: Die Militarisierung der Betriebe findet über drei Organe statt, die Kampfkorps, die sozialistischen Patrouillen und die Arbeitermilizen. Die Kampfkorps sind militärische Einheiten. Sie sind als Werkschutz tätig, aber ihre Mitglieder übernehmen gemäß dem Konzept der Beteiligung des Militärs an der produktiven Entwicklung des Landes auch Aufgaben in der Produktion. Ferner treten in den Betrieben die sozialistischen Patrouillen als Parteiorgane auf und betreiben Bewusstseinsbildung und ideologische Schulung. Hinzu kommt die paramilitärische Organisation von Arbeitern in den Arbeitermilizen nach frühsowjetischem Vorbild. Lediglich die (derzeitigen) Arbeiterräte stehen auch Werksangehörigen anderer politischer Ausrichtung offen. Neben den Gewerkschaften sind sie die einzige nicht-militarisierte Einrichtung zum Schutz von Arbeiterinteressen. Da diese Entwicklungen aber erst jüngsten Datums sind, herrschen noch Parallelstrukturen vor, die die Konflikte in den Betrieben akut verstärken. So

---

Galindez, Lucha obrera de las empresas básicas, *http://www.labournet.de/internationales/ve/galindez.pdf* (11.03.2011)

lehnte die staatliche Erdölgesellschaft PDVSA Arbeitermilizionäre ab und bevorzugte stattdessen den Einsatz von Militärreservisten mit Überwachungsaufgaben (*en funciones de vigilancia*).[73]

## 11. Sozialprogramme und Führerkult

Eine gängige klientelistische, in Lateinamerika übliche Praxis ist der Stimmenkauf durch spezielle, dem Staatshaushalt entzogene Sozialprogramme für die unterprivilegierten Bevölkerungsschichten. Die Grundidee ist die Abfederung des sozialen Wandels, insbesondere nach der Liberalisierung der Märkte in den achtziger und neunziger Jahren, unter deren Folgen vor allem die ärmeren Schichten zu leiden hatten. Schon der Peronismus hatte in den vierziger Jahren auf Initiative der Frau des Präsidenten, Eva Perón, umfangreiche Sozialprogramme mit ähnlich irregulären, dem Staatshaushalt entzogenen Geldquellen auf den Weg gebracht. Das Problem dieser Fonds liegt in ihrer undurchsichtigen Handhabung und Verwaltung durch demokratisch nicht legitimierte Instanzen. Auch Chávez hat unter dem Namen »Misiones« auf solche Sozialprogramme für Erziehung und Alphabetisierung, für Weiterbildung, Wohnungsbau und Gesundheit, für die Einrichtung subventionierter Lebensmittelläden und Kooperativen zurückgegriffen, und zwar unmittelbar vor dem von der Opposition initiierten Referendum zu seiner Abwahl 2004 (vgl. Gómez Sánchez 2007; Hawkins 2010: 195ff.). Gelder aus dem staatseigenen Erdölunternehmen PDVSA gelangen auf diese Weise nicht in den Staatshaushalt, sondern werden direkt in einen vom Präsidenten verwalteten Fonds geleitet. »Die misiones dienten zwei ganz unterschiedlichen Zwecken: einerseits dienten sie der politischen Manipulation (dem Stimmenkauf), andererseits der direkten Verteilung von Öleinkünften an die gering verdienende Bevölkerung.« (Penfold-Becerra 2006: 5f.; zu den Aufgaben und Leistungen der Missionen vgl. Hawkins 2010: 202f. und Gómez Sanchez 2007). 2011 existierten 17 Missionen, deren Leistungen vor allem im Bildungs- und Gesundheitsbereich, aber auch bei der Versorgung mit staatlich subventionierten Grundnahrungsmitteln, zum Erfolg des Präsiden-

---

73 Vgl. El Gobierno define la línea de las milicias obreras, *http://www.unidadmatancera.org.ve/noticias/noticia848.html* vgl. auch Empresas estatales ya cuentan con cerca de 150.000 milicianos, *http://www.nuevosiglotampa.com/news.php?nid=2232* (06.03.2011)

ten und zur Akzeptanz des Chavismus in den unterprivilegierten Bevölkerungsschichten beitragen.

Wie Gómez Sánchez zeigt, sind aber die Mitarbeiter der Missionen, der zweiten großen Parallelinstitution neben den Kommunalräten, vor allem im Bildungsbereich gegenüber ihren Kollegen im staatlichen Sektor nicht nur finanziell, sondern auch arbeits- und sozialrechtlich benachteiligt (vgl. Gómez Sánchez 2007: 36). Der ehemalige Vizeminister für Planung und Entwicklung, Roland Denis, forderte 2009 eine zweite, antibürokratische und egalitäre Revolution: »Die Missionen haben die Vision der Autonomie und des Bruchs mit der Bürokratie verloren, sie haben sich institutionalisiert.«[74]

Im Gegensatz zu einer weit verbreiteten Annahme müssen populistische Führer nicht unbedingt charismatisch sein. Hugo Chávez ist indessen ein Charismatiker, und dies nicht nur im Sinne rhetorischer Begabung oder Ausstrahlung. Vielmehr erfüllt er zwei entscheidende Kriterien für charismatische Herrschaft: das Sendungsbewusstsein und die emotionale Bindung zwischen ihm und seinen Anhängern. Diese Bindung beruht darauf, dass die Anhänger vom Führer einen Ausweg aus der Krise oder Notlage erwarten. Da Chávez aber diesen Erwartungen auch bei unbestreitbaren Leistungen nur bedingt nachgekommen ist, greift er zu drei geradezu klassischen Instrumenten, um dem Schwinden seines Charismas entgegenzuwirken: (1) durch die Einrichtung von Parallelstrukturen wie den Missionen kann er sich die dort erbrachten Leistungen als seine persönliche Hinwendung zu den Armen und Bedürftigen anrechnen. Diese Sozialdienste werden dem anonymen Staatshandeln, aber auch der staatlichen Kontrolle entzogen und als persönliche Gunstbezeugung des Führers an sein Volk wahrgenommen, (2) durch Externalisierung der internen Krisen kann ein charismatischer Führer von Schwierigkeiten ablenken. So hat beispielsweise der Konflikt mit dem Nachbarland Kolumbien, das Chávez als Israel Lateinamerikas bezeichnet, bereits zur Mobilmachung geführt, (3) durch direkte Ansprache an das Volk über das Fernsehen präsentiert sich Chávez als Mann des Volkes, der auch Fehlentwicklungen anprangert. Analog zum Verhältnis von Mussolinismus und Faschismus trennt er seine persönliche Herrschaft von den Unzulänglichkeiten des Regimes ab.

Der Führerkult ist nicht nur allgegenwärtig, sondern zentral für die Machtstruktur des Chavismus. Diosdado Cabello vom rechten Flügel der chavistischen Partei erklärte: »Ohne Chávez gibt es keine Revolution und

---

74 Interview mit Roland Denis, http://www.aporrea.org/ideologia/a92084.html (14.03.2011)

nichts, was ihr ähnelt.« Es liegt in der Logik dieses Führerkults, dass sich auch die parteiinternen Strukturen danach ausrichten. So fordert Cabello, in einer »reifen« Revolution, in der alle das »richtige« Bewusstsein hätten, seien parteiinterne Wahlen überflüssig und würden durch Kooptation ersetzt.[75] Die ideologische Homogenität der Parteimitglieder wäre aber das Ende der innerparteilichen Demokratie. Die Parteiführung kooptiert dann von oben die ihr genehmen neuen Funktionsträger.

Auch wenn man starke Zweifel hegen kann, dass Chávez den Sozialismus des 21. Jahrhunderts aufbaut, so tritt er doch zweifellos als Charismatiker des 21. Jahrhunderts auf. In seiner Sendung *Aló Presidente* zeigt er sich als Mischung von Entertainer, volkstümlichem Kumpel und Propagandist in eigener Sache. Die wöchentlich ausgestrahlten Sendungen ziehen sich oft über fünf Stunden hin, aufgelockert durch Gäste und Interviewpartner, kleine Plaudereien, eingestreute Anekdoten oder Erinnerungen des Präsidenten. In transkribierter Form umfasst eine Sendung rund 100 Seiten. Chávez gelingt es, den Eindruck zu erwecken, als sei er mit jedermann – außer seinen Gegnern – gut Freund und auf Duzfuß. Weniger inhaltlich als durch bloße Namensnennung zitiert er historische Persönlichkeiten oder Theoretiker, mitunter auch sachlich falsch, was aber nicht schadet, sondern eher nützt. Damit profiliert sich der Präsident als ›einer aus dem Volke‹, der weder allwissend noch besserwisserisch auftritt und dem gelegentlich auch ein Lapsus unterläuft.

Seine Herkunft aus dem Volk und den common sense der Volksschichten bezeugt Chávez durch die anekdotenreiche Anrufung seiner Großmutter, einer einfachen Frau aus dem Volke. Die Gesprächspartner seiner Sendung sind entweder Freunde, die er wie bei einem Familientreffen salopp begrüßt, oder unbekannte Menschen aus dem Volk, nach deren Herkunftsort, deren Familienverhältnissen und deren Sorgen er sich erkundigt. Diese direkte, persönliche Hinwendung zu den Menschen scheint keiner Regieanweisung zu folgen, sondern echt zu sein. Chávez vermittelt den Eindruck, dass er keine einstudierte Rolle spielt, sondern tatsächlich so ist, wie er auftritt: einfach, verständnisvoll, interessiert, authentisch, zu Scherzen aufgelegt, aber von einer großen Mission beseelt. Mit seiner massiven Körperlichkeit strahlt er Bodenständigkeit, Tatkraft und Vertrauenswürdigkeit aus. Im Vergleich zu den faschistischen Führern des 20. Jahrhunderts, Hitler und Mussolini,

---

75 Diosdado Cabello (o.J.), Si Chávez está ausente no hay revolución ni nada que se le parezca, http://www.psuv.org.ve/temas/noticias/diosdado-cabello-chavez-ausente-revolucion-parezca/ (14.03.2011)

hat sich das Charisma des populistischen Führers des 21. Jahrhunderts stilistisch demokratisiert und verleiht der Außeralltäglichkeit des Charismatikers ein alltägliches Aussehen. Chávez vermeidet das Image, ein von der ›Vorsehung‹ Gesandter wie Hitler oder ein Genie und Alleskönner wie Mussolini zu sein.

Seine Sprache ist einfach, aber nicht anbiedernd, voller Anekdoten und humorvoller Bemerkungen. Vorherrschend ist ein spontan wirkender Plauderton, der nichts von der pathetischen Rhetorik der faschistischen Führer der Zwischenkriegszeit an sich hat, auch wenn zivilreligiöse Momente in Chávez' Ansprachen durchaus eine Rolle spielen (vgl. Zúquete 2008). Gelegentlich lässt er erkennen, dass seine Englischkenntnisse rudimentär sind, er also nicht zu den Bildungsprivilegierten gehört, und macht sich selbst über seine Aussprache lustig. Aber es fehlt ihm nicht an militanter Emphase, wenn er zwischen dem Volk und den Eliten polarisiert: die Oligarchie verachtet uns; sie schaut auf uns herab. Aber wir werden es ihr heimzahlen! Wie jeder Populist hat auch Chávez nichts für den distanzierten Habitus, die geschliffenen Formen und die floskelhaft-gestanzte Sprache der etablierten Politiker übrig, ist aber weder vulgär und sexistisch wie Umberto Bossi, noch beleidigend und sarkastisch wie Le Pen oder ironisch und narzisstisch wie Pim Fortuyn. Sein größtes Kapital scheint seine Spontaneität und seine volkspädagogische Fähigkeit zu sein, das, was er sagen will, immer wieder durch Beispiele zu erläutern.

Die emotionale Bindung an einen Charismatiker ist aber immer an höchst irdische Nützlichkeitserwägungen gebunden. Bleiben die versprochenen Leistungen aus, schwindet die Zustimmung zum *lider*. Auch wenn sich die Anteile ideologischer, emotionaler und utilitaristischer Bindungen an einen charismatischen Führer kaum quantifizieren lassen, hat León diesen Versuch unternommen und kommt zu dem Ergebnis: »Die Bindungen zwischen dem Präsidenten und seinen Anhängern sind zu zehn Prozent ideologisch, zu zwanzig Prozent emotional und zu siebzig Prozent utilitaristisch, d.h. Menschen unterstützen Chávez, weil er ihnen etwas gibt oder verspricht.« (León, in: León/Smilde 2009: 9)

Zunehmend kommt es aber in Venezuela zu öffentlichem Protest aus Enttäuschung über ausbleibende Leistungen des Regimes. Wurden zwischen 2006 und 2007 1.521 öffentliche Protestveranstaltungen gezählt, so waren es zwischen 2008 und 2009 mit 2.893 fast doppelt so viele (vgl. CIDH 2009: 30f.). Protestiert wurde vor allem für bessere arbeitsrechtliche Absicherung, für mehr Lebensqualität bei Grunddienstleistungen wie der Wasserversorgung und für innere Sicherheit. Studenten protestierten im Herbst 2009 auch gegen die Diskriminierung politischer Gegner. An der Niederschlagung dieser Manifestationen beteiligen sich nach Angaben der CIDH nicht nur Polizeikräfte, sondern auch gewalttätige Stoßtrupps (*grupos de choque*). Staatsvertreter räumen die Existenz militanter irregulärer Gruppen ein. Die Hintergründe und Motive dieser Stoßtrupps, die mit Duldung oder Beteiligung der Polizei agieren sollen, sind unterschiedlich. Teilweise handelt es sich um Schlägertruppen aus bestimmten unterprivilegierten Stadtteilen, teilweise um linkschavistische Kräfte wie die kleine Partei Unidad Popular Venezolana, deren Mitglieder für gewalttätige Übergriffe auf Journalisten, Zeitungsredaktionen und den Fernsehsender Globovisión verantwortlich waren. Wieder andere sind regimekritische linke Gruppierungen, die in der Stadtteilarbeit tätig sind und zu gewalttätigem Aktivismus neigen.

## 12. Antizionismus und Antisemitismus

Ein heikles Thema ist das Verhältnis des Chavismus zum venezolanischen Judentum, heikel nicht zuletzt wegen der Ambivalenz des Internet als Informationsquelle, das der Information, aber auch der Desinformation und puren Propaganda offensteht. Als Beispiel sei nur ein im Internet kursierender anonymer, Chávez zugeschriebener Text genannt, in dem dieser angeblich vom »Mythos« des Holocaust spricht und die Ausweisung der Juden aus der bolivarianischen Republik fordert. Dieser Text ist eine plumpe Fälschung und beruht auf Textbausteinen aus dem Werk des argentinischen Intellektuellen Norberto Ceresole, über den noch zu sprechen sein wird. Dieser vermeintliche Chávez-Text wurde nicht nur kritiklos von spanisch sprachigen Neonazi-Websites und von Facebook übernommen, sondern auch von jüdischen, israelischen und neoliberalen Websites oder Blogs. Nur wenige machten sich die Mühe, die Herkunft des Textes zu eruieren, ergingen sich aber sogleich in Spekulationen darüber, was das venezolanische Judentum künftig vom Chávez-Regime zu erwarten habe.

Offiziell distanziert sich der Chavismus vom Antisemitismus, aber die außenpolitische Parteinahme für die Palästinenser impliziert einen Antizionismus, der häufig von Antisemitismus nicht zu unterscheiden ist. Anfang 2009 wurden mehrere Polizisten und Zivilisten verhaftet, die in Caracas eine

Synagoge angegriffen und verwüstet hatten.[76] Im Zusammenhang mit dem Putschversuch gegen Chávez von 2002 kursierten die Namen zweier oppositioneller großbürgerlicher Juden, die das Komplott finanziert haben sollen: Isaac Perez Recao, der Erbe eines reichen Erdölmagnaten und Henrique Capriles Radonski, seit 2008 oppositioneller Gouverneur des Bundesstaates Miranda und 2012 Chávez' Konkurrent für das Präsidentenamt.

Auf dem regierungsnahen Portal Aporrea, der wichtigsten linken Internetzeitung mit dem Untertitel »Volkskommunikation zum Aufbau des Sozialismus des 21. Jahrhunderts«, werden offen antisemitische Töne angeschlagen. Dabei tut sich vor allem der Journalist Basem Tajeldine mit Verschwörungstheorien hervor. Er greift den Zionismus als »sio-nazismo« an, macht für die Studentenunruhen vom November 2007 zwei Studentenführer mit jüdischen Namen verantwortlich und nennt einen Rabbiner eine »zionistische Kanaille«. »Bekanntlich sind sie (und andere namentlich genannte Juden, K.P.) Mitglieder der reichen jüdisch-zionistischen Bourgeoisie, die seit etlicher Zeit in Venezuela lebt. Und natürlich vertreten sie alle die Interessen Israels. Um ihre Ziele zu erreichen, sind sie zu allem bereit.«[77] In einem Artikel zum Thema »Zionistische Bedrohung Venezuelas« macht Tajeldine den israelischen Geheimdienst Mossad in Zusammenarbeit mit venezolanischen Juden für einen Plan zur Destabilisierung des Landes verantwortlich und versteigt sich zu der These: »Die Geschichte erinnert uns an die historische Allianz des deutschen Zionismus mit Nazideutschland.«[78]

Für internationales Aufsehen sorgte Anfang 2009 ein Artikel des Mathematikers und Universitätsdozenten Emilio Silva. Auch dieser Artikel war bei Aporrea erschienen, wurde aber nach anhaltenden Protesten wenig später entfernt. Im Februar 2009 sah sich der Mitbegründer des Portals, Martin Sanchez, zu einer kritischen Stellungnahme veranlasst und hat in diesem Zusammenhang den inkriminierten Artikel wieder zugänglich gemacht.[79]

---

[76] Zu Einzelheiten und Hintergründen vgl. Carlos Kunze, Attacke auf sich selbst, http://jungle-world.com/artikel/2009/07/32640.html (16.03.2010). Der Titel bezieht sich auf die These des linken Historikers Vladimir Acosta, in Wirklichkeit sei der israelische Geheimdienst Mossad für den Angriff auf die Synagoge verantwortlich.
[77] Basem Tajeldine, La venganza sionista contra Chávez, (erschienen 05.02.2009), http://www.aporrea.org/actualidada/a71821.html (21.02.2011)
[78] Basem Tajeldine, Amenaza sionista contra Venezuela, (erschienen 14.09.2006) http://www.aporrea.org/tiburon/a25271.html (24.02.2011)
[79] Martin Sanchez, Sobre el contenido del articulo »¿Como apoyar a Palestina frente al estado artificial de Israel?« de Emilio Silva. Wieder erschienen am 06.02.2009, http://www.aporrea.org/actualidad/a71876.html (08.03.2011)

Darin spricht dessen Autor Silva vom sogenannten Holocaust oder Holomärchen (*holocuenta*) und fordert folgende Maßnahmen gegen venezolanische Juden: Sie sollen, wo immer man sie trifft, auf Straßen, Plätzen oder in Einkaufszentren, dazu gebracht werden, öffentlich Stellung gegen den »Monsterstaat« Israel zu beziehen. Vor der israelischen Botschaft und den Sitzen anderer jüdischer Organisationen sollen öffentliche Protestkundgebungen stattfinden. Jüdische Geschäfte, Supermärkte und Restaurants seien zu boykottieren. Die Existenz jüdischer Schulen und anderer Erziehungseinrichtungen müsse in Frage gestellt werden. Juden täten nämlich so, als seien sie eine Sonderklasse »unserer Bevölkerung«. Einflussreiche Juden sollen namentlich bekanntgemacht werden, um deren Unternehmen zu boykottieren. Öffentliche Institutionen und Regierungsstellen müssten von »dreckigen« (*escuálidos*) Funktionären gesäubert (*depurar*) werden, die in Venezuela zionistische Interessen vertreten. Wenn Juden den »theokratischen, nazifaschistischen« Staat Israel unterstützen, sollen ihre Unternehmen und sonstigen Besitztümer konfisziert werden. Der staatliche Geheimdienst und soziale Kontrollorgane (i.e. die ›soziale Kontrolle‹ durch die Kommunalräte, K.P.) sollen Agenten des israelischen Geheimdienstes Mossad sowie alle NGOs und Gruppen der sogenannten Zivilgesellschaft aufspüren und überwachen, einschließlich der »dreckigen« Studenten privater Universitäten.[80] Unbedingt zu berücksichtigen sei auch, dass Enrique Capriles Radonski, der oppositionelle Gouverneur des Bundesstaates Miranda, israelischer Staatsbürger sei. Schließlich müsse auf internationalen Konferenzen publik gemacht werden, dass die Nationalsozialisten zwar Juden getötet hätten, aber »ohne ein solches massives und geplantes Gemetzel, wie es die zionistischen Horden gegenüber Palästina anrichten«. Der Aporrea-Mitbegründer Sanchez reagierte ungläubig: »Ich bitte Sie! Meinen Sie das ernst?« Er gab zu bedenken, dass Silvas Artikel internationale Rückwirkungen habe und das humanistische, friedliche Bild des bolivarianischen Prozesses in negativem Licht zeige.[81]

---

80 Das Adjektiv *escuálido* (schmutzig, dreckig) zur Kennzeichnung von Gegnern des Chavismus ist eine feststehende Redewendung, auf die auch der Präsident in seinen Reden zurückgreift.
81 In einem Radiointerview vom 07.02.2010 bemühte Silva sich um Klarstellung, nahm aber in der Sache nichts zurück. »Meine Kritik war gegen die Zionisten gerichtet, diese nazifaschistische politische Bewegung, die sich mit den protestantischen ultra-rechten Machtzirkeln in den USA und den ultra-rechten katholischen Machtzirkeln des Vatikans zusammentun, um den Geist und die Herzen der Bewohner dieses Planeten zu kontrollieren.«

Chávez selbst äußert sich verhalten, aber einer seiner Ratgeber zwischen 1994 und 1995 war der argentinische Soziologe Norberto Ceresole, der sich dem linken, militanten Flügel des Peronismus, den Montoneros, zurechnete, aber ein Wanderer zwischen den ideologischen Welten war. 1999 entwickelte Ceresole in dem Buch *Führer, Armee, Volk* (*Caudillo, Ejército, Pueblo*) seine Sicht eines populistischen Führerstaates. In einem Interview vom Juni 2000 mit der Zeitschrift *Analítica* äußerte sich Ceresole zu der Frage, warum die neue Militärelite die Trägerin des gesellschaftlichen Wandels sein solle: sie sei die einzige organisierte, handlungsfähige Kraft in Lateinamerika.

»Diese Offiziere repräsentieren das Neue in Amerika, das wir erleben. Das heißt, sie sind weder links noch rechts und vertreten nicht all diese Klischees, diesen ganzen Schwachsinn und die inhaltsleeren Pläne, die so lange wiederholt worden sind. Diese Offiziere vertreten meiner Ansicht nach – natürlich nicht alle, aber die Mehrzahl dieser Jungs, dieser jungen Leute – eine neue transideologische, unideologische oder entideologisierte Auffassung darüber, wie man die Zukunft in unseren Ländern angehen muss. Außerdem verfügen sie über Organisationen, die potenziell [...] über ein Minimum an organisatorischem Niveau verfügen, um einen Wandel einzuleiten. [...] Meiner Meinung nach liegt die Bedeutung der Armee in ihrer organisatorischen Fähigkeit, den Wandel herbeizuführen und zu verhindern, dass er in Anarchie und in ideologische Positionen abdriftet.«[82]

Der 2003 verstorbene argentinische Intellektuelle wurde mit Holocaustleugnern und Geschichtsrevisionisten in Verbindung gebracht. Schon unter Chávez' Vorgängerregierung war Ceresole des Landes verwiesen worden, kehrte nach Chávez' Sieg kurzfristig zurück, verließ aber, nachdem auch in chavistischen Kreisen der Vorwurf des Antisemitismus gegen ihn erhoben wurde, 1999 endgültig das Land. Noch Jahre später berief sich Chávez aber in seiner Sendung *Aló Presidente* (Nr. 255 vom 21.05.2006) positiv auf den dubiosen Theoretiker eines populistischen Führerstaates.

»Ich vergesse nie jenen Argentinier, Norberto Ceresole, den man jetzt dämonisiert. Er war ein enger Freund von mir, müssen Sie wissen. Ein sehr angesehener, peronistischer Intellektueller, aber hier hat man ihn dämonisiert. Unter der letzten Regierung der IV. Republik wurde er festgenommen [...], und dann hat man alle möglichen Dinge über ihn gesagt, nur um mir zu schaden. Später ist Ceresole dann gestorben; ich habe ihn nie wiedergesehen.«

---

Mit seinem Artikel habe er lediglich eine Debatte in Gang bringen wollen. *http://www.aporrea.org/tiburon/n28477.html* (16.03.2010)

82 Interview mit Norberto Ceresole vom 21.06.2000, *http://www.analitica.com/va/entrevistas/1867848.asp* (22.02.2011)

Chávez geht nicht inhaltlich auf die Vorwürfe gegen Ceresole ein, sondern stellt sie in einen verschwörungstheoretischen Zusammenhang. Mit den Anschuldigungen gegen den Argentinier habe man nur ihm, Chávez, schaden wollen, also seien die Vorwürfe gegenstandslos. Auch in anderen Zusammenhängen gehört der Rückgriff auf Verschwörungstheorien zum festen Repertoire der chavistischen Rhetorik (vgl. Pérez Hernáiz 2008).

Chávez' Interesse an dem argentinischen Intellektuellen dürfte indessen weniger vom Antisemitismus, sondern von macht- und geostrategischen Aspekten bestimmt worden sein. Der Anfang der 1990er Jahre noch unbekannte Offizier Chávez sah in Ceresole mutmaßlich einen lateinamerikanischen Carl Schmitt, einen Geostrategen und Theoretiker einer künftigen lateinamerikanischen Großraumordnung. Damit soll nicht behauptet werden, dass Chávez frei von Judenfeindschaft sei, aber sie bewegt sich eher in den Bahnen des traditionellen christlichen Antijudaismus, wie eine Weihnachtsansprache des Präsidenten im Jahre 2005 zeigt. Nachdem Chávez den Hunger und die ungleiche Güterverteilung auf der Welt angeprangert hatte, fuhr er fort:

»Die Welt gehört allen, aber es zeigt sich, dass eine Minderheit, die Nachfahren derer, die Christus ans Kreuz geschlagen haben, die Abkömmlinge derer, die Bolívar von hier vertrieben und ihn auf ihre Weise gekreuzigt haben, in Santa Marta, drüben in Kolumbien, dass also eine Minderheit sich die Reichtümer der Welt angeeignet hat. Eine Minderheit hat sich das Gold des Planeten, das Silber, die Mineralien, das Wasser, die guten Böden, das Erdöl, den Reichtum angeeignet und in wenigen Händen konzentriert.«[83]

Vor einem mehrheitlich katholischen Publikum greift Chávez auf die alte Legende von den Juden als Christusmördern zurück und stellt sie in eine Reihe mit anderen Minderheiten, die sich den Reichtum der Welt aneignen oder, wie im Falle Bolívars, einen nationalen Freiheitshelden umbringen. Im April 2011 erregte die Journalistin Cristina Gonzales in ihrer Sendung im staatlichen Radiosender *Radio Nacional* mit ihren Äußerungen zu den Protokollen der Weisen von Zion großes Aufsehen und löste Protest aus. Darin hatte sie Stellen aus der antisemitischen Hetzschrift vorgelesen und ihren Hörern empfohlen, das Buch zu lesen, um sich ein Bild von der »zionistischen Kontrolle der Medien und der internationalen Finanzwelt« zu ma-

---

83 Hugo Chávez, Weihnachtsansprache am 24.12.2005, *http://www.Chávez_visita_Centro_Manatial_de_los_sueños24122005.pdf*, S. 18 (03.03.2011)

chen. Vertreter der venezolanischen Juden sprachen von einem »neuen Antisemitismus«, der von den staatlichen Medien verbreitet werde.[84]

## 13. Ergebnisse

Die Entwicklungen in Venezuela lassen den Schluss zu, dass sich der Chavismus zu einem Autoritarismus mit Massenbasis und charismatischer Führung entwickelt hat. Die ideologische Ausrichtung ist dabei eher nebensächlich, auch wenn es innerhalb der chavistischen Partei PSUV zu Richtungs- und Flügelkämpfen zwischen den prokapitalistischen neuen Aufsteigern und den Anhängern des kubanischen Modells kommt.

In Venezuela war der Hauptgrund für Chávez' Erfolg die riesige Kluft zwischen arm und reich sowie der Elitenkonsens auf politischer Ebene (der Pakt von Punto Fijas von 1958), also ein allgemeines soziales und politisches Elitenversagen (anders dagegen Corrales/Penfold 2011). Absprachen zwischen den Parteien des Establishments oder gar eine Konkordanz zwischen ihnen sind eine allgemeine Ursache für den Erfolg von Populismus. Ist eine solche Situation gegeben, können politische Außenseiter auf den Plan treten, die das ›Machtkartell‹ von außen angreifen. Hugo Chávez brachte alle Voraussetzungen für einen populistischen Führer mit: das politische Außenseitertum, den Pragmatismus des Machterwerbs und Machterhalts, rhetorische Fähigkeiten und die Polarisierung zwischen dem Volk und den Eliten oder der Oligarchie. Während der europäische Rechtspopulismus aber zunehmend pro-amerikanisch auftritt, beruht der chavistische Linkspopulismus auf einem antiimperialistischen, gegen die USA gerichteten Befreiungsnationalismus. Konstitutiv für den Chavismus ist ferner eine Gemeinschaftsideologie zu Lasten partikularer Interessenvertretungsorgane wie der Gewerkschaften sowie die Vision eines altruistischen, von Konsumzwängen befreiten Neuen Menschen und nicht zuletzt eine Anbindung an das Militär als eigentliche Machtbasis.

Zu den Besonderheiten des Populismus in Lateinamerika, der von seinen Erscheinungsformen in den USA und Europa abweicht, gehört das Bündnis zwischen einem politischen Außenseiter, einer überwiegend aus dem Militär

---

84 Vgl. Sami Rozenbaum, Antisemitismo en Venezuela genera preoccupación, *http://aserne.blogspot.com/2011/05/antisemitismo-en-venezuela-genera.html* (11.06.2011)

hervorgegangenen Aufsteigerelite und den unteren Bevölkerungsschichten im informellen Sektor. Diese anders gelagerte soziale Basis populistischer Regime in außereuropäischen Regionen setzt einem Vergleich mit europäischen Erscheinungsformen von Populismus enge Grenzen. Dennoch gilt allgemein: Ohne gravierendes Elitenversagen gab und gibt es keinen Populismus. Wenn es erst eines populistischen Außenseiters bedarf, um in einem reichen Land wie Venezuela die Zahl der extrem Armen zu reduzieren, wird der Populismus immer als Hoffnungsträger der Ausgeschlossenen begrüßt werden.

In der jüngeren Populismusforschung wird zwischen inkludierendem und exkludierendem Populismus unterschieden (vgl. Mudde/Rovira Kaltwasser 2011: 23ff.). Exkludierend ist ein Populismus von Besitzstandswahrern und liegt dann vor, wenn, wie in den USA und in Europa, Teile der eigenen (armen, prekär beschäftigten) Bevölkerung oder ›Fremde‹ (Immigranten, Asylbewerber) von sozialstaatlichen Leistungen und öffentlicher Teilhabe ausgeschlossen werden sollen. In West- und Osteuropa haben sich populistische Parteien zunehmend auf die Exklusion nach außen, auf ethnische Minderheiten oder Immigranten, verlagert, ihre neoliberale Ausrichtung der 1990er Jahren teilweise revidiert und treten auch als Schutzmacht ihrer Wählerklientel aus den unteren, aber autochthonen Schichten auf.

Der Chavismus gehört dagegen zum inkludierenden Typus und versucht, die große Masse der unterprivilegierten Bevölkerung in das ökonomische, soziale und politische System einzugliedern. Auf politischer Ebene ging dies mit der Einrichtung von Kommunalräten als Organen einer partizipativen Demokratie einher. Bis heute ungelöst und möglicherweise gar nicht angestrebt ist allerdings die Ausweitung der politischen Partizipation über die kommunale Ebene hinaus. Ungelöst ist ferner der Dualismus zwischen den kommunalen Verwaltungsstrukturen und diesen Kommunalräten. In sozialer Hinsicht erfolgte die Inklusion durch eine weitere Parallelstruktur, die Missionen, von der zweifellos Millionen von Unterprivilegierten profitiert haben. Beide Parallelstrukturen, die Kommunalräte und die Missionen, dienen aber der direkten, jeder öffentlichen Kontrolle entzogenen Verbindung zwischen Führer und Volk und behindern dadurch gerade den Auf- oder Ausbau sozialstaatlicher Strukturen. Die Instrumentalisierung der Kommunalräte durch das Militär und die Abschaffung der Gemeindebanken, über die die Kommunalräte ihre Mittel eigenständig verwalten konnten, zeigen indessen, dass der Chavismus sie nicht als autonome Bürgereinrichtungen, sondern als Organe für seine eigene Machtbasis instrumentalisiert. Auf ökonomischer Ebene wird der Einschluss durch die Schaffung eines tertiären Arbeitsmarktes (ESPs und Kooperativen) neben Staats- und Privatbetrieben angestrebt, läuft aber faktisch auf neoliberale Maßnahmen (Outsourcing von Arbeitskräften und Produktionsvorgängen) und die Schaffung eines Niedriglohnsektors hinaus.

Autoritäre, stark personalisierte Systeme bilden einen besonders günstigen Humus für Korruption und Patronage bis hin zur Kleptokratie neureicher Aufsteiger, sind also keine Lösung der von der alten Oligarchie hinterlassenen Probleme, sondern deren Perpetuierung unter anderem Vorzeichen.

In Lateinamerika (und vielen anderen Weltregionen) sind Klientelismus und Nepotismus ein strukturelles Problem, das der Chavismus nicht hervorgebracht, sondern bereits vorgefunden hat. Allerdings hat er auch wenig zu dessen Lösung beigetragen und es nach Ansicht von Experten sogar verstärkt. Zu den schwerwiegendsten Hindernissen auf dem Weg zur Errichtung des Sozialismus des 21. Jahrhunderts zählt Wilpert (2006: 7f.) die Persistenz von Klientelismus und Patronage. Auch wenn schon die Regierungen vor Chávez davon betroffen waren, hätten sich unter Chávez neue Formen von Patronage herausgebildet. Ein weiteres Merkmal ist der Personenkult um den *líder*, der zu einer extremen Abhängigkeit seiner Bewegung von ihm geführt hat. »Wenn Chávez von einem Tag auf den anderen verschwände, würde die gesamte Bewegung in tausend Stücke zerfallen, weil sie den Kitt, der sie zusammenhält, verlieren würde.« (Wilpert 2006: 7) Im Gegensatz zu allen Bekundungen einer partizipatorischen und »protagonistischen« Demokratie funktioniere das System durch *top-down leadership* in Regierung und Verwaltung.

Ein charakteristisches Merkmal des Populismus ist seine ideologische Dürftigkeit in staatstheoretischer und wirtschaftspolitischer Hinsicht. Der vom Präsidenten in ausufernden Ansprachen an das Volk immer wieder bekräftigte Bruch mit der alten Oligarchie hat aber lediglich zu einem Elitenwechsel und zur Herausbildung einer Schicht von Aufsteigern geführt, die nicht zufällig mehrheitlich aus dem Militär hervorgegangen ist. Anders als die kommunistischen Machtstrukturen, die auf einem radikalen Bruch mit der bürgerlichen Staatlichkeit beruhten, versucht Chávez, die Strukturen des bürgerlichen Staates durch Ermächtigungsgesetze, Dekrete, Verfassungsreformen, die intendierte Abschaffung freier Gewerkschaften und den Aufbau von Parallelstrukturen schrittweise zu verändern und von innen auszuhöhlen.

Die chavistischen Sozialprogramme begründen keinen sozialstaatlichen Rechtsanspruch, sondern einen Favoritismus, mit dem sich Wahlen gewinnen lassen. Zu den Widersprüchen der Koexistenz von repräsentativer und partizipativer Demokratie gehört auch, dass Gelder dem Staatshaushalt entzogen und an ihm vorbei geschleust werden, die dann für staatliche Infrastrukturmaßnahmen fehlen. In Venezuela ist dies besonders augenfällig in der jahrelangen Vernachlässigung der Kriminalitätsbekämpfung und des öffentlichen Gesundheitswesens.

Hinzu kommen in jüngster Zeit die Propagierung der »sozialen Pflicht« und die moralische Aufwertung freiwilliger kollektiver Arbeit, also die ideologisch legitimierte Selbstausbeutung der werktätigen Bevölkerung. Die Kehrseite des Zuckerbrots von Sozialprogrammen ist die Peitsche, die vor allem streikende Arbeiter und Gewerkschafter zu spüren bekommen. Die Militarisierung der Betriebe, der Einsatz von militärischem Werkschutz und die Infiltrierung aller – nicht nur der staatlichen – Arbeitsstätten durch Parteikader, die Instrumentalisierung der Kommunalräte für die chavistische Partei und generell die Abwertung und Bekämpfung von Organisationen der Zivilgesellschaft sprechen eine deutliche Sprache.

An einem kleinen Beispiel soll abschließend die Funktionsweise populistischer Konsensbeschaffung aufgezeigt werden. Der chavistische Gouverneur des Bundesstaates Bolívar, Francisco Rangel Gómez, ein General im Ruhestand, ging mit Hilfe der Nationalgarde gegen streikende Arbeiter vor und ließ dabei auch mit scharfer Munition schießen. Zugleich zeigte er sich als paternalistischer Wohltäter, als er Weihnachten 2009 die Kinder der Polizeibeamten seines Bundesstaates mit 1.250 Fahrrädern in symbolträchtiger roter Farbe beschenkte. Bei der Geschenkübergabe ließ er sich inmitten der freudestrahlenden Kinder feiern. Die Pressestelle des Gouverneurs teilte mit, dies sei nur der Anfang. Angestrebt seien insgesamt 20.000 Fahrräder, die weiteren kleinen Bolivaresen als Geschenk des Jesuskindes (*regalo del Niño Jesu*) zugedacht seien, was die Frage nach der Herkunft des im Landeshaushalt nicht aufgeführten Ausgabenpostens obsolet macht.[85]

Dies ist nicht der vom Regime propagierte Sozialismus des 21. Jahrhunderts, sondern der werbewirksam inszenierte Populismus des 21. Jahrhunderts. Zugleich aber ist er kalkulierter Klientelismus, mit dem die Loyalität einer besonders machtsensiblen Klientel, der Polizeibeamten, erkauft wird.

---

85 Vgl. Zeitungsbericht in *El Diario de Guayana* vom 23.12.2009, http://www.eldiariodeguayana.com.ve/content/view/61743/49/ (09.03.2011)

Ein funktionierender Rechtsstaat sieht anders aus. Für Beamte sieht er eine tariflich ausgehandelte höhere Besoldung, bessere materielle Ausstattung oder mehr Einstellungen vor, aber keine staatlichen Weihnachtsgeschenke für deren Kinder. Der Populismus hat dagegen ein gebrochenes Verhältnis zu rechtsstaatlichen Strukturen. Er setzt auf persönliche, gemeinschaftsbildende Zuwendungen ad hoc, auf die warmherzige, propagandistisch leicht instrumentalisierbare Geste des Schenkens zugunsten ganz bestimmter Gruppen, damit aber auf Willkür.

Geschenke sind zweifellos menschlich wärmer als kalte, anonyme Verträge; sie sind konkreter als abstrakte Rechtsansprüche; strahlende Kinderaugen sind emotional anrührender als ein unpersönlicher Kontoauszug. Wer aber nach der Herkunft der Gelder und nach schwarzen Kassen des Gouverneurs fragt oder danach, warum eine bestimmte Gruppe und nicht eine andere in den Genuss dieser großzügigen Geste des Schenkens kommt, der wird Populismus als Ausbeutung von Träumen immer skeptisch sehen, auch dann, wenn er mit linkem Vorzeichen auftritt. Nachzutragen bleibt noch, dass auch die Polizisten des Bundesstaates Bolívar mit einem Geschenk des Jesuskindes bedacht wurden – mit neuen Uniformen. Im Unterschied zu den Kinderfahrrädern sind sie wenigstens im Landeshaushalt vorgesehen.

Und noch etwas ist nachzutragen: Im Juni 2011 wurde im staatseigenen Eisen- und Stahlwerk SIDOR ein Fall aufgedeckt, der schon nicht mehr den Tatbestand der Korruption, sondern den von mafiöser, organisierter Kriminalität erfüllt. Der Vertriebschef der SIDOR, Luis Velasquez, wurde nicht etwa von staatlichen Organen, sondern von einer militärischen Instanz verhaftet und der Fall in die Hauptstadt Caracas verlegt – um Unruhen im Bundesstaat Bolívar zu verhindern, wie es offiziell hieß oder um eine zu enge Zusammenarbeit des Beschuldigten mit der örtlichen Justiz zu verhindern, sei dahingestellt. Velasquez ist nicht nur ein enger Freund des spendablen Gouverneurs, und, wie dieser betonte, ein Revolutionär, sondern auch Mitglied der chavistischen Partei und war mit deren Finanzverwaltung in der Region betraut. Jahrelang hat aber diese Zierde der Revolution über Mittelsmänner, die »Mafia der Metallbarren«, dem Betrieb Material (Metall, Eisen, Aluminium, Zement, Briketts) entzogen, es auf internationale Märkte in Kolumbien und Brasilien geschmuggelt und dort für einen dreifach höheren Preis als in Venezuela verkauft. Allein im November 2010 sind 12 Container mit 336 Tonnen Metallbarren im Wert von 1,6 Milliarden Bolivars verschwunden, und zwar zum Schaden der Mission Wohnung (*mision vivienda*), die auf dieses Material angewiesen ist und nach Ankündigung von Chávez bis 2018 2 Mio. Neubauten errichten soll. Nach der Verhaftung soll der mit Velasquez geschäftlich verbundene Sohn des Gouverneurs mit einem landeseigenen Flugzeug aus Venezuela geflohen sein. Der Direktor des Flughafens, ein Schwager des Gouverneurs, hüllte sich in Schweigen, die chavistische Partei ebenfalls. Die Internet-Zeitung Aporrea kommentierte: »Es ist schmerzlich zu vermelden, dass in diese Barren-Mafia Politiker, Unternehmer und sogar Künstler verwickelt sind, einige von ihnen in der staatlichen Leitung der PSUV im Bundesstaat Bolívar […]. Da fragt man sich erzürnt: wer sind denn die Verräter und Verräterinnen der Regierung Chávez und unserer bolivarianischen und sozialistischen Revolution?«[86]

---

[86] Juan Martorano, Alerta Comandante que uno de los epicentros de la conspiración en su contra esta en el Edo Bolivar (erschienen 05.07.2011), *http://www.aporrea.org/contraloria/a126251.html* (16.04.2012)

# VII. Populismus und Faschismus: Gemeinsamkeiten und Unterschiede

Ein Vergleich zwischen Populismus und Faschismus kann, streng genommen, nur auf der Ebene oppositioneller Anti-Bewegungen vorgenommen werden. Sobald sich der Faschismus als Regime etabliert, institutionalisiert er sich und entfaltet eine soziale Praxis, die teils intentionale, teils strukturelle Gründe hat. Ein Vergleich beider Phänomene muss daher eine Schieflage berücksichtigen, hat doch der Populismus in Europa nie das Stadium eines Regimes erreicht und kann daher nicht auf der Ebene der sozialen Praxis mit dem Faschismus verglichen werden. Wir müssen uns mit einem Vergleich auf intentionaler Ebene begnügen und danach fragen, was beide Phänomene jeweils anstrebten. Dabei beschränke ich mich auf die Zeit nach dem Ersten Weltkrieg und auf die faschistischen Regime an der Macht, greife aber exemplarisch auch jüngere Entwicklungen auf. Für den Faschismus folge ich der Definition von Robert O. Paxton:

»Faschismus kann definiert werden als eine Form politischen Verhaltens, das gekennzeichnet ist durch eine obsessive Beschäftigung mit Niedergang, Demütigung oder Opferrolle einer Gemeinschaft und durch kompensatorische Kulte der Einheit, Stärke und Reinheit, wobei eine massenbasierte Partei von entschlossenen nationalistischen Aktivisten in unbequemer, aber effektiver Zusammenarbeit mit den traditionellen Eliten demokratische Freiheiten aufgibt und mittels einer als erlösend verklärten Gewalt und ohne ethische oder gesetzliche Beschränkungen Ziele der inneren Säuberung und äußeren Expansion verfolgt.« (Paxton 2006: 319)

Paxtons Definition hat gegenüber der Bestimmung des Faschismus als Ideologie den Vorzug, dass sie ihn nicht monolithisch und statisch, sondern als einen Prozess in den Blick nimmt. Zweitens hat sie den Vorzug, den Faschismus nicht *nur* als Ideologie, sondern als eine Form politischen Verhaltens und als Praxis zu begreifen. Drittens betont sie die Zusammenarbeit des Faschismus mit den traditionellen Eliten. Definitionen des Populismus (vgl. Kapitel II) betonen dagegen einhellig die Elitenfeindlichkeit des Populismus und heben als dessen konstitutives Merkmal die Polarisierung zwischen Volk und Eliten hervor.

## 1. Populismus im Magnetfeld des Faschismus

Populismus und Faschismus gehören intentional nicht zur gleichen politischen Familie. Dennoch können beide Phänomene unter bestimmten historischen Bedingungen Verbindungen eingehen, ohne aber miteinander zu verschmelzen. In beiden Fällen handelt es sich um einen Voluntarismus mit unterschiedlichen Intensitätsgraden. Beide gehen davon aus, dass Geschichte vom Willen der Akteure bestimmt werde. »Wir sind Voluntaristen. Das heißt, wir glauben, dass Menschen ihr Schicksal bestimmen können«, erklärte Jean-Marie Le Pen 1991 (zit. nach Zúquete 2007: 112). Beide Phänomene tendieren daher zur Personalisierung von Politik und zu dem, was man ›detektivischen Materialismus‹ nennen kann. Sie suchen nach personellen Verursachern struktureller Veränderungen und fragen nach Art von Detektiven, welche Personen hinter bestimmten Phänomenen stehen und die Fäden ziehen. Die Feinde des Volkes sind im Populismus eng begrenzte, fast schon namentlich benennbare Gruppen (Juden als Bankiers, Warenhausbesitzer oder Mediengewaltige, Freimaurer, die Bilderberger, die 200 großen Familien, die Oligarchie, die Drahtzieher in den Parteien, die EU-Bürokraten).

Auch der Faschismus ist von einer voluntaristischen Grundhaltung geprägt. Mussolini erklärte: »Der faschistische Staat ist Wille zur Macht und Herrschaft […], das heißt zur Expansion der Nation.« (Mussolini 1943: 20 und 24f.) Der Faschismus sei ein Pragmatismus, der sich nicht an einer Doktrin, sondern an einem handlungsleitenden Mythos ausrichtet. Populismus ist ein Syndrom diverser Protest- oder Anti-Haltungen und nimmt eine bestimmte politische Färbung an, je nachdem, in welches politische Magnetfeld er gerät. Der Faschismus war demgegenüber selbst ein solches Magnetfeld und zog als Sammlungsbewegung unterschiedliche, teilweise konträre Strömungen an, die allein durch den Willen zur Macht zusammengehalten und von einem charismatischen Führer überwölbt wurden.

## 2. Populistische Institutionenfeindlichkeit und Institutionalisierung des Faschismus

Die populistische Eliten- und Institutionenfeindlichkeit steht konträr zum Kompromisscharakter und zur Institutionalisierung faschistischer Regime. Diese Institutionalisierung kann, wie in Italien, im Rahmen bereits bestehender Institutionen erfolgen, in die die Kräfte der Bewegung eingegliedert und dadurch domestiziert werden. Sie kann aber, wie in Deutschland, die Form eines »Doppelstaates« (Ernst Fraenkel) annehmen. Parallel zu den alten Institutionen in Justiz, Verwaltung, Armee und Polizei wurde eine neue, aus der nationalsozialistischen Bewegung hervorgegangene institutionelle Säule errichtet und begründete einen strukturellen Dualismus von Normenrationalität und Willkürmaßnahmen. Diese Koexistenz von »Normenstaat« und »Maßnahmenstaat« führte zur Überschneidung von Kompetenzen und letztlich zur Deinstitutionalisierung des NS-Regimes.

Faschistische Führer treten nicht als Sprachrohre eines homogenen Volkswillens auf, sondern übernehmen die Rolle von Maklern, die schon aus Eigeninteresse zwischen den verschiedenen Strömungen und Interessengruppen innerhalb des faschistischen Machtblocks taktieren, ausgleichen und vermitteln müssen. Dies geschieht aber nicht in pluraler Vielfalt, sondern der Führer spielt auf zwei Klaviaturen, einer realpolitischen und einer symbolpolitischen. Je mehr der Faschismus auf der Ebene der Realpolitik den Interessen der alten Eliten (dem Großkapital, dem Militär, in Italien auch der katholischen Kirche) entgegenkommt, desto mehr muss er auf der Ebene der Symbolpolitik Gegengewichte setzen, symbolisch ›ins Volk‹ gehen und durch Vereinigungsrituale eine künstliche Homogenität zelebrieren.

Populismus darf nicht mit dem *appel au peuple* verwechselt werden. Volksanrufungen gibt es seit der Französischen Revolution. Sie werden von unterschiedlichen Akteuren eingesetzt, um deren Legitimationsbasis zu vergrößern. Auch faschistische Führer griffen, ohne selbst Populisten zu sein, auf Volksanrufungen zurück und forderten, wie Mussolini in periodischen Abständen, ›ins Volk zu gehen‹ (*andare verso il popolo*). Populismus als defensive politische Kraft entsteht dagegen erst Ende des 19. Jahrhunderts und ist eine konservative Reaktion auf die Schattenseite der Moderne. Populismus ist keine bloße Anrufungspraxis von oben nach unten, sondern ein ideologisch und sozialstrukturell spezifisches Phänomen, das den Zukurzgekommenen, von den Eliten Bevormundeten, von den Intellektuellen Verachteten und von Modernisierungsschüben Überrollten ein Ventil bietet. Populistischer Protest äußert sich zwar als diffuses, auch widersprüchliches Ressentiment, hat aber rationale und materielle Ursachen.

## 3. Populismus zwischen Gemeinschaft und Gesellschaft

Der Populismus ist im Vergleich zum Faschismus das engere, begrenztere Phänomen. Dies gilt vor allem in sozialstruktureller Hinsicht. Populismus gedeiht nicht in den Oberschichten, sondern ist ein Aufstand der Peripherie gegen das Machtzentrum, ein Protest der politisch Ausgeschlossenen gegen die aktuellen Macht- und Kultureliten. Populisten sind sich durchaus bewusst, dass sie nicht das gesamte Staatsvolk vertreten, sondern die Teilmenge der von der Politik Vergessenen, die aus verschiedenen Gründen einen Groll gegen die Eliten hegen. Populistischer Protest entsteht aus konkreten Anlässen, hat aber tiefer liegende Ursachen. Sie lassen sich als Groll gegen jene Aspekte der Moderne bestimmen, von denen die ›schweigende Mehrheit‹ sich in ihrer traditionellen Lebensweise bedroht fühlt, angefangen bei Kapitalkonzentration, staatlicher Zentralisierung, Avantgardebewegungen in der Kunst bis hin zum Wertewandel im Geschlechterverhältnis, in den Arbeitstugenden, in der Kindererziehung und vielem mehr.

Der Sozialwissenschaftler Ferdinand Tönnies hat 1887 das idealtypische Gegensatzpaar von »Gemeinschaft« und »Gesellschaft« geprägt und die Begriffe jeweils auf die vormoderne und die moderne Gesellschaft bezogen. Gemeinschaften werden durch überindividuelle Bindungen, etwa Verwandtschaft, Nachbarschaft oder berufsständische Zusammenschlüsse geprägt. Gesellschaft beruht dagegen auf individueller Wahlmöglichkeit, juristisch auf dem Vertragsdenken. Beispielsweise gilt die Ehe nicht mehr als lebenslange Bindung, sondern als ein auflösbarer Vertrag zwischen zwei Vertragspartnern. Handels- oder Arbeitsbeziehungen werden nicht mehr auf Treu und Glauben per Handschlag besiegelt, sondern vertraglich geregelt. Auch wenn es sich bei »Gemeinschaft« und »Gesellschaft« nur um Begriffsmetaphern handelt, können sie die populistische Mentalität verdeutlichen: Populisten stehen auf der Seite der Gemeinschaft.

Das organisch Gewachsene hat für sie Vorrang vor dem mechanisch Gemachten, die ›natürliche‹ Ordnung vor einer künstlich hergestellten. Direkte, persönlich überschaubare Beziehungen bewerten sie höher als anonyme, intransparente Institutionen. Populisten erfahren rasche Modernisierungsschübe als Bedrohung von Gemeinschaftshandeln. Individuen sind für sie in Gemeinschaften eingebettet, die ihrem Leben Sinnhaftigkeit verleihen, zugleich aber ihre individuellen Wahlmöglichkeiten einschränken. Populisten wenden sich daher gegen Großaggregate, die gewachsene Gemeinschaften auflösen, seien es Großstädte, große Zusammenschlüsse in Industrie und Handel, große Parteien und bürokratische Strukturen, kurz: gegen die Gigantomanie der ersten Moderne. Zugleich suchen sie nach Schuldigen. In ihrer Intellektuellen- und Theoriefeindlichkeit reduzieren sie strukturelle Veränderungen auf den feindlichen Willen bestimmter Personengruppen, die sich gegen das Volk verschworen haben. Aber es wäre vereinfacht, sie für Antimodernisten zu halten. Sie streben durchaus nach sozialem Aufstieg und stemmen sich nicht gegen gesellschaftlichen Wandel schlechthin. Ihre Vision beruht auf einem sozial und mental anderen Weg in die Moderne, auf Entschleunigung von Prozessen, die ihr Erfahrungswissen zugunsten von Experten und Technokraten entwerten. Der niederländische Politikwissenschaftler René Cuperus sieht im Erfolg von Populismus daher auch ein massives Versagen der Eliten: »Statt in einer Welt, die sich im Fluss befindet, Sicherheit und Stabilität zu bieten – besonders denen, die sich als Opfer dieser neuen globalisierten Welt fühlen – gießen sie Öl in das Feuer der Veränderung. Die Eliten pflegen einen abschreckenden Anpassungs- und Veränderungsdiskurs.« (Cuperus 2011: 164)

## 4. Faschismus als reaktionärer Modernismus

Der Faschismus verstand sich demgegenüber als Modernisierungsdiktatur. Der italienische hat dieses Ziel uneingeschränkt vertreten, der deutsche eingeschränkt durch ideologische Konzessionen an die Völkischen und das Ideologem von Blut und Boden, auch wenn Hitler, Goebbels und andere NS-Größen den Völkischen ablehnend gegenüberstanden. Beide Regime vertraten einen reaktionären Modernismus (Jeffrey Herf).[87] Reaktionär hieß Kampf gegen die Errungenschaften der Aufklärung und der Französischen Revolution, nicht aber Rückkehr zu vormodernen Herrschaftsformen wie

---

87 Es geht hier, wohlgemerkt, nur um die intentionale Ebene. Die Frage, ob der Faschismus tatsächlich eine modernisierende Wirkung gehabt habe, ist umstritten und wird eher skeptisch beurteilt (vgl. Saage 2007: 126–149).

dem Absolutismus. Die sogenannten Massen waren nach dem Ersten Weltkrieg mit der Einführung des allgemeinen Wahlrechts ein Faktor, über den die Politik nicht mehr hinwegsehen konnte. Der Faschismus antwortete darauf mit einer Dialektik von Einschluss und Ausschluss. Die Massen wurden in die Politik als ›Volksgenossen‹, als amorphe Jubelmasse und als Demonstration des homogenen ›Volkskörpers‹ auf Paraden, Umzügen, Aufmärschen und in Massenorganisationen eingeschlossen, ja als Mitglieder einer ›Edelrasse‹ sogar nobilitiert. Zugleich wurden sie als demokratisch handlungsfähige Subjekte von Wahlmöglichkeit, Teilhabe und Mitbestimmung ausgeschlossen.

Modernismus hieß vor allem moderne Technologie, moderne Infrastruktur (Autobahnen), Aufrüstung mit modernsten Waffen, aber auch moderne, über den häuslichen Rahmen hinausgehende Formen der Freizeitgestaltung, erste Ansätze von Massentourismus und Massenmotorisierung durch den ›Volkswagen‹, Nutzung der damals neuesten Kommunikationstechnologien wie Radio und Film und nicht zuletzt Beteiligung der Frauen an außerhäuslichen, nationalen Aufgaben.

Mussolini hatte zwei große Obsessionen, die Steigerung der Geburtenrate zum Zwecke der Expansion Italiens und die Überwindung der vormodernen Mentalität vieler Italiener, die als Hindernis auf dem Weg in eine moderne Industriegesellschaft galt. Als Modernisierungsdiktatur war der Faschismus auch eine Erziehungsdiktatur, ein Gedanke, den Populisten mit ihrer Aversion gegen Bevormundung strikt von sich weisen. Aus einem Volk von Mandolinenspielern, das dem *dolce far niente* frönte, wollte der Duce ein Volk von disziplinierten Produzenten, Fließbandarbeitern, Ingenieuren und Piloten formen und eine moderne, am Maschinentakt ausgerichtete Zeitökonomie einführen. Als Indiz für diese moderne Zeitökonomie und die Überwindung des alten Schlendrians galt in Italien beispielsweise die pünktliche Abfahrt von Zügen. Pharaonische Großprojekte wie die Trockenlegung von Sumpfgebieten und die Gründung von Agrostädten wurden mit großem propagandistischem Aufwand angekündigt, aber nur teilweise realisiert. Für die Weltausstellung von 1942 wurde ein ganzes Neubauviertel im Süden Roms aus dem Boden gestampft, auch wenn die Ausstellung wegen des Krieges gar nicht stattfinden konnte. Große Teile der römischen Altstadt fielen der Spitzhacke zum Opfer. An ihre Stelle traten Neubauten im latinisierten modernen Stil. Allenthalben wurden moderne Bahnhöfe, Postämter, Verwaltungsgebäude, Jugendzentren oder Parteizentralen zu Aushängeschildern der modernen Welt, die auch in Italien Einzug gehalten habe. Der Luftwaffenchef Italo Balbo galt als Inbegriff des modernen, tatkräftigen *homo fascisticus* und wurde zum Idol einer Generation von flugbegeisterten, technikbesessenen jungen Männern.

## 5. Soziale Blockierung und fehlende Elitenzirkulation

Eine der Hauptursachen für die Annäherung populistischer Protestbewegungen an den Faschismus war in Italien und Deutschland die Blockierung von Aufstiegswegen. Junge Männer, Handwerker- oder Bauernsöhne, litten unter fehlenden beruflichen Perspektiven, Abkömmlinge bildungsbürgerlicher Schichten unter Akademikerarbeitslosigkeit. Sie fühlten sich im Verlagswesen und im Journalismus von Juden überrundet, im Militär von den alten Eliten dominiert, als kleine Kaufleute von Warenhäusern bedroht und als Steuerzahler vom Staat ausgepresst. Diese ›Überschussbevölkerung‹ und der Zwang zur Emigration waren seit dem 19. Jahrhundert in beiden Ländern ein endemisches Problem und einer der Gründe für den aggressiven Expansionsdrang der faschistischen Regime. Hans Grimms Roman *Volk ohne Raum* war in den 20er Jahren ein Bestseller. Grimm suchte die Lösung für die Überschussbevölkerung nicht auf modernem Wege durch Produktivitätssteigerung, sondern in der vormodernen Ausweitung von Siedlungsräumen, damals noch in Afrika. Das NSDAP-Programm von 1920 erklärte unumwunden: »Wir fordern Land u. (sic) Boden (Kolonien) zur Ernährung unseres Volkes u. (sic) Ansiedelung unseres Bevölkerungs-Ueberschusses.«

Die Elitenfeindlichkeit von Populisten richtete sich gegen das, was Soziologen soziale Schließung nennen. Sozioprofessionelle Gruppen tendieren zur Verteidigung ihrer Privilegien, indem sie den Zugang zu ihren Professionen blockieren oder schließen. Aufstiegswillige junge Menschen stehen also vor verschlossenen Türen. Viele von ihnen, mehrheitlich junge Männer, nahmen in den 20er Jahren die gegen die liberalen und konservativen Eliten gerichtete Anti-Haltung des Faschismus beim Wort. Der italienische Frühfaschismus war mit dem Versprechen angetreten, die alten Eliten hinwegzufegen und die »Aristokratie der Schützengräben« des Ersten Weltkriegs nach oben zu bringen. Nach dem Krieg formierte sich dieses Unruhepotenzial in Kampfbünden (*fasci di combattimento*) und faschistischen Stoßtrupps (*squadre d'azione*) und maß die Realität des Regimes am frühfaschistischen Ideal. Diese Realität zeigte aber eine wachsende Bürokratisierung und institutionelle Verfestigung des Regimes. Es schloss nicht nur mit den alten Eliten in Kirche, Armee, Monarchie und Großindustrie einen Herrschaftskompromiss, sondern hatte auch längst eine neue Elite faschistischer Amts- und Würdenträger hervorgebracht, die die alten Übel der italienischen Gesellschaft (Korruption, Cliquenwirtschaft, Klientelismus) nur perpetuierten oder in Deutschland als ›Bonzen‹ auftraten.

In einer solchen Situation erhebt sich der Ruf nach einer neuen Moral in Politik und Gesellschaft. Das Land brauche neue Männer, die einen grundlegenden Wertewandel einleiten. Die Berufung auf Moral und neue Werte wird zur Waffe der Ausgeschlossenen gegen die Etablierten. Der Kampf von Populisten richtete sich gegen die Verkrustung und Verfestigung des bestehenden Regimes. Es müsse in einer zweiten Welle dynamisiert werden und die Durchlässigkeit sozialer und politischer Machtverhältnisse befördern. Das in Routine und Ritualen, in Kompromissen und Pragmatismus erstarrte System soll wieder in Bewegung geraten, zu seinen Ursprüngen von 1919 zurückkehren und die Revolution vollenden (vgl. Priester 2012b).

## 6. Populisten gegen die Normalisierung des Faschismus

Man kann das Verhältnis zwischen den Kräften der Beharrung und den Kräften der Bewegung auch charismatheoretisch interpretieren. Bewegungen, die mit dem Anspruch einer revolutionären Umwälzung auftreten, entwickeln eine Sogwirkung des Außeralltäglichen. Entweder wird dieses Außeralltägliche oder der Bruch mit der bestehenden Ordnung von einer Person, dem Führer, verkörpert oder von einem ideologischen Gründungsakt, sei es ein Verfassungstext, ein Programm oder eine intransigente Gesinnung. Je mehr sich eine Bewegung aber durch Zugang zur Macht institutionalisiert, desto stärker tendiert sie dazu, von der Ausnahme zur Regel überzugehen, ihre Ziele für erreicht und die Phase des Umsturzes für beendet zu erklären.

Diese Normalisierung oder Veralltäglichung einer charismatisierten Bewegung fordert den Protest all derer heraus, die darin einen Verrat an den ursprünglichen Zielen sehen. Das Gründungsversprechen sei nicht eingehalten worden, das Regime sei auf halber Strecke stehengeblieben oder habe einen falschen Weg eingeschlagen. Aufgabe der »harten und reinen Faschisten« (*fascisti duri e puri*) sei es daher, in einem neuen Anlauf die Revolution voranzutreiben und das Ziel einer egalitären Mittelklassengesellschaft zu verwirklichen. Es bildet sich eine Gesinnungsorthodoxie heraus, die die unzulängliche Realität als Verrat an den Ursprüngen interpretiert. Zweifellos waren die populistischen Befürworter einer zweiten Welle Faschisten, ja sogar besonders intransigente Faschisten. Aber sie verstanden unter Faschismus etwas anderes als die faschistische Führung und die in das Regime eingeschlossenen alten Eliten, nämlich einen ›wahren‹ Volksstaat, eine ›echte‹ Volksgemeinschaft mit Aufstiegsmöglichkeiten für die Söhne des Volkes durch Verdienst und Talent, nicht durch Privilegien und Beziehungen.

Populisten richten ihr Handeln nicht an einer Analyse der Widersprüche einer Gesellschaft aus, sondern an einer Norm, die in einem Gründungsakt aufgestellt wurde. Dies zeigt sich nicht nur bei den Vertretern einer zweiten Welle innerhalb des Faschismus, sondern etwa auch bei der populistischen Tea Party-Bewegung. Sie beruft sich auf den Gründungsakt der amerikanischen Verfassung und legt sie nach Art literaler Bibelinterpretationen verfassungstheologisch aus. Die dort aufgestellten Ziele und Werte werden nicht in ihrem historischen Entstehungskontext gesehen, sondern als Dogma wortgetreu auf die Gegenwart angewandt. Der Ist-Zustand kann daher gar nicht anders denn als Abfall von den Ursprüngen, als Niedergang, Verrat und Betrug am Volk gesehen werden. Die Reden von Ron Paul oder Sarah Palin, den bekanntesten Sprachrohren der Tea Party-Bewegung, sind ein einziger Appell zur Rückkehr zu den Gründervätern. Alle populistischen Bewegungen sind geprägt von diesem Syndrom des Betrugs am Volk, für den historisch variierende Schuldige gesucht werden.

Populisten treten in unterschiedlichen Magnetfeldern auf und werden bis zu einem gewissen Grad, aber nicht vollständig, von umfassenderen Sammlungsbewegungen, darunter auch dem Faschismus, angezogen. Aber sie wirken als Stachel im Fleische solcher Regime und gehen zu innersystemischer Kritik über. Sozialstrukturell erheben sie ihre Stimme für jene ländlichen, kleinbürgerlichen Schichten, in Italien auch für Teile des Bildungsbürgertums, die sich von sozialem Aufstieg und vom Zugang zur Macht ausgeschlossen fühlen. Aber sie berühren nicht die Eigentumsfrage, sondern treten lediglich für eine gerechtere Gesellschaft von Kleineigentümern ein. Nicht die Strukturen müssen sich ändern, sondern Haltungen, Werte, Einstellungen und Gesinnungen. Wenn Populisten daher immer wieder die korrupte Elite anprangern, verstehen sie darunter nicht nur Korruption als juristischen Tatbestand (Bestechung, Vorteilsnahme), sondern moralische Korruption in weitesten Sinne: Eigennutz, Gier, materialistische Gesinnung und Arroganz. Der faschistische Führer bleibt dagegen als *homme-peuple* unangetastet und wird in eine Aura des Nichts-Wissens entrückt. Wenn der Führer wüsste, was hinter seinem Rücken vorgeht, wie sich seine Paladine schamlos bereichern, die Bonzen sich durch Privilegien vom Volk abheben und die alten Eliten fest im Sattel sitzen, dann sähe die Lage im Lande anders aus.

## 7. Faschismus und Populismus: Brüder im Geiste oder Konkurrenten?

Um das Verhältnis von Populismus und Faschismus näher einzugrenzen, wird im Folgenden nach den Unterschieden beider Phänomene auf vier Ebenen gefragt, nach den Entstehungshintergründen, der sozialen Basis, der Ideologie und dem Verhältnis zur Religion.

### Entstehungshintergründe

Für Westeuropa lässt sich zeigen, dass der ›populistische Moment‹ eintritt, wenn zwei Krisen zusammenkommen, eine Hegemoniekrise und eine Repräsentationskrise. Wird die Vorherrschaft einer über mehrere Legislaturperioden regierenden Partei oder Parteienkoalition brüchig, stellt sich als Folge dieses Niedergangs in der Regel auch eine Repräsentationskrise ein. Das Bündnis an der Macht repräsentiert nicht mehr bestimmte, in diesem Machtblock eingeschlossene Gruppen und übergeht deren Interessen. Das kann unterschiedliche oder miteinander verwobene Gründe habe, etwa: Hinwendung der Volksparteien zur Neuen Mitte, Sparmaßnahmen im öffentlichen Sektor, Begünstigung der Global Players in Finanz und Industrie zulasten derer, die als kleine Selbständige oder Lohnempfänger auf dem Binnenmarkt tätig sind und vieles mehr. Der populistische Moment tritt dann ein, wenn sich Teile des Wahlvolkes von ihren angestammten Parteien ablösen und sich als Anti-Bewegungen verselbständigen. Lange Zeit hat die Linke die Rolle eines Volkstribuns gespielt. Mit dem Niedergang der Linken, ihrer Organisationen und Intellektuellen, ist diese Rolle heute auf den Populismus übergegangen.

Die Entstehungshintergründe der faschistischen Regime der Zwischenkriegszeit sind anderer Art. Sie sind ein Kind des Ersten Weltkriegs, auch wenn sie auf ältere Ideologeme wie Antisemitismus, Sozialdarwinismus, Kolonialimperialismus, Ultranationalismus, Helden- und Geniekulte und völkisches Gedankengut zurückgreifen konnten. Die faschistische Ideologie, wenn man sie denn so bezeichnen will, ist ein Konglomerat höchst unterschiedlicher Tendenzen und der gescheiterte Versuch, sie miteinander zu verschmelzen (detaillierter dazu Priester 2012b). Die faschistischen Regime waren aber auch die Speerspitze des Antikommunismus im Weltmaßstab. Sie haben sich explizit als Protagonisten einer globalen Systemauseinandersetzung gesehen und sich als dritte Kraft gegen die US-amerikanische ›Plutokratie‹ und den Bolschewismus verstanden. Deutschland und Italien hatten überdies als verspätete Nationen eine geringere Widerstandskraft gegen den Faschismus als die westlichen Demokratien. Beide waren real oder psychologisch die Verlierer des Ersten Weltkriegs. Italien gehörte zwar zu den Entente-Mächten, fühlte sich aber bei den Friedensverhandlungen um seinen Sieg betrogen. Mit dem Mythos des »verstümmelten Sieges« stilisierte es sich zum Opfer der westlichen ›Plutokratien‹. Beide Länder waren überdies zu spät Gekommene bei der imperialistischen Aufteilung der Welt und forderten nun umso lautstärker ihren Anteil: die Deutschen in Osteuropa, die Italiener in Afrika und im Mittelmeerraum, dem antiken *mare nostrum*.

Zudem litten beide Länder gewissermaßen unter einem Reformstau. Während Länder wie England und Frankreich Zeit hatten, die Probleme der Nationalstaatsbildung, der Parlamentarisierung und der Industrialisierung sukzessiv zu lösen, mussten in Italien und Deutschland diese Herausforderungen fast gleichzeitig in Angriff genommen werden. Nicht zuletzt kollabierten die bürgerlichen Regierungen der ersten Nachkriegszeit, sei es, dass sie in Italien den sozialen Unruhen und Massenstreiks nicht gewachsen waren oder in Deutschland durch die Obstruktion der alten Eliten in Justiz, Militär und Politik am Aufbau einer demokratischen Gesellschaft gehindert wurden.

Zusammengefasst: der Faschismus entstand vor dem Hintergrund einer länderspezifischen Kumulation von Krisen, die in dieser Konstellation nicht wiederholbar ist. Der Populismus hat demgegenüber eine geringere Reichweite, ist aber zugleich aufgrund seiner Fähigkeit zur Adaptation an veränderte Umstände ein immer wiederkehrendes Phänomen.

## Soziale Basis

Die Basis des Populismus sind die ›kleinen Leute‹. Was darunter zu verstehen ist, unterliegt historischen Bedingungen und steht in Relation zu Modernisierungsschüben. Handelte es sich im ausgehenden 19. und frühen 20. Jahrhunderts noch um bäuerliche Bewegungen wie die Grünhemden (Chemises Vertes) in Frankreich oder die schleswig-holsteinischen Landvolkbewegung, so waren es im französischen Poujadismus der 50er Jahre kleinstädtische, in peripheren Regionen angesiedelte Ladeninhaber und Handwerker, die sich gegen die moderne Konsumgesellschaft und ihre Erscheinungsformen im Handel, zum Beispiel große Ladenketten und neue Vertriebsformen, zur Wehr setzten.

Diese formal eher ungebildeten Schichten tendieren zur Reduktion von Komplexität durch einfache Lösungen und einfache Schuldzuschreibungen, die ihnen der gesunde Menschenverstand nahelegt. Die einfache Welterklärung von Populisten besagt, dass eine Verschwörung der Großen gegen die Kleinen stattfinde. Zu diesen Großen gehörten seit dem ausgehenden 19. Jahrhunderts auch Juden, die nach der Emanzipation sozial aufgestiegen waren. ›Der Jude‹ im Kollektivsingular eignet sich in besonderer Weise als Projektionsfläche für Ressentiments. ›Er‹ ist sichtbar oder kann mit Hilfe rassistischer Stereotypen sichtbar gemacht werden und ist häufig an seinem Namen erkennbar. Zudem lässt sich über das Vehikel ›des Juden‹ Sozialneid in positiv bewertete Eigenschaften wie Vaterlandsliebe, Gemeinschaftsgeist und Rechtschaffenheit überführen, die den kosmopolitischen Juden abgesprochen werden. Antisemitismus ist keineswegs auf das soziale Segment der ›kleinen Leute‹ beschränkt, findet hier aber einen besonders fruchtbaren Nährboden.

Die französische Wahlforscherin Nonna Mayer hat zwischen 1966 und 1988 die soziale und politische Identität von kleinen Händlern und Ladeninhabern untersucht, die die Ambivalenz des populistischen Syndroms quasi in Reinform verkörpern. Mayer unterscheidet fünf Identitätstopoi: (1) Liebe zur Unabhängigkeit, Ablehnung des Status der Lohnarbeit und Deklassierungsangst, (2) Aufstiegsorientierung und Ehrgeiz, sozial über den Lohnabhängigen zu stehen, (3) kleinbürgerlicher Asketismus (Arbeitsethos, Sparsamkeit) und, daraus resultierend, ein subjektives Überlegenheitsgefühl gegenüber der Unterschicht, (4) Enttäuschung über den Staat mit seinen Kontrollen, Reglementierungen und Steuern. Nicht zuletzt auch Frustration über ihre Mittellage zwischen den rechtlich abgesicherten Bediensteten im

Staatssektor und den Großen, (5) das Gefühl, von keiner politischen Kraft repräsentiert zu werden. »Weil sie gesellschaftlich zugleich nach oben und nach unten blicken, scheint sich ihre Identität zwischen zwei widersprüchlichen Identitäten aufzuspalten. [...] Die Gesellschaft, von der sie träumen, ist eine vorkapitalistische Gesellschaft ohne Lohnabhängigkeit und Großunternehmen.« (Mayer 1993: 71; vgl. auch Eder 2000: 96f.)

Antisemitismus ist hier weit verbreitet. »Die Mächtigen an der Regierung, die Bourgeoisie, die ihnen mit Verachtung begegnet, die erfolgreichen Großen als Juden zu behandeln, ist für sie eine Art Rache.« (Mayer 1993: 74) Aus der Ambivalenz ihrer objektiven Lage resultiert eine Kasuistik des politischen Verhaltens. »Das Kleingewerbe reagiert immer in Funktion zu dem Kräfteverhältnis, das sich historisch und lokal zwischen den beiden Polen etabliert, die ihre Weltsicht strukturieren.« (Ebd.: 75)

Je stärker eine Gegend von Arbeitern bewohnt wird, desto mehr fühlen sich die ›kleinen Leute‹ bedroht, ordnen sich subjektiv der Mittelschicht zu und tendieren nach rechts. Sind sie aber von Modernisierung kaum oder gar nicht betroffen, neigen sie eher nach links. Bei der Präsidentschaftswahl von 2002 haben 18 Prozent aus dieser Gruppe für Le Pens Front National gestimmt, aber nur 10 Prozent der sich der Unterschicht zurechnenden kleinen Kaufleute und Handwerker. Aus der objektiven sozialen Lage lassen sich also keine direkten Rückschlüsse auf das politische Verhalten ziehen. Charakteristisch für diese Schichten ist zunächst nur eine politisch ambivalente Identität der Verweigerung, hervorgerufen durch Angst vor Statusverlust und sozialer Deklassierung.

Das ist aber nur eine Facette des populistischen Syndroms. Die andere Seite zeigt durchaus prosperierende, sozial aufsteigende Kräfte, die aber als Neureiche von den etablierten Eliten nicht akzeptiert werden. Sie finden keine Zugang zum ›Machtkartell‹ und greifen es von außen an. Populismus ist beileibe kein Unterschichtphänomen, sondern entsteht in der sozialen Mitte der Gesellschaft und strahlt nach unten aus. Unter sozialer Mitte ist indessen nicht nach Art der Gaus'schen Normalverteilungskurve eine numerische Mitte zu verstehen, sondern die Mitte in privaten Sektor, die sich durch die Privilegien von Beamten und Angestellten im Staatssektor benachteiligt fühlt.

Das Beispiel der niederländischen Fortuyn-Bewegung zeigt dies deutlich. Die Parlamentsmitglieder und die Geldgeber der Lijst Pim Fortuyn (LPF) waren fast ausschließlich neureiche Freiberufler: Grundstücksmakler, Bauträger, Hoteliers, Rechtsanwälte, Verleger, Lobbyisten, ehemalige Professoren oder Sportstars, Fachärzte mit Privatkliniken, Internet-Unternehmer, Vertriebsagenten, Projektmanager, Ökonomen, Pharma-Großhändler, darunter auch *self-made-men* wie Ed Maas, der es vom Fensterputzer zum Großaktionär eines Immobilienkonsortiums gebracht hatte. Zu dieser aufwärts mobilen Gruppe gehörte auch Firouze Zerouai, eine aus Marokko stammende Geschäftsfrau, die mit Maniküre-Studios und Juwelenimport erfolgreich war. Sie galt als Hardlinerin in der Immigrationsfrage und schlug 2002 vor, die Aufnahmezentren für Asylbewerber in Internierungslager für illegale Immigranten umzuwandeln. Auch Menschen mit islamisch-arabischem Hintergrund sind, wenn sie über Geld und die richtige Gesinnung verfügen, in einer Bewegung willkommen, die den Anti-Islamismus zu ihrem Markenzeichen erklärt hat.[88] Es ist ein bekanntes Phänomen, dass sich erfolgreiche Ersteinwanderer oft vehement gegen den Zuzug von Neuankömmlingen wehren, sehen sie darin doch eine Bedrohung ihres bereits erreichten Status. Das war bei den US-amerikanischen Populisten Ende des 19. Jahrhunderts nicht anders, die sich als weiße, angelsächsische Ersteinwanderer gegen die Immigration von Chinesen zur Wehr setzten.

Populistische Bewegungen beruhen, um diesen Punkt abzuschließen, auf einem dualen Bündnis zwischen sozial aufsteigenden Außenseitergruppen und sozial absteigenden oder von Abstieg bedrohten unteren Schichten. Demgegenüber beruhte der Faschismus an der Macht auf einer pluralen Bündnisstruktur und hatte eine klassenübergreifende (interklassistische) Basis. Die NSDAP und der italienische PNF (*Partito Nazionale Fascista*) hatten bereits den Charakter von Volksparteien angenommen.

## Ideologie

Die dünne Ideologie des Populismus kreist um die rückwärtsgewandte Utopie eines status quo ante. Die Verteidigung oder Wiederbelebung starker Gemeinschaften wird getragen von einem antitheoretischen Traditionalismus. Die defensive Stoßrichtung von Populisten steht im Gegensatz zu außenpolitischen Interventionen, imperialistischen Abenteuern und einem missionarischen Expansionismus. Vom Faschismus unterscheiden sie sich vor allem in dem, was Robert O. Paxton in seiner oben zitierten Definition

---

88 Vgl. The nationalism of Pim Fortuyn, *http://web.inter.nl.net/users/Paul.Treanor/pim-fortuyn. html* (25.02.2012)

»innere Säuberung« und »äußere Expansion« genannt hat. Dazu gehört auch die Einstellung zur Gewalt. Populisten lehnen Gewaltanwendung nicht prinzipiell ab und gehen bei ihren ›direkten Aktionen‹ auch gewalttätig gegen Sachen oder Staatsvertreter vor, wenn andere Mittel versagen. Aber im Unterschied zu Faschisten sind sie keine Apologeten der Gewalt. Der Faschismus hat dagegen die Gewalt als legitimes politisches Mittel verherrlicht und zum Kern seiner Daseinsberechtigung erhoben. Gewalt, so hatte Georges Sorel, einer der Lehrmeister Mussolinis, erklärt, sei eine befreiende Potenz. Sie setze die bestehende Ordnung und damit das Gewaltmonopol des modernen Staates außer Kraft und stehe im Dienste eines befreienden Mythos. »Die Gewalt als charakteristisches Merkmal unseres Handelns ist nicht jakobinisch, sondern sorelianisch«, erklärte Mussolini nicht etwa in der Frühphase des Faschismus, sondern Ende der 30er Jahre in seinen Gesprächen mit dem Journalisten Yvon De Begnac (1990: 409).

Die faschistische Ideologie war ein Konglomerat unterschiedlicher, auch konträrer Strömungen, die ältere Ideologeme aus dem 19. Jahrhundert aufgegriffen und imperialistisch zugespitzt hat. In seinem Werk *Behemoth*, einer bis heute gültigen Strukturanalyse des NS-Herrschaftssystems, hat Franz L. Neumann schon 1944 festgestellt:

»Die Ideologie des Nationalsozialismus enthält Elemente des Idealismus, Positivismus, Pragmatismus, Vitalismus, Universalismus, Institutionalismus, kurz jeder denkbaren philosophischen Richtung. Aber diese Elemente sind nicht in ein Ganzes integriert, sondern fungieren lediglich als ein Mittel, die Macht zu etablieren, zu vermehren und Propaganda zu treiben.« (Neumann 1977: 534)

Das NS-Regime war ein polykratisches Herrschaftssystem, in dem konkurrierende Machtzirkel sich wechselseitig in Schach hielten und die Institutionalisierung des Regimes eher behinderten als beförderten. Der italienische Faschismus war dagegen ein Etatismus. Damit stand er in scharfem Gegensatz zum Populismus, dessen Ideal staatsfreie, ›organische‹, kleinteilige Gemeinschaften sind: »Alles im Staat, nichts außerhalb des Staates, nichts gegen den Staat«, erklärte Mussolini 1925 auf einer Rede in Mailand. »Es liegt für den Faschismus alles im Staate beschlossen. […] Außerhalb des Staates darf es keine Individuen, noch Gruppen (politische Parteien, Vereine, Syndikate [i.e. Gewerkschaften, K.P.] noch Klassen) geben.« (Mussolini 1943: 5) Zugleich überwölbte der Faschismus seine ideologische Heterogenität durch permanenten Aktivismus. »Stillstand bedeutet Rückschritt«, »Marschieren, nicht vermodern«, »Gefährlich leben« sind nur einige der Appelle, die ganz Italien dynamisieren und in Aufbruchsstimmung versetzen sollten. »Der Faschismus ist nicht aus einer am grünen Tisch im vorhinein (sic) ausgearbeiteten starren Doktrin ins Leben gerufen worden; er wurde geboren aus der Notwendigkeit zu handeln und wurde selbst zur Tat. [...] Eine fertige Doktrin [...] durfte getrost fehlen; dafür gab es etwas Entscheidenderes, den Glauben.« (Mussolini 1943: 10f.) Handeln ist die unmittelbare Verwirklichung des Faschismus als permanente, expansive und aggressive Aktion im Unterschied zum reaktiven, defensiven Populismus.

Religion zwischen Gefühlsenthusiasmus und institutioneller Bindung

Schon zu Beginn des 19. Jahrhunderts begann unter romantischem Vorzeichen die Kritik am modernen Staat der Aufklärung. Dieser sei zu einem Interessenverband, einer seelenlosen mechanischen Einrichtung verkümmert. Dagegen verstanden Romantiker den Staat als lebendiges Wesen mit eigener Individualität. Adam Müller formulierte, der Staat sei keine bloße Manufaktur, keine Assekuranzanstalt oder merkantilistische Sozietät, sondern die Totalität der menschlichen Angelegenheiten. Zugleich wird eine radikale Pluralisierung und Individualisierung des religiösen Erlebens durch Enthusiasmus und gesteigerte Gefühlsintensität gefordert. Das Christentum könne und dürfe nicht das einzig mögliche Gefäß der Religion sein. Denn nur im Innern des menschlichen Gemüts öffne sich der Blick auf eine jenseitige unendliche Welt.

Die Forderung nach Pluralisierung und Individualisierung religiöser Dimensionen erwächst aus der existentiellen Erfahrung von Entfremdung und Entzweiung, deren Gründe in der modernen Welt gesucht werden, nicht zuletzt im modernen Politik-, Wirtschafts- und Staatsverständnis, in dem die Idee des Vertrages zunehmend an Boden gewinnt. So wie der moderne Staat auf einem Gesellschaftsvertrag beruht, so werden auch in der Wirtschaft Absprachen nicht mehr per Handschlag geregelt, sondern auf der Grundlage von Arbeits- oder Handelsverträgen zwischen rechtlich freien Individuen. Noch Jörg Haider appellierte mit dem Slogan »Einer, dessen Handschlag gilt« an dieses vormoderne, personalistische Verständnis von sozialen Beziehungen.

Aber das frei strömende, mystische Gefühlsleben der Romantiker währte nicht lange. Bald schon strebten sie nach festeren Bahnen, stärkeren Verbindlichkeiten und besannen sich auf ein idealisiertes christliches Mittelalter, das nun als Bezugspunkt für die neue Einheit der Gegensätze galt. So mancher Romantiker konvertierte zum Katholizismus. Die romantische Reduktion von religiösem Erleben auf reinen Enthusiasmus ohne dogmatische Schranken ist politisch ambivalent. Dieses frei schwebende Unbehagen an der Moderne führte zur Suche nach neuer Einheit und mündete im Ruf nach dem starken Staat. Schon Novalis hatte gefordert, es solle »Staatsverkünder« und »Prediger des Patriotismus« geben. Der Kampf galt dem ›seelenlosen‹ Vertragsstaat der Aufklärung und gilt heute dem ›seelenlosen‹ Sozialstaat, der gewachsene Gemeinschaften zerstöre.

Religion als politische Ressource

Populisten prägen in der Regel keine pseudo-religiösen Merkmale aus. Ihr Verhältnis zu Religion(en) ist instrumentell und opportunistisch. Umberto Bossi, bis 2012 Vorsitzender der italienischen Lega Nord, erklärte 1995: »Nicht das Christentum, sondern der Katholizismus ist der Ursprung unserer Übel. Ein Gott, ein Papst, ein König. Einer, einer, einer... Der katholische Absolutismus hat absolutistische und antidemokratische Staaten hervorgebracht.« (Zit. nach Zúquete 2007: 133) Nur wenige Jahre später erkannte er aber in der römischen Kirche eine Verbündete gegen die Islamisierung Europas und eine Mitstreiterin für sozialmoralische Werte, die auch die Lega vertrete. »Ich dachte, die Kirche sei am Ende und verbraucht. Stattdessen muss ich zugestehen, dass Papst Johannes Paul II. auf der Seite der Menschen steht. Seine Verteidigung der Familie, der Zeugung und Aufzucht von Nachwuchs, der Werte war immer Teil unserer eigenen Schlacht.« (Ebd.: 134) Auch die FPÖ ist diesen Weg der Instrumentalisierung von Religion als politische Ressource gegangen. Ursprünglich war sie eine antiklerikale, gegen Thron und Altar gerichtete Partei. Erst unter Jörg Haider entdeckte sie das »wehrhafte Christentum« als sozialen Kitt und als Bollwerk gegen den Islam. Der FPÖ-Ideologe und Haider-Gegner Andreas Mölzer sprach von einem »Achsensprung ins Gegenteil«. »Der Deutschnationalismus wurde von einem lauthals gepredigten Österreichpatriotismus abgelöst, der Antiklerikalismus vom ›Bündnis mit den Kirchen‹.«[89]

Das Verhältnis des Faschismus zur Religion ist dagegen komplizierter. Er greift in viel stärkerem Maße auf die religiöse Dimension als politische Ressource zurück. Intentional verstand er sich als transzendente, auf einer Glau-

---

[89] Andreas Mölzer, Der gemeinsame Gegner verbindet. In: *Junge Freiheit*, 11.04.1997

bensstruktur beruhende Kraft. Dies schloss Kompromisse mit den etablierten Kirchen nicht aus, zumal in Italien die sozialmoralische Deutungsmacht der Kirche mit den bildungs- und familienpolitischen Zielen des Regimes konform ging. Im Faschismus zeigt sich noch einmal die Doppelbödigkeit des romantischen Religionsverständnisses. Auch er begann unter antiklerikalem Vorzeichen als Verkünder einer neuen Gefühlsreligion mit den Merkmalen: Enthusiasmus, Gesinnung, élan vital, Beschwörung eines Seelenzustandes (*stato d'animo*), von psychischer Hochstimmung, emotionalem Bekenntnis und gläubiger Hingabe an die revolutionäre Sache. Pseudo-religiöse Versatzstücke zeigen sich im Faschismus vor allem in Ritualen. Kultische Rituale dienen der Herrschaftsrepräsentation und haben eine Mobilisierungsfunktion mit starkem Bekenntnischarakter. Aber im Zuge seiner Normalisierung und Institutionalisierung strebte auch der Faschismus die Kanalisierung der frei schwebenden, schwer kontrollierbaren ›Seelenzustände‹ in festere Bahnen an. Seine antiklerikalen Aspekte traten in den Hintergrund; er wurde zum Staatsverkünder, zum Prediger des Patriotismus und forcierte in Italien eine Staatsidolatrie, die als Zivilreligion neben der etablierten Kirche stand.

Der Faschismus machte seinen Bündnispartnern schichtspezifisch abgestufte ideologische Angebote. Der faschistische Toten- und Märtyrerkult, mit dem der Gefallenen des Ersten Weltkrieges gedacht wurde, verblasste mit den Jahren und war überdies zu vergangenheitsorientiert. Für die Volksmassen wurde Mussolini zunehmend als Brücke zur Transzendenz deifiziert. Er war in Personalunion nicht nur *pater patriae*, sondern auch *pontifex maximus*. Ab Mitte der 30er Jahre wurde dann der elitäre Kult der »Romanità« (des Römischseins) zentral. Er galt als ideologische Brücke des Faschismus zum Bildungsbürgertum und zu den vorfaschistischen imperialistischen Eliten und legitimierte den Imperialismus als »zivilisatorische Mission« Italiens. Mit diesem Kult stellte sich das Regime in die Tradition des römischen Imperiums unter Kaiser Augustus und propagierte die Wiedergeburt einstiger antiker Größe. Der Rom-Kult war eine staatsreligiöse Botschaft an die Bildungseliten, die der zunehmenden Vergöttlichung des Duce als Mann der Vorsehung und als *homme-peuple* kritisch gegenüberstanden.

Schließlich gab es im deutschen Faschismus mehr, im italienischen weniger, Tendenzen zu einer ›arteigenen‹, neopaganen Religion. Die Wiederbelebung des vorchristlichen Heidentums ist der stärkste Versuch, die je besondere Volksidentität vom Christentum als transnationaler Religion abzukoppeln und die Homogenität des Volkes ethnoreligiös zu begründen. Hier zeigt sich am deutlichsten die Amalgamierung von kulturell-religiöser und ethnischer Zugehörigkeit im Widerstand gegen ›Überfremdung‹, die zugleich als gesellschaftliche Entfremdung von ursprünglicher Ganzheit und Einheit gesehen wurde. Das Christentum gilt als vorderasiatischer Fremdimport, seine jüdischen Wurzeln als ›artfremd‹ und seine Moral als Herdenmoral im Sinne Nietzsches. Diese Richtung wurde in Deutschland vor allem von den Völkischen vertreten, die ideologisch dem NS-Regime zuarbeiteten, herrschaftstechnisch aber an den Rand gedrängt wurden.

Diese neopagane Strömung gehört keineswegs der Vergangenheit an. Seit den 70er Jahren wird sie von der französischen Neuen Rechten wiederbelebt und auch von den Völkischen innerhalb des heutigen Rechtsextremismus kultiviert. Eine Vordenkerorganisationen der Neuen Rechten signalisiert mit ihrem Akronym GRECE (frz. Griechenland) ihre Rückbesinnung auf die griechisch-heidnischen Wurzeln Europas, die mit landesspezifischen, keltischen oder germanischen, Traditionen verbunden werden. Im heutigen Rechtspopulismus spielt diese neopagane Richtung aber keine Rolle; er hält sich eher an das »wehrhafte Christentum« als Ressource für politische Zielsetzungen und bekämpft den Islam nicht als Religion, sondern als politische Doktrin. Der Islam, so der niederländische Rechtspopulist Geert Wilders, sei der »Totalitarismus des 21. Jahrhunderts«.

Das Beispiel Bolivien unter dem Populisten Evo Morales zeigt indessen, dass solche identitätspopulistischen Rückbesinnungen auf ethno-religiöse Wurzeln auch in ein linkes Magnetfeld geraten können. Das Gesetz der indigenen, vorchristlichen Erdgöttin Pacha Mama (Mutter Erde) verlange Naturschutz, nachhaltigen Umgang mit Naturressourcen und das Recht, Lebenszyklen und Prozesse frei von menschlicher Entwicklung organisch sich entfalten zu lassen. Gegen technokratische Naturbeherrschung und -ausbeutung wird ein Gleichgewicht zwischen Mensch und Natur in Harmonie mit dem Kosmos angestrebt. Diese Aufwertung indigener, ganzheitlicher Kulte steht in Bolivien in einem linken Kontext, weil die Ökologiebewegung sich mit einer linksliberalen Wirtsideologie (Freeden) verbunden hat. Seit dem ausgehenden 19. Jahrhundert standen vergleichbare Tendenzen in Europa, vor allem in Deutschland, dagegen in einem rechten Bezugssystem. Auch die deutschen Völkischen und die italienischen Anhänger des Strapaese waren bereits Ökologen avant la lettre, setzten sich für Naturschutz ein, wandten sich gegen technokratischen Machbarkeitswahn, lehnten den Szientismus in der Wissenschaft ab und vertraten ein holistisches Weltbild (vgl. Priester 2012b). Aber sie gerieten in ein rechtes Magnetfeld.

## 8. Gemeinsame Schnittmengen von Faschismus und Populismus

Trotz der gravierenden Unterschiede des populistischen und des faschistischen Selbstverständnisses und unterschiedlicher Intentionen zeigt sich aber gerade auf ideologischem und sozialpsychologischem Gebiet die größte Schnittmenge zwischen beiden Phänomenen. Dies erklärt, warum es in den 20er Jahren zu einer Annäherung des populistischen Potenzials an den Faschismus kommen konnte. Zu diesen Gemeinsamkeiten zählen: die Ideologie eines dritten Weges zwischen Kapitalismus und Sozialismus und der Produktivismus, d.h. die Aufwertung der produktiv Tätigen im Gegensatz zur unproduktiven Bourgeoisie, die nur von Börsenspekulationen und Aktienbesitz lebe. Das NSDAP-Programm von 1920 forderte explizit die »Abschaffung des arbeits- und mühelosen Einkommens«. Legt man die NS-Unterscheidung zwischen »raffendem« und »schaffendem« Kapital zugrunde, stehen Populisten ganz ohne Frage auf der Seite der schaffenden Kapitals, auch wenn sie darunter nicht das Industriekapital mit seinen Konzernen, Trusts und Kartellen verstehen, sondern eher mittelständische Unternehmen in Familienbesitz.

Beiden Phänomenen gemeinsam sind auch der Antiindividualismus, der politische Antiliberalismus, der durchaus mit Wirtschaftsliberalismus einhergehen kann, aber nicht muss, der Antiparlamentarismus und der Rückgriff auf außerparlamentarische Aktionsformen im vorfaschistischen bäuerlichen Protestpopulismus. Gemeinsamkeiten zeigen sich ferner im Antiintellektualismus und im konservativen Rollenverständnis der Geschlechter, in Verschwörungstheorien und im Antisemitismus. In Italien wurde der Antisemitismus erst ab 1938 vom Staat propagiert, war aber gerade in der populistischen Strömung des Strapaese, dem italienischen Pendant zu den deutschen Völkischen, fest verankert (vgl. Priester 2012b).

Vertreter beider Richtungen vertreten überdies einen ›halbierten‹ Antikapitalismus, der nur die Geld- und Zinswirtschaft an den Pranger stellt. Nicht erst das Grundsatzprogramm der NSDAP von 1920 forderte die »Brechung der Zinsknechtschaft«. Schon die US-amerikanische Populist Party hatte in der *Omaha Platform* von 1892 die Abschaffung des Wuchers und den Zugang der Farmer zu billigem Geld gefordert. Ignatius Donnelly, der Verfasser dieser Programmschrift, war zwei Jahre zuvor mit einem Roman hervorgetreten, in dem er die Juden als künftige Herrscher Europas darstellte. Seinem Romanhelden gab er den als jüdisch erkennbaren Namen Gabriel Weltstein und konnotierte ihn mit der vermeintlich weltumspannenden Aktivität von Juden. Auf kultureller Ebene hat der amerikanische Dichter Ezra Pound vornehmlich gegen den ›Wucher‹ angeschrieben und wurde in Italien zum Anhänger Mussolinis.

Auch eine andere Variante des Populismus der Zwischenkriegszeit, der britische Distributismus und das Wirken des Schriftstellers Gilbert Keith Chesterton, waren antisemitisch. Die Populismusforscherin Margaret Canovan nennt Chesterton in ihrer eher unkritischen Biographie einen »radikalen Populisten« (Canovan 1977). Auch diese Bewegung vertrat eine antimonopolistische Politik des dritten Weges und trat für die Verteilung (*distribution*) des Reichtums durch Landvergabe an die ›kleinen Leute‹ ein, galt doch das Landleben als gesund, die Fabrikarbeit und das Leben in der Großstadt als Niedergang und Deformation. Auch im demokratisch weitgehend gefestigten Großbritannien gerieten diese Antimodernisten in den 30er Jahren ins Magnetfeld des Faschismus. Im italienischen Faschismus sah Chesterton 1934 eine gesunde Reaktion auf den Verrat der unverantwortlichen, korrupten Politik, in den Juden eine negative, weil kapitalistische Kraft. 1933 wurde er Mitglied in Oswald Mosleys British Union of Fascists, auch wenn er sich als konvertierter Katholik von der nationalsozialistischen Praxis der Euthanasie und von der Eugenik als Erscheinungsform modernistischer Planungseuphorie distanzierte.

Gemeinsamkeiten finden sich nicht zuletzt auch im Korporativstaatsgedanken. Im Korporativismus sahen vor allem die sogenannten Sozialpopulisten innerhalb des italienischen Faschismus den Schlüssel zur Überwindung des Gegensatzes von Kapital und Arbeit, eine Alternative zum individualistischen Liberalismus und zum kollektivistischen Bolschewismus. Auch der britische Distributismus strebte mit dem Gilden-System eine berufsständische Ordnung an. Ebenso hatte auch das Programm der NSDAP von 1920 Stände- und Berufskammern gefordert, aber diese Intentionen eines dritten Weges standen im Gegensatz zur faschistischen Herrschaftspraxis. Nach dem Anschluss Österreichs wurde der austro-faschistische Korporativismus abgeschafft und durch das nationalsozialistische Führerprinzip ersetzt. In Italien wurde der Korporativstaat erst Mitte der 30er Jahre in die Praxis umgesetzt, aber auch hier sorgte Mussolini dafür, dass die Korporationen als Organe der Selbstorganisation der Produzenten toter Buchstabe blieben und zu staatlichen Kontrollorganen mutierten. Die Wirtschaft sollte, analog zum Staat, von Führern gelenkt werden, nicht von einem System, in dem die Produzenten, also auch die Arbeiter, Mitspracherechte gehabt hätten.

## 9. Rechtspopulismus als missing link zwischen Konservatismus und Rechtsextremismus

Einer der Hauptgründe für den durchaus auch wechselnden Erfolg des Rechtspopulismus liegt darin, dass er das Soziale im Nationalen aufgehen lässt. Er versucht, die auch in rechtspopulistischen Parteien auftretenden Konflikte zwischen mittelständischer Führung und Unterschichtwählern auf einen gemeinsamen Feind nach außen abzuleiten. Es gelingt ihm, die epochal langfristige Immigration zu einem Dauerthema zu machen, indem er kulturelle Aspekte (Entfremdung von der eigenen Identität) unmittelbar mit materiellen Aspekten (Immigranten als Konkurrenten auf dem Arbeits- oder Wohnungsmarkt) kurzschließt. So mobilisierte die FPÖ mit dem Slogan: »Willst du eine [Sozial-]Wohnung haben, musst du nur ein Kopftuch tragen.«

Der europäische Rechtspopulismus besetzt ideologisch das Feld des Konservatismus, das vom politischen Mainstream brach gelassen wird. Aber der Konservatismus hat zwei Handicaps: seine historische Nähe zu den alten Oberschichten und seine ideologische Substanzlosigkeit. Ähnlich wie der Populismus, ist auch er ein Relationsbegriff und steht unter dem Zwang, sich immer neu adjustieren und definieren zu müssen. Konservative Intellektuelle hadern heute mit den Zeitläuften und der modernen Massenkultur. Sie haben sich in den Elfenbeinturm der Ästhetik zurückgezogen, kultivieren Nietzsches Pathos der Distanz und gehen als »Waldgänger« (Ernst Jünger) in die innere Emigration. Oder sie suchen nach einer politischen Standortbestimmung als Liberalkonservative. Damit lassen sich aber keine Massen gewinnen.

Versuche zur Wiederbelebung des Konservatismus hat es in Deutschland nach dem Zweiten Weltkrieg immer wieder gegeben. Aber er ist nicht nur durch die republikfeindliche Konservative Revolution der Weimarer Republik diskreditiert, sondern pflegt auch ein elitäres, bestenfalls paternalistisches Verhältnis zum Volk. Jörg Haider war im deutschsprachigen Raum der erste, der erkannt hatte, dass Distanz zum Volk als elitäres Distinktionsmerkmal nicht Gewinn, sondern Verlust an politischer Handlungsfähigkeit bedeutet. Der semantisch mehrdeutige Begriff des Konservatismus hat in heutiger Zeit nur eine Chance, wenn er den volkskompatiblen Ruf nach *law and order* und nach ethnisch-kultureller Homogenität in den Vordergrund stellt. Dazu muss er sich habituell an die Ästhetik, die Umgangsformen, die Sprache der unteren und mittleren Volksschichten anpassen und populistisch auftreten.

Ist der Populismus also doch nur ein Stil ohne Inhalt? Durchaus nicht. Wenn nämlich rechtspopulistische Politiker sich mit ihren unterkomplexen Botschaften und ihrem Habitus den Erwartungen des Volkes anpassen, verändern sie zugleich den Konservatismus als Ideologie. Er muss seine elitären Züge ablegen und sowohl als Sache des Volkes (der ›schweigenden Mehrheit‹) wie auch als Sache der neuen Aufsteiger auftreten: statisch und dynamisch, bewahrend und verändernd, defensiv und aggressiv, gemeinschaftsbezogen und individualistisch. Der duale Bündnischarakter des Rechtspopulismus erfordert also eine neue Kombinatorik von konservativ-traditionalistischen und sozialdarwinistischen Elementen: Freie Bahn dem Tüchtigen, aber vor Alpenkulissen, Nationaldenkmälern oder anderen Assoziationsauslösern für Heimat, Brauchtum und Tradition.

Rechtspopulismus ist eine neue, massenkompatible Form der Konservativen Revolution, die von Intellektuellen in die Hand von Anti-Intellektuellen übergegangen ist. Als Traumausbeuter wissen sie, dass sie einen festen Anker im Meer der Stürme und Veränderungen auswerfen müssen und tun dies durch den Rekurs auf ›ewige‹, unwandelbare Wahrheiten und Traditionswerte. Bei Jörg Haider hießt es: »Ein Anker für Seele, Gefühl und Lebensart ist wichtig. [...] Sie (die Menschen, K.P.) vermissen die geistigen Anker, die Einbindung in gewachsene Traditionen und den Wert der Gemeinschaft, die auch den einzelnen in die Pflicht nimmt. [...] Die Überflussgesellschaft, die das Materielle in den Vordergrund stellt, missachtet den Menschen, der primär ein geistiges, mit Gefühl und Empfindung ausgestattetes Wesen ist.« (Haider 1997: 243f.)

Berlusconi hat die Verklammerung des sozialdarwinistischen Aufstiegs der ›Tüchtigen‹ mit einem konservativem Werte- und Gefühlskosmos durch zwei vermeintlich unpolitische Botschaften geleistet: dem Effizienztopos und dem Liebestopos. Italien müsse wie ein Betrieb effizient geführt werden, tunlichst von einem Unternehmer wie ihm selbst, der seine Wirtschaftskompetenz (und aufstiegsorientierte Skrupellosigkeit) unter Beweis gestellt habe. Dem Medientycoon war es erstmalig in der italienischen Geschichte gelungen, ein Bündnis zwischen dem traditionell kirchenfeindlichen liberalen Lager und katholischen, unpolitischen Wählern zu schmieden (vgl. Priester 2012c). Die in diesem Bündnis auftretenden Widersprüche und Paradoxien überwölbte er mit den Begriffen Liebe und Freundschaft: Liebe zu Italien, Liebe als Ausweis der Zugehörigkeit zu einer wahren Gemeinschaft, Freundschaft als Klammer zwischen ihm und seinen Anhängern. Berlusconi bot eine unnachahmliche Mischung von Gefühlskitsch und familiärer Nestwärme eines Volkes, das nur aus Freunden und wahrer Eintracht bestehen könnte, wenn die Feinde des Medienmoguls, die Linke und die »roten Richter«, nur nicht Zwist sähen, Konflikte schüren und Uneinigkeit heraufbeschwören würden. Moderne populistische Führer sind nur bei oberflächlicher Betrachtung mediale Entertainer. Sie müssen auch tiefenpsychologische Angebote machen, die dem unpolitischen Harmoniestreben und der Sehnsucht nach Zugehörigkeit zu einer einträchtigen (Volks-)familie entgegenkommen. Der Traum der Volksgemeinschaft ist nicht ausgeträumt, er erlebt nur einen Gestaltwandel. Er wird nicht mehr auf Sonnenwendfeiern oder in Volkstanzgruppen vor der Irminsul ausgelebt, sondern in Berlusconis Fernsehkanälen.

Die Hinwendung der Volksparteien zur Neuen Mitte schafft ein politisches Vakuum. In dieses Vakuum dringt heute der Rechtspopulismus ein und besetzt Begriffe wie Identität, Gemeinschaft, Heimat und Tradition. Für den politisch-kulturellen Mainstream ist Identität ein Konstrukt, das sich unter dem Zwang zur Anpassung an globale Herausforderungen permanent neu darstelle und letztlich eine Frage individueller Wahl(-möglichkeiten) sei. Der Rechtspopulismus schafft dagegen einen Resonanzboden für eine überindividuelle Identität, sucht sie aber nicht mehr biologistisch in Rassenzugehörigkeit, sondern kulturell in der Zugehörigkeit zur »westlichen Wertegemeinschaft«. In der sogenannten Jerusalemer Erklärung vom 07. Dezember 2010, unterzeichnet von Vertretern der FPÖ, des Vlaams Belang, der Schwedendemokraten und der Partei Die Freiheit, heißt es:

»Nachdem die totalitären System des 20. Jahrhunderts überwunden wurden, sieht sich die Menschheit gegenwärtig einer neuen weltweiten totalitären Bedrohung ausgesetzt: dem fundamentalistischen Islam. Wir betrachten uns als Teil des weltweiten Kampfes der Verteidigung von Demokratie und Menschenrechten gegenüber allen totalitären Systemen und deren Helfershelfern. Damit stehen wir an vorderster Front des Kampfes für die westlich-demokratische Wertegemeinschaft. [...] Das Recht auf Heimat ist ein Menschenrecht, welches für alle Völker zu wahren und umzusetzen ist.«[90]

Diese Erklärung ist aufschlussreich durch die Abwesenheit des Front National einerseits und der dänischen, norwegischen und schweizerischen Rechtspopulisten andererseits. Der Front National hat erst in jüngster Zeit unter Führung von Marine Le Pen einen dezidert anti-islamischen Kurs eingeschlagen. Die drei anderen rechtspopulistischen Parteien teilen zwar die

---

90 *http://www.diefreiheit.org/jerusalemer-erklarung/* (16.03.2012)

anti-islamistische Generallinie, scheinen aber nicht bereit zu sein, sich in den neuen Totalitarismus-Diskurs einspannen zu lassen, der in der Jerusalemer Erklärung eine apokalyptische Dimension annimmt. Bedroht sei nicht nur die westlich-demokratische Wertegemeinschaft, sondern die Menschheit insgesamt und weltweit; es drohe die »Unterwerfung der Welt« in toto durch den Islam. Empirische Fragen, inwiefern beispielweise Mexiko oder Japan vom »fundamentalistischen Islam« bedroht seien, zählen nicht, geht es doch um etwas anderes: um die Verteidigung der Vormachtstellung des Westens, der durch apokalyptische Polarisierung zwischen Freund und Feind zu neuer Geschlossenheit finden soll.

Der Faschismus wird in der historisch bekannten Form nicht wiederkehren. Mit dem Rechtspopulismus zeichnet sich aber eine neue Gefahr am Horizont ab, die in Europa in Ansätzen während der 16-jährigen Herrschaft Berlusconis deutlich wurde und sich, mit stärker nationalistischen Akzenten, derzeit vor allem in Ungarn zeigt. Es ist die Tendenz zum Autoritarismus bei formal weiter bestehendem Parteienpluralismus. Dieser *competitive authoritarianism* kommt ohne eine Einparteiendiktatur aus. Ihm genügt es, den Rechtsstaat zu unterminieren und Demokratie auf die Herrschaft von Träumen, Sehnsüchten und Stimmungen zu reduzieren.

Die Synthese von liberalem Rechtsstaat und demokratischer Volkssouveränität kann auf zweifache Weise unterminiert werden, durch die Forderung nach mehr oder nach weniger Staat. Welcher Aspekt überwiegt, ist eine empirische Frage und hängt von den Traditionen eines Landes und der Wählerklientel ab. In den USA streben gewichtige Kräfte in der Tea Party-Bewegung nicht den Abbau des Liberalismus, sondern dessen Zuspitzung zu einem Libertarismus an. Das libertäre Credo setzt auf Entstaatlichung und tendenziell auf eine Gesellschaft ohne Staat, in der das Lebensgesetz des Stärkeren gilt. Das staatlich ungehinderte freie Spiel der Kräfte ist die Grundlage der ›natürlichen‹ Ordnung, die es wiederherzustellen gelte.

In Europa vertreten rechtspopulistische Parteien mit ihrer starken Unterschichtklientel den Sozialdarwinismus nicht in individueller, sondern in kollektiver Form. Hier droht weniger der Libertarismus, sondern eher der Demokratismus als Mittel, um den ›Volkszorn‹ nach außen abzuleiten und die ›natürliche‹ Überlegenheit des Westens wieder herzustellen. Als Identitätspopulismus vertritt der Rechtspopulismus eine neue, aggressiv nach außen gerichtete Form der Konservativen Revolution und ist das *missing link* zwischen dem bürgerlichen und dem rechtsextremen Lager.

# VIII. Populismus in den USA und die Tea Party-Bewegung

Populismus ist ein zyklisches Phänomen, das in den USA in regelmäßig wiederkehrenden Wellen auftritt. Seit dem ausgehenden 19. Jahrhundert, als sich im Übergang zum Industriekapitalismus erstmalig populistischer Protest artikulierte, kann man vier große populistische Wellen unterscheiden: den Agrarpopulismus Ende des 19. Jahrhunderts; den Populismus der 1930er Jahre als Reaktion auf die große Depression mit dem Aufstieg von Hasspredigern wie Father Coughlin und des umstrittenen Gouverneurs von Louisiana, Huey Long; den linksliberalen New Populism der 1970er Jahre und schließlich den neoliberalen Rechtspopulismus, beginnend mit Henry Ross Perots Reform Party in den 1990er Jahren und seiner jüngsten Erscheinungsform, der Tea Party-Bewegung.

## 1. Populismus als Rückkehr zu den Ursprüngen

In den USA und Europa ist Populismus eine Protestbewegung der Mittelschichten, die sich von den Parteien des Mainstream abkoppeln, wenn sie sich nicht mehr adäquat repräsentiert fühlen. Diese gesellschaftliche Mittellage bedingt ein semantisches Oszillieren zwischen oben und unten. Der Populismus versteht sich nicht als systemoppositioneller Antagonismus, sondern polarisiert innergesellschaftlich zwischen dem Volk und den Eliten.

Den Gegenpol zum Volk bilden die Großen, die aus drei Komponenten bestehen: Big Business, Big Government und Big Labor. Populismus ist allgemein eine Reaktion auf die Konzentrationsprozesse und die Megalomanie der »ersten Moderne« (Ulrich Beck). Unter den Bedingungen eines entwickelten Wohlfahrtsstaates richtet er sich speziell gegen die Intervention des Staates in ökonomische und soziale Beziehungen und gegen die ›Bevormundung‹ durch Wissenseliten. Der dreifach aufgefächerte Gegenpol zum Volk wird durch polyvalente Begriffshülsen wie Elite oder Plutokratie[91] für unterschiedliche Konnotationen offen gehalten und erst kontextuell näher bestimmt. Populismus reagiert seismographisch auf bereits vorhandene elitenkritische Stimmungen und propagiert in den USA eine Rückkehr zum frühliberalen status quo ante und zum Goldenen Zeitalter der Gründerväter (*founding fathers*).

## 2. Populismus als Selbstverteidigung »von unten«

»Warum gibt es keinen Sozialismus in den Vereinigten Staaten?« fragte Werner Sombart 1906. Er sah die Antwort im vergleichsweise hohen Lebensstandard, war doch die Aussicht auf »Roastbeef und Apple Pie« greifbarer als die sozialistische Utopie. Hinzu kommen drei weitere Aspekte: Der amerikanische *exceptionalism* als Gründungsmythos, die Bedeutung der Zivilreligion als Integrationsfaktor und nicht zuletzt die multiethnische Überformung von Klassenkonflikten. Geographische Mobilität, individuelle Aufstiegsmöglichkeiten und das Ventil der Westwanderung entschärften den sozialen Druck. Die hohe Differenzierung in der Arbeiterschaft, ihr geringer Organisationsgrad, ethnische Vielfalt und Konkurrenz unter Erst- und Zweiteinwanderern haben einen Klassenantagonismus und eine entsprechende Klassenrhetorik in den USA nie aufkommen lassen. Sozialer Protest tritt hier als Volks- oder Bürgerprotest auf, oft gleichzeitig mit religiösen Erweckungsbewegungen. So entstand beispielsweise, parallel zum Populismus als sozialer Bewegung, um 1900 die Pfingstlerbewegung (*pentecostalism*) als antielitärer religiöser Populismus vor dem Hintergrund, dass sich die Mainstream-Kirchen zunehmend von den emotionalen und spirituellen Bedürfnissen des Volkes entfernt hatten.

Der amerikanische Populismus ist in der *American heritage* eines unterhinterfragten liberalen Selbstverständnisses verwurzelt. »Freiheit, Konstitutionalismus, limitierte Staatsgewalt und der Schutz des Eigentums konstituieren [in den USA, K.P.] ein klassisches liberales Weltbild, das Politik und gesellschaftliche Wertorientierung auch über das 19. Jahrhundert hinaus be-

---

91 So kann sich das Schlagwort der Plutokratie gegen das Großkapital, das globalisierte Finanzkapital oder den Lobbyismus, gegen Bonzen oder Juden, gegen die »Zinswirtschaft« oder die »Herrschaft des Geldes« richten und, je nach Akzentuierung, links oder rechts konnotiert werden.

stimmt haben.« (Vorländer 1997: 17). Dieses Weltbild bekam Ende des 19. Jahrhunderts erste Risse, als der Liberalismus sich auf Besitzstandsindividualismus und Sozialdarwinismus verengte. Der populistische Protest dagegen artikulierte sich nicht antiliberal, sondern auf der Basis eines weiter gefassten Liberalismusverständnisses. Das vom Laissez-faire-Liberalismus bedrohte Gleichgewicht zwischen Individuum und Gemeinschaft, individueller, kleinunternehmerischer Freiheit und gerechter ökonomischer Verteilung sollte wieder hergestellt werden. Das Ideal des Agrarpopulismus war der *yeoman farmer*, der selbständige, aber von Kapitalkonzentration bedrohte Bauer (vgl. Unger 2008: 70–74). Das bis heute im Populismus vorherrschende Ideal ist der *self-made-man* als ›Rückgrat der Nation‹ (Pierre Poujade) in einer egalitären Mittelklassengesellschaft. Linker und rechter Populismus treten daher in den USA immer als Interpretationen des Liberalismus auf, in seiner linken Variante in der Tradition des *radical liberalism*, in seiner rechten in der Tradition des Libertarismus mit den Eckpfeilern unbegrenzter Individualismus, traditionelle Arbeits- und Leistungsethik, uneingeschränkte freie Marktwirtschaft.

Im letzten Viertel des 19. Jahrhunderts formierten sich zahlreiche populistische Organisationen wie die *Knights of Labor* oder die *Grange* auf der Basis genossenschaftlicher Selbsthilfe gegen Großbanken und Eisenbahnmogule. Die erste populistische Partei, die People's oder Populist Party von 1892, bewegte sich auf dem Boden einer evolutionären Gesellschaftsveränderung, die »nicht auf eine grundsätzliche Abschaffung des Systems aus war, sondern nur auf bestimmte Modifikationen«. (Unger 2008: 75) Aber schon nach einer kurzen Phase der Selbständigkeit ging sie in der Demokratischen Partei auf. Seither ist es keiner populistischen Bewegung gelungen, sich als dritte Kraft im Parteiensystem zu etablieren.

Der kleinste gemeinsame Nenner des amerikanischen Populismus ist eine Philosophie der Selbstverteidigung gegen Privilegien und geballte Machtinteressen. Vor diesem Hintergrund prangerte der Agrarpopulist Thomas E. Watson 1892 die Konzentration politischer und ökonomischer Macht an: »Die Einmischung in das freie Handeln von Bürgern hat immer zu einer zentralisierten Regierung, zu einem Monopol der Reichen, zu Kapitalkonzentration oder zu einer Konzentration von Privilegien und Macht geführt. […] Der einzige Weg, um diesen Gefahren zu entgehen, ist der, unsere Schritte zurück zu lenken […] und die Menschen untereinander ihre Waren austauschen zu lassen unter Bedingungen, die ihnen ihr eigenes Urteilsvermögen diktiert.« (Zit. nach Williams/Alexander 1994: 11) Der amerikanische

Agrarpopulismus hat ein zwiespältiges Erbe hinterlassen. Während die einen nur seine nativistischen, fremdenfeindlichen, antisemitischen und antimodernistischen Aspekte betonen, heben andere seinen Beitrag zur Demokratisierung der amerikanischen Gesellschaft hervor (vgl. Goodwyn 1976; Kazin 1995; Priester 2007a: 81).

Der amerikanische Populismus hat nie den Liberalismus als herrschende Ideologie in Frage gestellt, sondern sie immer nur unterschiedlich interpretiert. In seiner rechtspopulistischen Variante vertritt er eine eindimensionale, auf den Gründungsmythos fixierte Gesellschaft und versteht den Liberalismus als monistische Doktrin. Weiterentwicklungen hin zu einem Sozialliberalismus gelten daher nicht als Anpassungen an veränderte Umstände, sondern als Verrat am und als Verschwörung gegen den *American creed*. Daher spielt die Berufung auf die Verfassung mit ihrem Grundsatz der begrenzten Regierung (*limited government*) im amerikanischen Populismus eine so zentrale Rolle.

Der Populismus wendet sich gegen Zentralisation, Konzentration und Machtakkumulation per se. Populistische Aufrufe zu mehr Bürgerbeteiligung können daher links- oder rechtsliberal konnotiert werden, je nachdem, ob sie sich gegen Big Business oder gegen Big Government richten. Sie tun dies aber immer auf der Basis einer moralistischen Beurteilung von Politik. Der Hintergrund für diesen Moralismus beruht in den USA auf der Idee einer jeder Verfassung vorausgehenden Übereinkunft (*covenant*) des Volkes mit sich selbst. Das Wesen der Freiheit liege nicht in der individuellen Freiheit der Wahl und der Verfolgung des je eigenen Glücks, sondern im Engagement für eine gemeinsame Zukunft. Ein Covenant ist mehr als ein Gesellschafts*vertrag* und ging historisch der Verfassung voraus. Vor jeder Rechtsbindung ist er vor allem moralisch bindend. Dagegen lehnen Liberale in der Tradition John Lockes, dessen Vertragsdenken der amerikanischen Verfassung zugrunde liegt, eine moralisch verpflichtende, auf gemeinsame Ziele ausgerichtete Übereinkunft kategorisch ab. Für sie gelten nur der Buchstabe der Verfassung und die Verfolgung des individuellen Glücks. Während der ältere Populismus noch diesem Covenant-Gedanken verpflichtet war, orientiert sich der heutige Rechtspopulismus nicht an der durch Vernunft *und* Moral konstituierten bürgerlichen Öffentlichkeit (*public sphere*), sondern nur am Verfassungsprinzip der begrenzten Regierung. Moral erscheint daher als Ausdruck individueller Lebensführung und wird auf religiös determinierte *social issues* (Abtreibung, Homosexualität etc.) verkürzt.

## 3. Populismus als Elitenprojekt

Seit Beginn des 20. Jahrhunderts stehen sich in den USA zwei politische und kulturelle Lager gegenüber: der Progressivismus und der Konservatismus als Konglomerat von Traditionalisten und Libertariern. Beiden gemeinsam ist die Berufung auf die amerikanische Gemeinschaft, die *community*. Progressive, politisch vertreten durch die Demokraten, verstehen darunter ein vereinheitlichendes, zukunftsgerichtetes Projekt. Für sie ist die kleinteilige Kirchtumspolitik (*parochialism*) ein irrationales Relikt von gestern. Dagegen plädieren die Traditionalisten unter den Konservativen für die Bewahrung der organisch gewachsenen lokalen Vielfalt. Die Libertarier unter ihnen lehnen als strikte Individualisten jedes gemeinsame Interesse, sei es partikularistisch-konservativer oder universalistisch-progressiver Art, entschieden ab. Auf Barack Obamas Aufruf zu einem gemeinsamen Ziel (*common purpose*) reagierte das libertäre Cato-Institut kritisch: »Das Ideal der individuellen Freiheit und der begrenzten Regierung hat wenig mit den Kreuzzügen der Progressiven zu tun, um eine Gleichheit der Bedingungen zu erzwingen oder Demokratien in fernen Ländern zu schaffen.« (Samples 2008)

Dagegen hatte Präsident Franklin D. Roosevelt schon 1933 gefordert, das Prinzip der lokalen Gemeinschaft auf die gesamte Nation auszudehnen. Lyndon B. Johnsons Projekt der Great Society war ein weiterer Schritt hin zu nationaler Einheit. In seiner Inauguraladresse forderte er 1965, aus der Einheit der Interessen müsse die Einheit der Ziele erwachsen und aus diesen die Einheit in der Great Society. Johnson, aber auch Bill Clinton, berief sich dabei explizit auf das Konzept des Covenant und forderte eine neue gesellschaftliche Übereinkunft, um die USA als Gemeinschaft mit gemeinsamen Zielen neu aufzubauen. Auch Obama knüpft daran an und verspricht, »diese Nation durch ein gemeinsames, ein höheres Ziel zu einigen«.[92]

Unter dem Banner *eines* Volkes und *einer* Nation wird der Aufbau einer nationalen und zugleich rationalen Gemeinschaft aber auch zu einem Projekt wissenschaftlicher und bürokratischer Steuerungseliten. Lokale Führer und Prediger, die gewachsenen Strukturen des lokalen Gemeinschaftslebens, die eher auf Wohltätigkeit als auf Staatshandeln beruhende Sozialpolitik, Familiensinn und Nachbarschaftshilfe werden entwertet zugunsten von *social engineering* durch wissenschaftlich geschulte Experten, Sozialplaner, profes-

---

92 Vgl. Johnsons Inauguraladresse von 1965, Clintons Rede »The New Covenant: Responsibility and Rebuilding the American Community« vom 23.10.1991 sowie Obamas Potomac Primary Night Speech vom 12.02.2008

sionelle Sozialarbeiter und universalisierende Gleichstellungsprogramme, vor allem im Bildungs- und Sozialbereich. Dagegen – und nur dagegen – tritt der Populismus als Protestbewegung auf. Er stellt, und zwar links wie rechts, die Rolle des Staates als Agent des sozialen Wandels in Frage und plädiert für das organische Wachsen(lassen) gegen das rationale Machen und Planen.

Der US-amerikanische Populismus ist eine systeminterne Herausforderung der politischen Eliten, ohne jedoch die vorherrschende liberale Ideologie in Frage zu stellen (vgl. Boggs 1983: 355). Bis in die 30er Jahre war der Populismus eine dritte, von außen gegen das Establishment gerichtete Kraft. Dies änderte sich, als Präsident Roosevelt als Vertreter eben dieses Establishments und Repräsentant des Zentralstaats in den 30er Jahren erstmalig populistische Topoi aufgriff und den *forgotten man* ansprach. Die kapitalkräftigen Gegner des New Deal gerieten damit unter Zugzwang und mussten ihre Politik im Interesse des Großkapitals ebenfalls als volksnah ausgeben. Diese Paradoxie einer Volksbewegung im Interesse der Großen zeichnete sich bereits in den 30er Jahren mit der American Liberty League ab (vgl. Phillips-Fein 2009: 3–25). Schon diese von Großindustriellen wie den Brüdern Du Pont gegründete Liga hatte versucht, durch Konzessionen an den Kult des *common man* als Volksbewegung aufzutreten, war damals aber noch gescheitert.

Die Erosion des Keynesianischen Steuerungsstaates in den 1960er und der Rückgang der Wahlbeteiligung in den 1970er Jahren führten zu einer Krise der Repräsentation in den beiden großen Parteien, auf die sie antworten mussten. Im Kampf um verlorengegangenes Wählerpotenzial versprachen sie eine Abkehr vom Gigantismus mit seinen technokratischen und bürokratischen Apparaten. Der Schlüsselbegriff lautete auf beiden Seiten *empowerment* durch Stärkung bürgerschaftlicher Partizipation (vgl. Berger/Neuhaus 1977; Boyte/Riesman 1986). Von linker Seite wurde Kritik an expertokratischen Modernisierungsstrategien angemeldet und im Kommunitarismus ein dritter Weg zwischen Individuum und Staat gesucht.[93] Auch auf konservativer Seite erkannte man, dass die zwei Säulen des amerikanischen Konservatismus, der Traditionalismus und der Libertarismus, für die politische Mehrheitsfähigkeit nicht mehr ausreichen, erschienen sie doch als

---

93 Genannt seien hier nur Benjamin Barber, Robert N. Bellah, Harry C. Boyte, Amitai Etzioni oder Michael Walzer.

Tragpfeiler der weißen, protestantischen, angelsächsischen Oberschicht, die sich jeder Konzession an die multiethnischen Volksschichten widersetzte.

Vor allem Ronald Reagan forcierte diese symbolische Politik und polarisierte zwischen der Selbstbestimmung freier Bürger und dem intervenierenden Staat. 1975 erklärte er in seiner Rede »Let the People Rule«: »In Tausenden von Kleinstädten und Nachbarschaften ist der Friede gestört worden durch Bürokraten und Sozialplaner, durch Schulbusse (*busing*),[94] fragwürdige Erziehungsprogramme und Angriffe auf die Einheit der Familie. [...] Ich rufe auf zu einem Ende des Gigantismus, zu einer Rückkehr zum menschlichen Maß, einem Maß, das die Menschen verstehen und mit dem sie umgehen können [...]. Dieses Handeln im kleinen, menschlichen Maßstab ist es, das Gemeinschaftszugehörigkeit schafft.« (Reagan, zit. nach Joyce 1998) Der konservative Topos des ›menschlichen Maßes‹ in kleinen, überschaubaren sozialen Einheiten durchzieht auch in Europa den populistischen Diskurs von Pierre Poujade über Umberto Bossi bis Pim Fortuyn (vgl. Priester 2007a).

Auch das American Enterprise Institute, eine der größten konservativen Denkfabriken der USA, rief zum Umdenken auf. 1977 veröffentlichten die zu diesem Think Tank gehörenden konservativen Soziologen Peter L. Berger und Richard J. Neuhaus das Buch *To Empower People*, was als Aufruf zur Volksermächtigung in den Ohren der weißen Oberschichtrepublikaner noch ungewohnt klang. Insbesondere die Libertarier unter ihnen stehen als geschworene Individualisten und Marktradikale dem Gemeinschaftsdiskurs ablehnend gegenüber und prangern die ›stille Tyrannei‹ des Provinzlebens an. Vor allem sind sie irritiert von den archaisch anmutenden Erscheinungsformen einer wieder erstarkenden Volksfrömmigkeit in charismatischen Erweckungsbewegungen wie den Pfingstlern, die eine ekstatische, direkt erfahrbare Vereinigung des Einzelnen mit Gott suchen.

---

94 Über Busfahrten organisierte Verteilung von Schülern auf Schulen in unterschiedlichen Stadtteilen, um der Rassensegregation zu begegnen. Die Praxis des *busing* wurde in den USA seit den 80er Jahren aufgegeben, weil viele weiße Eltern auf Privatschulen auswichen (*white flight*), aber auch, weil es in ethnisch durchmischten Schulen zu interner Segregation kam.

## 4. Populismus und Krise der Repräsentation

In beiden politischen Lagern suchte man nach Alternativen zum zweckrationalen Gigantismus des Steuerungsstaates. Es galt, das Image kalter Technokraten abzustreifen und die Tugenden von Differenz, Nachbarschafts- und Gemeinschaftsgeist zu pflegen. Lautet der Schlüsselbegriff der kommunitaristischen Linken »Zivilgesellschaft«, so propagieren die Konservativen Tocquevilles Konzept der »intermediären Institutionen« (*mediating structures*) in Nachbarschaft, Familie, Kirche und freiwilligen Vereinsmitgliedschaften.

Der Kampf um die Mehrheitsfähigkeit entbrannte einmal um die *moral majority* der weißen Mittelschichten, die sich vor allem sozial- und bildungspolitisch vom Staat bevormundet und ihres lokalen Einflusses beraubt fühlen. Er entbrannte bei den Konservativen aber auch um eine bis dahin eher als Bedrohung wahrgenommene Gruppe: die ›ethnischen‹ Unterschichten, vor alle die Hispanics. Sie galten lange Zeit als sichere Klientel der Demokraten, bis man auf Seiten der Republikaner ihre konservativ-religiöse Wertorientierung als Trumpfkarte entdeckte.

William Schambra, Direktor eines konservativen Think Tanks, führt das Beispiel eines Freddy Garcia aus dem texanischen San Antonio an, der als Angehöriger der Latino-Minderheit den Republikanern fernstand, bis er als Drogenabhängiger an staatliche Beratungs- und Therapiezentren geriet. Trotz des finanziellen Aufwandes dieser aus der Sicht ihrer Gegner technokratischen, wissenschaftsgläubigen, unpersönlichen, bevormundenden Sozialdienste halfen sie ihm nicht. Erst die Erweckung durch Gott brachte seine Wiedergeburt. Er wurde Pfarrer und gründete einen kommunalen Sozialdienst, der über face-to-face-Beziehungen einen persönlichen Zugang zu den Menschen fand und überdies billiger arbeitete als staatliche Großprogramme.

Als Stratege eines modernen Konservatismus schärft Schambra seiner Klientel ein: Dieser »leidenschaftliche Glaube an der Basis« sei zwar eine ernste Herausforderung für libertäre Konservative. »Und doch *muss* der Konservatismus schon um seines politischen Überlebens willen einen Weg finden, um Freddy Garcia und seinesgleichen in seinem Lager willkommen zu heißen.« (Schambra 2010: 65, kursiv vom Verf.) Gefragt sei ein inkludierender Konservatismus, der diese ›ethnischen‹ Unterschichten mit ihrer so irrational wirkenden Volksfrömmigkeit in sich aufnehme. Er müsse *faith-based* auftreten, wenn er nicht vom demographischen Trend, d.h. der wachsenden Zahl von Amerikanern mit hispanischem Hintergrund, überrollt werden wolle.[95] Handeln die Republikaner aus Überlebenswillen und strategischem Kalkül, so setzt der linksliberale New Populism seit den 1970er Jahren auf einen Kultur- und Wertewandel. Harry C. Boyte, ein Vertreter dieses linken Bürgerprotests, betont: »Im Zentrum demokratischer populistischer Bewegungen steht eine Philosophie popularen Handelns (*popular agency*), die bürgerschaftliche Unabhängigkeit einschließt und den Populismus sowohl vom Sozialismus als auch vom ungezügelten Marktkapitalismus unterscheidet.« (Boyte 2007: 7f.) Populismus ist in diesem Verständnis eher ein kulturelles Ferment mit dem Ziel eines dritten Weges zwischen marktradikalem Individualismus und dem kollektivistischen Sozialismus. Gegen ein positivistisches Wissenschafts- und technokratisches Politikverständnis wird die Rekontextualisierung von sozialer Erfahrung, die Aufwertung narrativer und oraler Traditionen, die Abkehr von Großstrukturen hin zu kommunaler Handlungsorientierung gefordert. Gegen das »stahlharte Gehäuse der Hörigkeit« (Max Weber) postulieren linke Populisten *empowerment, self-reliance* und die Abkehr der Bürger von einem reinen Konsumentenstatus (vgl. Boyte 2007: 8).

Der Kampf gilt auch hier der Bevormundung durch die technokratischen Wissenseliten der Neuen Klasse (*new class*) von Experten und Bürokraten. Bei aller Ähnlichkeit in der Stoßrichtung des linken und rechten Populismus dürfen aber die Unterschiede nicht übersehen werden. Rechte Populisten wie Sarah Palin setzen auf den gesunden Menschenverstand als essentialistisch gedachtes, direkt von Gott eingegebenes Volkswissen. Soziales Handeln ist der Vollzug des göttlichen Willens, der gegen die Aufklärungseliten in Stellung gebracht wird. Der oft vom Kommunitarismus nicht unterscheidbare linke Populismus propagiert dagegen mit dem Begriff der *popular agency* ein deliberatives Modell sozialen Handelns als Prozess kollektiven Lernens, dessen Wurzeln im Pragmatismus John Deweys liegen (vgl. Priester 2007a: 91–100). Problematisch am Konzept der *popular agency* ist allerdings die Vernachlässigung von Machtstrukturen, der eskapistische Rückzug auf Freiräume, die Beschränkung auf kommunale Ein-Punkt-Be-

---

95 Schon George W. Bush jr. hatte ein »Office on Faith-Based and Community Initiatives« eingerichtet, das von Obama unter dem Namen »Office of Faith-Based and Neighborhood Partnerships« weitergeführt wird. Anfang 2009 ernannte er einen Pastor der Pfingstbewegung, Joshua Du Bois, zum Leiter dieses Amtes. Die Pfingstler sind weltweit auf dem Vormarsch und auch in den USA stark wachsend.

wegungen und nicht zuletzt das Fehlen einer Debatte darüber, was *communal power* und *popular democracy* in institutioneller Hinsicht bedeuten sollen (zur Kritik vgl. Boggs 1983: 350ff.).

## 5. Die Tea Party-Bewegung als Rammbock der Republikaner

Die dritte Welle des Populismus, der linksliberale New Populism, war im Kontext der sozialen Bewegungen der 70er Jahre (Anti-Vietnamkriegsbewegung, Studenten- und Frauenbewegung, Bürgerrechtsbewegung der Afro-Amerikaner) entstanden. Nachdem diese Welle in den 1980er Jahren abgeebbt war und der Neoliberalismus seine Hegemonie antrat, formierte sich unter neoliberalem Vorzeichen die vierte populistische Welle, auf der auch die Tea Party-Bewegung schwimmt. Schon zu Beginn der 1990er Jahre trat Henry Ross Perot mit seiner Reform Party als agenda setter auf und besetzte die Themen, die auch im Zentrum der Tea Party stehen: Sanierung des Staatshaushalts, Abbau der Staatsverschuldung und der Bürokratie, Deregulierung, Förderung des gewerblichen Mittelstandes. Auch die Reform Party hatte einen libertären und einen konservativen Flügel, war aber aufgeschlossener für ökologische Fragen, offen für den ›grünen‹ Umwelt- und Verbraucherschützer Ralph Nader und griff nicht in die Kulturkämpfe ein.

Die Tea Party-Bewegung entstand 2008 als Netzwerk am rechten Rand der Republikanischen Partei. Der Hintergrund für ihren Aufstieg ist zum einen die Glaubwürdigkeitskrise im Zuge der Banken- und Finanzkrise und zum anderen der Protest gegen Präsident Obama. Seine Gesetzesvorhaben zur Gesundheitsreform trieben das Land in den Sozialismus, der in den USA bereits mit dem Sozialstaat beginnt. Mit der Betonung der schwarzen Wurzeln, des ungewöhnlichen Lebenslaufs und des arabischen Mittelnamens des Präsidenten, Hussein, schürt die Anti-Obama-Polemik rassistische und antiislamische Ressentiments, die in dem Vorwurf gipfeln, der Präsident sei unamerikanisch.

Über die Tea Party-Bewegung sind zwei Mythen im Umlauf: erstens, sie sei ausschließlich eine Basisbewegung, die Volkswut und Unzufriedenheit mit dem politischen Establishment bündele. Zweitens, sie sei vor dem Hintergrund des Internet organisatorisch etwas völlig Neues mit den Merkmalen dezentraler Vernetzung und Führerlosigkeit. Auch wenn einige im Fokus der Öffentlichkeit stehende Exponenten dieser Bewegung wie Sarah Palin oder die TV-Moderatoren Glenn Beck und Rush Limbaugh als Sprachrohre der Tea Party-Bewegung auftreten, hat sie in der Tat keine charismatische Führungsfigur und keine offen erkennbare Steuerungszentrale. Auf der Tea Party Convention 2010 betonte Palin:

»Die Wähler wollten, dass wir weiter kämpfen und die Handschuhe ausziehen und sie wollten konservative Lösungen mit gesundem Menschenverstand und wollten weiter diskutieren. Wir alle, die wir uns hier versammeln, sind der lebende Beweis dafür, dass man kein Büro und keine Rechtstitel braucht, um etwas zu verändern, und man braucht auch keine Führer auszurufen. Wir sind doch keine Schafherde, die nach einem Führer Ausschau hält, um die Bewegung voranzubringen.« (Palin 2010)

Oberflächlich betrachtet, erscheint die Tea Party als Selbstmobilisierung des Volkes über Internetvernetzungen und unbezahlte Freiwillige.[96] Sie organisiert sich als offenes Netzwerk: jeder kann mitmachen und die Bewegung vorantreiben. Dieses neo-anarchistische Modell einer führungslosen Bewegungspermanenz stammt ursprünglich von der Linken und wird heute von Antonio Negri und Michael Hardt propagiert. Aber antiautoritäre Bewegungen hatten schon bei den linken Gruppen der 1970er Jahre keinen Erfolg und überdies gilt dieses Modell nur bedingt für die Tea Party. Sie ist vielmehr Teil einer langfristigen Strategie libertärer Wirtschaftseliten, die sich nicht mehr mit Denkfabriken begnügen, sondern erkannt haben, dass sie selbst Bewegungen initiieren müssen. Der Vizepräsident von FreedomWorks, einem der größten libertären Think Tanks und Sponsor der Tea Party, Max Pappas, stellt fest: »Wir wollten unsere Mitglieder schon vor 25 Jahren dazu bringen, das zu tun, was die Tea Party heutzutage tut. [...] Wir helfen der Tea Party-Bewegung, ihre Aktivitäten zu koordinieren und zu navigieren.« (Pappas, in: Mangold 2010: 11) Allerdings bleiben diese Koordinatoren im Hintergrund. Der kausale Nexus zwischen Big Business und neopopulisti-

---

96 Der Gedanke akephaler Organisationsformen ist nicht neu. Bereits in den 70er Jahren hatten Gilles Deleuze und Félix Guattari die neue, nicht-hierarchische, dezentral wuchernde Form der Wissensorganisation in die biologische Metapher des Rhizoms gefasst, die sich gegen hierarchische, in die Baum-Metapher gefasste Strukturen durchsetze. Der niederländische Rechtspopulist Pim Fortuyn propagierte, ausgehend vom Konzept der flachen Hierarchien in neuen Managementtheorien, ebenfalls das enthierarchisierte Netzwerkmodell als gesellschaftliche Organisationsform der Zukunft (vgl. Priester 2007a: 189f.). Auch im Rechtsextremismus wurde das Konzept der *leaderless resistance* als führerloses, vernetztes Organisationsmodell von den Freien Kameradschaften übernommen und bereits 2005 von dem Neonazi-Aktivisten Christian Worch in Anlehnung an die amerikanische Militärdoktrin propagiert.

schem Protest gegen die Großen, d.h. der Widerspruch zwischen einem genuinen Graswurzelprotest und der Instrumentalisierung dieses Protests durch dessen Adressaten soll in der Latenz verharren.

## 6. Die Tea Party zwischen Basisbewegung und Elitensteuerung

Die Tea Party ist kein monolithischer Block, sondern durchaus auch ein Sprachrohr für Unmut und Politikverdrossenheit in weiten Teilen der amerikanischen Mittelschicht. Trotz ihrer engen Verbindung zu ökonomischen Eliten ist sie keine ferngesteuerte Marionette, sondern eine soziale Bewegung mit einer Eigendynamik. Politisch lassen sich zwei Strömungen unterscheiden, eine konservative um Sarah Palin und eine libertäre um Ron (Ronald) Paul, einen Arzt und republikanischen Kongressabgeordneten, der sich auf seiner Homepage als »die einzige Ausnahme der Bande der 535 (Abgeordneten, K.P.) auf Capitol Hill« vorstellt. Paul repräsentiert die libertäre Position von FreedomWorks, während Palin für die konservativen Tea Party Patriots steht (zu den Gruppen in der Tea Party vgl. Good 2010).

Die Journalistin Jane Mayer hat die »verdeckten Operationen« einer seit Jahrzehnten mit unterschiedlichen Strategien verfolgten Einflussnahme des Libertarismus auf die amerikanische Politik recherchiert (vgl. Mayer 2010). Zu den größten Sponsoren des Libertarismus gehören die Brüder David und Charles Koch, zwei Multimilliardäre, deren Standbein die Ölindustrie ist, sowie der Medienmogul Rupert Murdoch mit seinem Fernsehsender Fox News. Die Kochs versuchten zunächst, über Denkfabriken politisch aktiv zu werden. 1977 gründeten sie das Cato Institute, dem in den 80er Jahren das Mercatus Center folgte. Aber die indirekte politische Einflussnahme über Gutachten, Tagungen, Expertisen und Politikberatung entwickelte nicht die gewünschte Stoßkraft.

Seit den 80er Jahren verfolgen die Kochs daher eine andere Strategie und gründeten 1984 eine eigene Bürgerbewegung, die *Citizens for a Sound Economy* (CSE). Sie gilt als Prototyp für Bewegungen, die mit finanzieller Hilfe von Großkonzernen Kampagnen initiieren und auf verschiedenen Ebenen Öffentlichkeitsarbeit leisten. In den 90er Jahren kamen als Ableger der CSE Ein-Punkt-Bewegungen hinzu wie die *Citizens for the Environment*, die gegen Clintons Umweltpolitik opponierte oder die *Patients United Now*, die gegen die geplante Gesundheitsreform mobil machte. Aus einer Spaltung der

CSE ging 2004 die *Americans for Property Foundation* (APF) hervor, die über Rallys, Anzeigenkampagnen und Tür-zu-Tür-Werbung aktiv ist. Sie hat von Beginn an mit der Tea Party zusammengearbeitet und auch die Tea Party Convention 2010 finanziert.

Neben der APF tritt eine Nachfolgeorganisation der CSE, die bereits erwähnte FreedomWorks, als zweite große Geldgeberin und ›Navigatorin‹ der Tea Party auf. Während die Kochs in der Öffentlichkeit nur als kunstsinnige Mäzene und Philanthropen auftreten, erscheint die Tea Party als autonome, selbstregulierte Bewegung, deren Aktivisten entweder über diese Verflechtungen nicht informiert sind, oder vorgeben, darüber nichts zu wissen. Auf die Frage, wie sich FreedomWorks finanziere und ob sie von größeren Firmen unterstützt werde, hielt sich ihr Vizepräsident bedeckt: »Soweit ich weiß, stammt ein Großteil unserer Einnahmen von Einzelpersonen.« (Pappas, in: Mangold 2010: 12)

Das Programm dieser in der Tea Party aktiven Libertarier lautet: Abschaffung von Sozialleistungen, Verhinderung der Gesundheitsreform und nicht zuletzt Kampf gegen Klimaschutz und Umweltauflagen, die mit den wirtschaftlichen Interessen des Koch-Imperiums kollidieren. Das Entstaatlichungsprogramm der Libertarier schließt auch die Abschaffung des FBI, des CIA, der amerikanischen Notenbank und der öffentlichen Schulen ein. Der libertäre und der konservative Flügel der Tea Party sind indessen nur Varianten eines liberalen Grundkonsenses. Anders als in Europa stehen amerikanische Konservative den Liberalen und Libertariern sehr nahe, fußt doch das politische System der USA auf dem klassischen Liberalismus John Lockes. Beiden Flügeln gemeinsam ist die Steuerrebellion. Nicht nur an der Höhe des Steuersatzes, sondern auch an der ›Verschwendung‹ von Steuermitteln für staatliche Modernisierungs- und Wohlfahrtsprogramme hatten sich in Europa der französische Poujadismus in den 1950er, die Fortschrittspartei des dänischen Steuerrebellen Mogens Glistrup in den 1970er und die italienische Lega Nord in den 1990er Jahren entzündet.

## 7. Die populistischen Diskurse in der Tea Party

Sarah Palin verkörpert paradigmatisch alle Eigenschaften einer Populistin. Als repräsentativer Charakter bringt sie sich als Privatperson ins Spiel, weist aber zugleich über ihre Person hinaus auf eine Vision, deren lebender Ausdruck sie ist. Palins Aufstieg beruht auf dem Kalkül der Republikaner, mit einer evangelikalen Kandidatin die große Zahl von moralisch-religiös motivierten Wählern zu gewinnen, gehört Palin doch zur Pfingstlerbewegung. Auch wenn diese sehr heterogene Bewegung ihren apokalyptischen Endzeitglauben zugunsten einer pragmatischen Einstellung in den Hintergrund stellt und inzwischen auch aufstiegsorientierte Mittelschichten rekrutiert, haftet ihr doch das Etikett einer Unterschichtreligion für ungebildete ethnische Minderheiten oder weiße Unterschichten an. Während Obama die Pfingstler gerade aus diesem Grund hofiert, spielt Palin ihre Religionszugehörigkeit herunter und bezeichnet sich nur als bibelgläubige Christin.

Ihre Rede auf der Tea Party Convention 2010 beginnt mit einem patriotischen Appell. Von Publikumsapplaus unterbrochen, wiederholt sie mehrmals: »Ich bin so stolz, Amerikanerin zu sein. [...] Hier geht es um das Volk, hier geht es um das Volk. Und das ist größer als jeder König oder jede Königin einer Tea Party. Und es ist viel größer als jeder charismatische Typ (*guy*) mit einem Teleprompter. Die Seele dieser Bewegung ist das Volk, durchschnittliche Amerikaner, die unsere Nahrung herstellen oder einen kleinen Betrieb führen, die unsere Kinder unterrichten und unsere Kriege führen.« (Palin 2010) Die Menschen in den kleinen und großen Städten dieser großen Nation sind, so Palin, besorgt und engagieren sich in Bürgerversammlungen. Sie schreiben Kommentare, kandidieren für lokale Ämter, verteidigen konservative Grundsätze und streben common sense-Lösungen an.

Palin ist die Inkarnation des populistischen Heartland mit seinem lebensweltlichen, ländlich oder kleinstädtisch geprägten Traditionalismus (vgl. Taggart 2002: 67f.). Als geschickte Selbstvermarkterin ist sie zwar auf dem Weg zur Millionärin, tritt aber in der Rolle der sparsamen amerikanischen Hausfrau auf, der Verschwendung ein Dorn im Auge ist, vor allem bei den Staatsausgaben. »Wenn unsere Familien, unsere kleinen Betriebe in die roten Zahlen geraten, was machen wir dann? Wir schnallen den Gürtel enger und streichen die Ausgaben zusammen. Das bringen wir unseren Kindern bei – sich nach der Decke zu strecken. [...] Aber warum ist es Washington das genaue Gegenteil?« (Palin 2010)

Palin pflegt das Image der sportlich gestählten, patriotischen Familienmutter, die einen Sohn und einen Neffen in der Armee hat und »wie viele Mütter (*moms*)« allabendlich für sie bete. Ihre Herkunft aus kleinstädtischen Verhältnissen, ihr Mann als Fischereiunternehmer, ihre Eltern als Lehrer an der Grundschule ihrer »kleinen Stadt« sind ihre politische Beglaubigung. »Wir bringen gute Menschen in unseren kleinen Städten hervor, mit Anstand, Ehrlichkeit und Würde. [...] Ich bin mit diesen Menschen aufgewachsen. [...] Ich hatte das Privileg, die meiste Zeit meines Lebens in einer Kleinstadt zu leben. Ich war eine ganz normale hockey mom, die sich in der PTA (Parent Teacher Association, K.P.) engagierte, weil ich die öffentliche Erziehung meiner Kinder verbessern wollte.« (Palin 2008) Sie gehöre nicht zum politischen Establishment; sie lasse sich nicht chauffieren, sondern fahre selbst zur Arbeit und habe ihren Luxusjet (»der war übertrieben«) bei Ebay zum Verkauf angeboten. Sie wolle nur dem Gemeinwohl dienen, und das heißt: Kontrolle und Senkung der Staatsausgaben.

Immer wieder rekurriert sie auf ›einfache‹ Lösungen, die doch auf der Hand lägen, wenn man sich nur nach dem gesunden Menschenverstand richtete. »Eine Regierung, die am wenigsten regiert, regiert am besten. [...] Dies sind bleibende Wahrheiten, und diese bleibenden Wahrheiten sind von [Präsident] Washington auf Lincoln und Reagan und nun auf Euch übergegangen.« (Ebd.)

Dagegen beruft sich der Libertarier Paul nicht auf göttlich inspiriertes Alltagswissen, sondern auf den Buchstaben der Verfassung. Steht Palin für den Normalitätstopos (Ich bin eine ganz normale, gottesfürchtige Amerikanerin und damit eine von Euch), so Paul für den Freiheitstopos (Ich bin der Hüter der Verfassung und sehe einen neuen, von Washington ausgehenden Totalitarismus heraufziehen). Stilisiert sich Palin als Vertreterin der ›schweigenden Mehrheit‹, so Paul als Einzelkämpfer und einsamer Rufer in der Wüste. Er allein sage die Wahrheit und breche mit dem heuchlerischen, karrieristischen Verhaltenskodex der Machtelite. Und diese Wahrheit lautet: die Verfassung werde von Washington mit Füßen getreten. Wäre sie aber noch gültig, dann gäbe es keine Zentralbank, keine US-Mitgliedschaft in der UN, keine Waffenkontrolle, keine Auslandshilfe, keine militärischen Auslandseinsätze, keine internationalen Handelsabkommen wie Nafta oder Gatt, keinen Angriff auf das Privateigentum, keine Einkommenssteuer, keine »arroganten« Bundesrichter, die die Rechte der einzelnen Bundesstaaten usurpieren. Zudem gäbe es keine staatliche Einmischung in die Erziehung. »Um unsere Kinder zu retten, müssen wir die klebrigen Finger der Bundesregierung von unseren örtlichen Schulen fernhalten und die Eltern entscheiden lassen. Das sagt die Verfassung und auch die Bibel (!).« (Paul 1999) Vor allem aber gäbe es weder staatliche Wohltaten (*welfare*) für Großkonzerne noch für die »Armen« (in Anführungszeichen). 2010 erklärte er in einem Fernsehinterview: »In einer Gesellschaft, in der die Menschen für sich selbst verantwortlich sind, müssen sie die Konsequenzen tragen. Wenn sie nicht für sich vorsorgen, müssen sie eben von Almosen (*charity*), von Freunden, Nachbarn oder Kirchen abhängig ein.« (Paul 2010) Zur Zeit der Gründerväter war die Regierung klein, begrenzt und sparsam. »Dieses System heißt Freiheit.« Heute aber sei es monströs aufgebläht, teuer und außer Kontrolle geraten. »Vom Leviathan bliebe nicht viel übrig, wenn es nach mir ginge.« (Paul 1999) Der Verfassungsauftrag des Minimalstaats werde von der Machtelite ausgehöhlt, die beim Abbau von Bürgerfreiheiten wie die Gestapo vorgehe. Zu dieser Machtelite gehören die Demokraten, die Gewerkschaften, Big Business, die Establishment-Republikaner und die Medien.

Palins Diskurs setzt auf die Dichotomie von Heartland und Ostküsteneliten, von ›bleibenden Wahrheiten‹ und Bevormundung durch Experten, von common sense im Volk und Inkompetenz oder Arroganz bei den Eliten. Paul polarisiert dagegen zwischen der von ihm vertretenen Wahrheit und der Lüge der Machtelite, zwischen dem modernen Leviathan und dem frugalen Nachtwächterstaat, zwischen Verfassungsauftrag (begrenzte Regierung) und Verfassungsbruch (Ausweitung der Staatsintervention). Auch Palin geißelt zwar den Staatinterventionismus, schlägt aber patriotische Töne an und verteidigt, im Unterschied zu Paul, die weltweiten Militäreinsätze der USA.

Mit Metaphern wie Leviathan oder Monster suggeriert Paul die Bedrohung durch einen neuen Totalitarismus. Bedroht ist nicht nur die Lebenswelt der ›moralischen Mehrheit‹ sondern die Freiheit selbst. Daher seien die Eliten entschlossen, ihn zum Schweigen zu bringen. »Washington, D.C., ist auf der Verliererseite, aber im Volk gewinnen unsere Ansichten Tag für Tag mehr Anhänger. […] Kämpft mit für die Verfassung und stoppt jene, die sie zerreißen und in den Potomac werfen wollen. Gemeinsam können wir an die Seite der Gründerväter treten, kämpft!« (Paul 1999)

## 8. Der Tea Party-Populismus – Herausforderung für Obama und für die Republikaner

Europäische Beobachter der amerikanischen Politik, aber auch kritische Amerikaner fragen sich, wieso Menschen mittlerer Soziallagen gegen ihre eigenen Interessen für eine Politik im Interesse des Großkapitals eintreten. Bei den Tea Party-Aktivisten handelt es sich indessen nicht um den *common man* oder das einfache Volk. Waren schon die Mitglieder der John Birch

Society, in deren Tradition sie stehen, mehrheitlich gutsituierte Geschäftsleute, so gehören auch die Anhänger der Tea Party zu den Besserverdienenden mit niedriger Arbeitslosenquote. »Daher lässt sich ihr Engagement nicht nur auf die schlechte wirtschaftliche Situation zurückführen.« (Pappas, in: Mangold 2010: 12) Zweifellos spielt auch eine Rolle, dass populistische Meinungsmacher von ökonomischen Interessen ablenken, indem sie die Verteidigung traditioneller sozialmoralischer Werte in den Vordergrund stellen und Rassenvorurteile mobilisieren (vgl. Priester 2007a: 139f.; Phillips-Fein 2009: 326f.). Die Motive für politisches Handeln in Kulturkämpfen, die die USA verstärkt seit den 70er Jahren durchziehen, liegen indessen nicht nur in der Verteidigung des ökonomischen, sondern auch des sozialen und symbolischen Kapitals. Hier geht es um Gruppenidentitäten, um kulturelle Deutungshoheit und symbolische Kompensation für drohenden Statusverlust. Nicht zuletzt geht es um einen Kampf *innerhalb* der Mittelschichten zwischen kleinen und mittleren Selbständigen und der Neuen Mitte im Staatssektor. Und schließlich geht es um die weltpolitische Rolle der USA, um Isolationismus oder neoimperiale Auslandseinsätze, ein Konflikt, der auch zwischen den verschiedenen Flügeln der Tea Party-Bewegung aufbricht. Sie ist in erster Linie eine Anti-Obama-Bewegung, zugleich aber eine Protestbewegung gegen das Parteiestablishment der Republikaner. Auch wenn die von Pauls Sohn Rand prognostizierte Tea-Party-Sturmwelle bisher ausgeblieben ist, so ist es der Bewegung gelungen, ihre Austeritätspolitik bei den Republikanern mehrheitsfähig zu machen und die moderaten Kräfte in die Defensive zu drängen.

In der Tea Party organisieren sich Menschen, die an die Verheißungen des amerikanischen Traums von individuellem Aufstieg glauben. Sie fühlen sich weniger von den Reichen und Superreichen bedroht, ist doch deren Reichtum nur der Beweis für die Realisierbarkeit dieses Traums. Bedroht wird der Traum dagegen von kulturellen und sozialpolitischen Gleichstellungsprogrammen und einem von den liberalen Eliten ausgehenden Wertewandel. Die Angst vor ihrer Entwertung als ökonomisches, aber auch kulturelles ›Rückgrat der Nation‹ treibt diese weißen Mittelschichten an die Seite der *money power*. Religiöse Prediger und Fernsehmoderatoren übernehmen hier die Rolle von Sinnstiftern und antworten auf wachsende Komplexität, auf demographischen und Wertewandel mit einem einfachen Dreiklang: Patriotismus, Freiheit, Gott in der konservativen; Freiheit, Verfassung, Selbstbestimmung in der libertären Variante.

Hat die Tea Party eine Zukunft? Akephale Netzwerke sind fluide, instabile Gebilde, die entweder als Anti-Bewegungen nur eine begrenzte Lebensdauer haben oder über kurz oder lang in festere Strukturen inkorporiert werden. Die hohe Fluktuation in Open Source-Netzwerken verhindert eine auf Konstanz und Langfristigkeit hin angelegte Politik. Als antihierarchische Anti-Bewegungen sind Netzwerke wie die Tea Party überdies schwach in der Ausformulierung von Zielen. Unter Einsatz von Millionenbeträgen transformieren daher die libertären Denkfabriken APF und FreedomWorks den populistischen Anti-Protest in politische Handlungsstrategien und bieten gezielt Trainings- und Schulungsprogramme für Basisaktivisten an. Weder Palin noch Paul zielen aber auf die Gründung einer eigenen Partei, sondern sehen sich als außerparlamentarischen Rammbock, um die Republikanische Partei nach rechts zu drängen und sie schließlich zu übernehmen (vgl. Pappas, in: Mangold 2010: 13).

Populisten polarisieren zwischen ›Wir‹ und den ›Anderen‹. Dagegen hat Präsident Obama bisher nur moderat zwischen Wallstreet und Mainstreet (dem Jedermann) polarisiert. Er setzt eher auf Konsens und ›ehrliche‹, rationale Diskussionen mit kapitalnahen Interessenvertretern. Er beschwört die Einheit, nicht den Gegensatz. Für einen Populisten ist er überdies zu intellektuell und mitunter zu entrückt. Anders als Palin vermittelt er nicht das Gefühl, einer aus dem Volke zu sein. Um den Fehdehandschuh der Tea Party aufzugreifen, müsste er den ›Volkszorn‹ von Big Government auf Big Business umlenken. Hinzu kommt, dass schon unter den Präsidenten Carter und Clinton der Druck der Straße merklich nachgelassen hat und auch Obama, anders als jeder Populist es täte, die Millionen von Menschen, die ihn gewählt haben, nicht weiter mobilisiert. Den Wettstreit, ob die Mitte der Gesellschaft sich mit den ökonomisch über ihr Stehenden oder den unter ihr Stehenden identifiziert, hat vorerst die Tea Party für sich entschieden.

# IX. Linkspopulismus gestern und heute

Mit dem Ende des Kommunismus im Weltmaßstab und dem Niedergang der Industriearbeiterschaft durch die fortschreitende Tertiarisierung der modernen Gesellschaften entstand ein doppeltes Vakuum: zum einen verblasste der Marxismus als Ideologie eines revolutionären Systemwandels, zum anderen stellte sich die Frage, ob es unter den Bedingungen einer kapitalistischen Dienstleitungs- und Konsumgesellschaft ein neues historisches Subjekt gäbe und wo es zu suchen sei. In den 1960er Jahren setzten viele ihre Hoffnungen auf die sogenannten Randgruppen, heute auf die neuen sozialen Bewegungen, auf das amorphe Volk oder die »Multitude« (Michael Hardt/Antonio Negri), auf Bürgerprotest oder gar Bürgerrevolution. Aber um was für eine Revolution handelt es sich?

## 1. Populismus und Moderne

Im Unterschied zu außereuropäischen Ländern existierte in Europa rund hundert Jahre lang, etwa zwischen 1860 und 1960, eine starke Arbeiterbewegung, die vor allem in Deutschland und Österreich vom Marxismus geprägt war. Europäische Linksparteien hatten immer ein zwiespältiges Verhältnis zu bäuerlichen und selbständigen kleinbürgerlichen Volksschichten, die mit der Perspektive der Kollektivierung des Privatbesitzes an Produktionsmitteln für die Linke nicht zu gewinnen waren. Zudem galten seit Bismarck die deutschen Linken als »vaterlandslose Gesellen« und verstanden sich als Internationalisten, die Kommunisten mehr, die Sozialisten weniger. Vor allem aber verstanden sie sich als Modernisierer. Geradezu enthusiastisch hoben Marx und Engels im Kommunistischen Manifest die revolutionäre Rolle der Bourgeoisie in der Geschichte hervor:

»An die Stelle der alten lokalen und nationalen Selbstgenügsamkeit und Abgeschlossenheit tritt ein allseitiger Verkehr, eine allseitige Abhängigkeit der Nationen voneinander. [...] Die Bourgeoisie reißt durch die rasche Verbesserung aller Produktionsinstrumente, durch die unendlich erleichterten Kommunikationen alle, auch die barbarischsten Nationen, in die Zivilisation.« (MEW 4: 466)

Ohne Frage bewerten die Klassiker des Marxismus die kapitalistische Dynamik als Vorbedingung für den Sozialismus positiv. Populisten sehen dagegen in der Überwindung der alten, selbstgenügsamen lokalen Lebenswelt eher eine negative Begleiterscheinung der Moderne, die nicht Gewinn, sondern Verlust mit sich bringe.

Wenn es überhaupt eine Gemeinsamkeit aller Populismen gibt, dann ist es die Moralisierung der Politik und die Abwertung struktureller Bedingungen von politischem Handeln. Die Polarisierung im Populismus erfolgt nicht auf der Grundlage einer Geschichtsteleologie, sondern auf der atemporellen und apolitischen Annahme einer moralischen Überlegenheit des Volkes gegenüber den Eliten. Auch der marxistische Diskurs kannte diese Überlegenheit des Proletariats (der Lohnabhängigen, der Werktätigen), aber sie wurde nicht moralisch legitimiert, sondern aus ihrer Rolle im Geschichtsprozess abgeleitet: Als Totengräber des Kapitalismus und als Negation der Bourgeoisie werde das Proletariat die Gesellschaft auf eine höhere Stufe heben und schließlich in eine klassenlose Gesellschaft überführen.

Populisten denken anders. Die Überlegenheit des Volkes gegenüber den Eliten ist für sie immer schon gegeben und bedarf keiner geschichtstheoretischen Begründung. Elite und Volk werden daher nicht sozio-ökonomischen Kategorien zugeordnet, sondern in einem moralischen Universum personifiziert. Diese moralistische Sichtweise ist latent immer vorhanden, wird aber erst dann mobilisiert, wenn die Eliten das Gemeinwohl aus den Augen verlieren, wenn sie versagen, sich korrumpieren lassen und sich durch moralisch negative Eigenschaften wie Gier, Eigennutz, Überheblichkeit, Hochmut und Ungerechtigkeit vom Volk abwenden. Klaus Eder sieht in der Zentralstellung moralischer Fragen eine Form des Kleinbürgerradikalismus. »Moral wird zum Gegenstand kollektiven Protests. Diese Moralisierung der Welt zielt auf Erfüllung eines postulierten moralischen Anspruchs. Die Differenz von moralischem Ideal und sozialer Wirklichkeit wird zum Motiv kollektiven Protests.« (Eder 2000: 100)

Schon in seiner Auseinandersetzung mit Pierre-Joseph Proudhon hatte Marx diesen Moralismus kritisiert. Statt die inneren Widersprüche der Gesellschaft aufzuzeigen, messe Proudhon die bestehenden Verhältnisse an einer Norm. Auch Populisten verfahren nicht anders; sie berufen sich auf einen vorgängigen idealen Gesellschaftszustand, an dem sie die davon abfallende Gegenwart messen. Auch wenn der Begriff noch nicht fiel, kritisierte Marx an Proudhon nichts anderes als dessen Populismus, d.h. die aus Marx' Sicht kleinbürgerliche, auf die Zirkulationssphäre begrenzte Kapitalismuskritik. Danach ist nicht das Kapital, sondern lediglich das Geld als Zirkulationsmedium die Ursache für soziale Ungerechtigkeit, weil es Gier und Bereicherungssucht fördere.

## 2. Populismus als Indigenisierung einer universalistischen Doktrin

Der sogenannte Diamat und Histomat (dialektischer und historischer Materialismus) war die zum Dogma erhobene, auf das Steuerungszentrum Moskau ausgerichtete Doktrin der Kommunistischen Internationale. Schon in den 1930er Jahren stellte sich aber die Frage, ob das russische Revolutionsmodell ohne Abstriche weltweit exportiert werden könne oder ob es nicht an die je besonderen Verhältnisse eines Landes angepasst werden müsse. Wie kann eine universalistische Doktrin an partikulare Handlungsbedingungen und Traditionen adaptiert werden? Muss sie nicht populistische Züge annehmen, wenn ein Land noch gar nicht in die Phase der Industrialisierung eingetreten ist? So wurde beispielsweise der Ujama-Sozialismus in Tansania populistisch genannt. Als theoretischer Vater einer solchen Indigenisierung gilt der italienische Marxist Antonio Gramsci. Mit dem unübersetzbaren Konzept des *nazional-popolare* (etwa: Berücksichtigung nationaler Volkstraditionen) hatte er zur Zeit der Dritten Internationale versucht, den Kommunismus als internationalistische und universalistische Doktrin den historischen, ökonomischen und sozialen Bedingungen eines Landes anzupassen. Der Kommunismus bzw. der Sozialismus als dessen Vorstufe sollte in seiner damals vorherrschenden sowjetischen Form nicht als Fremdimport in einem Land implantiert, sondern auf bereits vorhandene Traditionen aufgepfropft werden. Es galt, landesspezifische Unterdrückungserfahrungen und Gerechtigkeitsdiskurse in die universalistische Doktrin zu inkorporieren. Partikularismus und Universalismus sollten ineinander übersetzt und miteinander kompatibel gemacht werden, um die Akzeptanz des Sozialismus auch in bäuerlichen, archaischen Volksschichten zu erhöhen. Angesichts der Krise des

Universalismus stellt sich heute aber die Frage, ob die Partikularisierung oder Nationalisierung einer universalistischen Doktrin wie dem Sozialismus nicht Gefahr läuft, sich in einem Nationalpopulismus zu verselbständigen, wie das Beispiel des venezolanischen Chavismus zeigt (vgl. Kapitel VI).

## 3. Ist Linkspopulismus in Europa in Fremdkörper?

Im europäischen Kontext zeigt Populismus eine stärkere Affinität zu rechten als zu linken Ideologien (ideengeschichtlich hierzu v.a. Mény/Surel 2000: 220ff.; auch Priester 2007a: 14ff. und 46–66). Linkspopulismus stößt hier auf wenig fruchtbaren Boden (vgl. Akkerman 2003: 154; Laycock 2005: 135 und 138f.; Priester 2007b und 2008: 32ff.). In der politischen Praxis hat zwar auch die Linke zwischen ›Wir‹ und den ›Anderen‹ polarisiert. Aber überall dort, wo der Marxismus als Erbe der Hegelschen Philosophie dominierte, ist dieser Diskurs nicht manichäisch, sondern dialektisch geführt worden. In der manichäischen, für den Populismus typischen Sichtweise stehen sich zwei Pole unvermittelt gegenüber. Der Populismus kennt nicht die dialektische Denkfigur der Aufhebung, folglich auch nicht die Synthese antagonistischer Kräfte in einem Dritten.

Ist also die europäische Linke gegen den Populismus gefeit? Hier muss man unterscheiden zwischen der alten Klassenlinken, die in bestimmten Phasen populistische Versatzstücke benutzt hat, ohne selbst populistisch zu sein und einer neuen, entideologisierten Linken, etwa der französischen Linkspartei (Parti de gauche) unter Jean-Luc Mélenchon, die im Kern populistisch ist.

Marc Lazar (1997: 124–129) zeigt, dass in Italien und Frankreich auch in linke Diskurse immer wieder populistische Elemente eingegangen und von der Führung teilweise bewusst eingesetzt worden sind. In Frankreich begann eine Diskursverschiebung von der Klasse zum Volk schon in den 1930er Jahren. Nachdem die kommunistische Partei in das Volksfrontbündnis unter dem Sozialisten Léon Blum eingetreten war, erklärte der damalige Vorsitzende der kommunistischen Partei PCF, Maurice Thorez: »Wir sind die Partei des Volkes.« Dieser Kurswechsel stand im Einklang mit der Politik der Komintern, die zwischen 1934 und 1939 eine Volksfrontstrategie propagierte. Darunter wurde aber kein linker Populismus, sondern ein rein strategisches

Bündnis der Arbeiterklasse mit anderen Volksschichten verstanden, die sich der Führungsrolle der kommunistischen Avantgarde unterzuordnen hatten.

## 4. Plutokratie statt Kapitalismus

In Ländern ohne starke marxistische Tradition wie Frankreich und Italien ebnete dieser Wechsel von einer Klassen- zu einer Volksstrategie einem linken Populismus den Boden, etwa, wenn der Gegner nicht mehr strukturell in der kapitalistischen Produktionsweise, sondern personell in den Großen, den 200 reichsten Familien oder der herrschenden ›Kaste‹ gesehen wurde. »Die Reichen sollen zahlen« lautete einer der Slogans, mit denen sich die PCF nicht nur an die Arbeiter, sondern auch an die Armen und die einfachen Menschen in den unteren Volksschichten wandte. Strukturelle, abstrakte Zusammenhänge sind in der politischen Propaganda immer schwerer vermittelbar als das Weltbild der »falschen Konkretheit« (Franz L. Neumann) und die Visualisierung von Macht durch konkrete Personen und Personenkreise.

Ein guter Indikator für das Eindringen des Populismus in linke Bewegungen ist die Verwendung der Termini Plutokratie und Oligarchie an Stelle von Kapitalismus. Auch in der italienischen kommunistischen Partei PCI hat es seit den 30er Jahren solche Tendenzen gegeben. Die Zeitschrift *Voce* (Stimme), das Organ der Italienischen Volksunion (*Unione popolare italiana*), einer Massenorganisation der PCI im Exil, kritisierte »eine kleine Zahl von Familien, die Italien gegen sein Volk monopolisieren«. (Zit. nach Vial 2001: 100f.) Mal ist von den magischen 200 Familien die Rede, mal von 500 Familien, die das Land fest im Griff hätten, oder von einer »Handvoll Parasiten«, die sich auf Kosten des Volkes bereicherten. Das »gute Volk der Italiener« (*italiani brava gente*) steht gegen die wenigen Blutsauger. Dieses homogene gute Volk verurteilt zwar den Antisemitismus, aber nicht aus universalistischen Erwägungen, sondern weil er der italienischen Volkstradition widerspreche. Das Volk sei patriotisch, humanistisch und zivilisiert; die Eliten seien dagegen Vaterlandsverräter, eine »Bande von Plutokraten, die das italienische Volk aushungern und ausbluten lassen«. (Ebd.) Unter linkem Vorzeichen wird der Mythos eines per se guten Volkes konstruiert, auch wenn es just zur selben Zeit Mussolini zujubelte. Aber in dieser linkspopulistischen Optik wird selbst der Duce des Faschismus fast zum Opfer der Großen. Er habe vor den großen Trusts nur kapituliert und werde von Kriegsprofiteuren für ihre Zwecke eingespannt. 1946 erschien im theoretischen Parteiorgan *Rinascita* ein Artikel, in dem es zur neuen Verfassung hieß, sie müsse es »dem Staat ermöglichen, die Privilegien der Plutokratie zu bekämpfen und wirksam zu intervenieren, um die Not des Volkes zu lindern«.[97] Im linkspopulistischen Denken geht es nicht um eine bestimmte Produktionsweise und deren widersprüchliche Entwicklung, sondern um Privilegienherrschaft, nicht um Ausbeutung, sondern um Armut und Not.

Drei Merkmale des Populismus fehlen allerdings in diesem linkspopulistischen Diskurs: die Intellektuellen- und Institutionenfeindlichkeit und die Anti-Politik. Diese Aspekte, die zum Grundrepertoire des heutigen Populismus gehören (vgl. Priester 2012a), traten in Italien erst in der rechtspopulistischen Jedermannspartei (*L'Uomo qualunque*) der unmittelbaren Nachkriegszeit in Erscheinung. Zwischen 1946 und 1948 hatte diese Partei mit ihrer Zeitung *Der gesunde Menschenverstand* (*Il Buonsenso*) kurzfristig Erfolg bei der von Politik und Parteien desillusionierten ›schweigenden Mehrheit‹ von kleinen Händlern und Angestellten. Mit den Slogans »Nieder mit allen! Wir haben alle satt! Ihr geht uns auf den Sack!« schürte sie Antiparteienaffekte, Institutionenfeindlichkeit, Antipolitik, Parteienkritik und den damals virulenten Antikommunismus. Heute mobilisiert Jean-Luc Mélenchon am linken Rand des französischen Parteienspektrums mit dem fast gleich lautenden Slogan »Alle sollen verschwinden!« (*Qu'ils s'en aillent tous!*).

## 5. Dem Volke dienen

In den 1960er und 1970er Jahren waren auch am linksextremen Rand populistische Formeln wie »Dem Volke dienen« oder »Sache des Volkes« verbreitet, paradoxerweise bei sogenannten marxistisch-leninistischen Gruppen – ein deutliches Zeichen für einen theoretischen Verfall zugunsten einer Bricolage polysemischer ideologischer Versatzstücke. Schon die russischen Volkstümler (*Narodniki*) des 19. Jahrhunderts verstanden sich als Diener des Volkes. Im Unterschied zu den amerikanischen Populisten waren sie entschieden antikapitalistisch, aber in einer weitgehend noch vorkapitalistischen Gesellschaft. Alexander Herzen und andere warfen in der zweiten

---

97 I comunisti e la costituente. In: *Rinascita*, III (4), April 1946

Hälfte des 19. Jahrhunderts die Frage auf, welchen Weg zum Sozialismus Russland einschlagen solle. Sie sahen das Subjekt der Geschichte nicht in den erst spärlich vorhandenen Industriearbeitern, sondern in der Masse der Bauern. Der dörfliche Gemeinbesitz (*Obschtschina*) und die Erneuerung der altrussischen Dorfverfassung (*Mir*) sollten die Grundlage des Sozialismus bilden. Nachdem sich aber der idealistische Gang ins Volk als Fehlschlag erwiesen hatte, setzten viele Volkstümler unter Berufung auf den Volkswillen (*Narodnaja Volja*) auf Attentate und Terroraktionen, um den Gang der Geschichte zu beschleunigen.

Stärker als die amerikanischen Populisten zeigte sich bei den russischen die dem Populismus inhärente Gefahr des Umschlags eines Denkens, das vehement jede Stellvertreterpolitik ablehnt und sich doch zu extremen Formen einer solchen Politik wandeln kann, sei es zum Terrorismus oder zu einer Akklamationsdemokratie. Das Ideal der selbstverwalteten, dezentral organisierten Dorfgemeinschaften schlug in Terrorismus um, als sich die dörflichen Massen dem Erlösungsimpuls der städtischen Intelligenz verweigerten. Die vom idealisierten Subjekt der Geschichte enttäuschten Intellektuellen unterschieden nun zwischen den aktiven »Helden«, zu denen sie sich selbst zählten, und den dumpfen, passiven »Haufen«. Im autokratischen Russland, wo keine dauerhafte Verbindung zwischen der städtischen Intelligenz und den bäuerlichen Massen gelang, kam es zu einer voluntaristischen Kehrtwende hin zur befreienden, durch Attentate herbeigeführten direkten Aktion. Bewegungen im 20. Jahrhundert, die nach diesem Muster von einem ursprünglich idealistischen Gang ins Volk zu terroristischer Stellvertreterpolitik umschlugen, von den linksperonistischen Montoneros zum peruanischen Sendero Luminoso bis zur RAF, zeigen, dass dieser anarchistische Voluntarismus der ›befreienden‹ Tat keineswegs der Vergangenheit angehört. Aus enttäuschten Volksfreunden können elitäre Volksverächter werden.

## 6. Populistische ›Verführungen‹ der Linken und ihre Grenzen

Neben den französischen Kommunisten griffen auch die dortigen Sozialisten auf populistische Versatzstücke zurück. Auch sie moralisierten ihren Diskurs und konzentrierten ihn auf die Geldwirtschaft. So erklärte der sozialistische Politiker und spätere Präsident François Mitterrand 1971 auf dem Parteitag von Epinay dem Geld den Kampf: »Der wirkliche Feind... ist der, der die

Schlüssel in der Hand hält... das Monopol! Ein weit gefasster Begriff, der alle Mächte des Geldes bezeichnet. Das Geld korrumpiert, das Geld kauft, das Geld tötet, das Geld ruiniert und verdirbt schließlich das Gewissen der Menschen.«[98] Diese Kritik des Geldes, des kalten, ›entbetteten‹ Mediums schlechthin, ist auch heute verbreitet, und dies nicht nur bei Rechtsextremisten mit ihrer Kritik an der »Zinswirtschaft«, sondern auch in Teilen der neuen Linken wie Attac oder der deutschen Linkspartei (vgl. Priester 2007b und 2008). Die Macht, so der französische Linkspopulist Mélenchon, liege bei der Oligarchie, beim präsidentiellen »Monarchen« und bei »König Geld« (*l'argent roi*). Es liegt in der Natur ideologischer Auseinandersetzungen, dass Teile der Linken diese Fokussierung auf Geldkritik und Volk nicht als Populismus gelten lassen und den Begriff ablehnen. Populismus, erklärt einer der intellektuellen Berater Mélenchons, Benoît Schneckenburger, sei lediglich ein »Phantasma der Eliten«, eine ideologische Kampferklärung, um das Volk klein zu halten, berechtigten Volksprotest zu stigmatisieren und den Linken Mélenchon mit der Rechten Marine Le Pen auf eine Stufe zu stellen. Diese Kritik ist berechtigt, aber nicht, weil Mélenchon kein Populist ist, sondern weil eine falsche Gleichung hergestellt wird: rot gleich braun, vereint im populistischen »Stil«.

Drei Momente haben vor allem einen linkspopulistischen Diskurs befördert: Populistische Berufungen auf das Volk nahmen immer dann zu, wenn die Linke größere, über die Arbeiterklasse hinausgehende Bündnisse angestrebt, das Volk mit der Nation gleichgesetzt und die ›plutokratische‹ Elite als unpatriotisch, kosmopolitisch und volksfern angeprangert hat. Diese Gleichsetzung von Volk und Nation war aber in Frankreich und Italien weniger problematisch als in Mittel- und Mittelosteuropa, verstanden sich doch die französischen und italienischen Linken als Erben der bürgerlichen Revolutionen, die unvollendet geblieben seien und von der Linken vollendet werden müssen. Letztlich konnte aber, so Lazar (1997: 124), die Linke der Verführung zum Populismus durch drei Momente widerstehen: durch den Marxismus als einer anti-populistischen Doktrin, durch den vor allem in Frankreich starken Ouvrierismus mit seiner Idealisierung und Überhöhung der Industriearbeiter (*ouvriers*) vor allen anderen Volksschichten und in Italien durch die Akzeptanz der Demokratie, an deren Aufbau die italienische kom-

---

98 François Mitterrand, Rede auf dem Parteitag von Epinay am 13.06.1971, *http://miroirs.ironie.org/socialisme/www.psinfo.net/entretiens/mitterrand/epinay.html* (30.03.2012)

munistische Partei nach 1945 maßgeblich beteiligt war. Nach dem Niedergang des Marxismus und seiner Intellektuellen hat die Linke heute nur die Wahl zwischen einer ›sozialen Demokratie‹ oder einer linkspopulistischen Politik im Namen der Ausgeschlossenen. Da aber das »gute« Volk inzwischen gar nicht mehr so gut ist und zu Rassismus und Fremdenfeindlichkeit neigt, ziehen linke Theoretiker wie der Philosoph Etienne Balibar es vor, von einem neuen, demokratischen Bürgerstatus (*citoyenneté*) zu sprechen. Er fordert einen europäischen, post-nationalen Populismus als friedlichen Bürgeraufstand und polarisiert nicht moralisch zwischen zwei präexistenten Polen (den Großen und den Kleinen), sondern zwischen unterschiedlichen Modi des politischen Handelns in einem technokratischen »Euroland« oder einem Europa der Bürger.

## 7. Aufgeklärte Eliten, wankelmütiges Volk

In der Britischen Labour Party kam es Anfang der 1970er Jahre zu einer heftigen Kontroverse über den Eintritt des Landes in den Europäischen Gemeinsamen Markt. Die Partei war gespalten zwischen Parteilinken und Gewerkschaften einerseits, die sich gegen einen Beitritt aussprachen, und Beitrittsbefürwortern andererseits, die im Einklang mit den Konservativen und den Medien auftraten. Die Kontroverse eskalierte zu einer Grundsatzdebatte darüber, ob der antieuropäischen Mehrheitsmeinung des Volkes oder der pro-europäischen Minderheitsposition einer aufgeklärten Elite zu folgen sei. Während die Parteilinke, angeführt von Tony Benn, für ein Referendum eintrat, schrieb der Herausgeber der sozialistischen Zeitschrift *New Statesman*, Richard Crossman, im Sommer 1970:

»Wenn Demokratie wie in Athen praktiziert würde, gäbe es in diesem Land noch die Todesstrafe, würden junge Kriminelle ausgepeitscht, wäre die Abtreibung verboten, würden Immigranten repatriiert, Homosexuelle bestraft, Streiks verboten und Hilfen für ärmere Länder eingestellt. All diese Entscheidungen stünden aber im Gegensatz zur Mehrheit derer, die sich als Radikale und Demokraten verstehen. Wir lösen das Paradox durch die Theorie einer delegierten Demokratie, wonach eine Maßnahme nur dann im Einklang mit dem Willen des Volkes steht, wenn sie sich der Zustimmung der Parteien und des Parlaments ausgesetzt hat. Besser ein liberaler, konstitutionell verankerter Elitismus als der reaktionäre Populismus des Marktplatzes. Referenden oder Plebiszite […] bestätigen bekanntlich rechte Gesetzesvorhaben: sie sind nicht Ausdruck einer linken Gesinnung.« (Zit. nach Lazer 1976: 266)

Der Parteiführer Hugh Gaitskell und sein Nachfolger Harold Wilson griffen indessen die populistische Polarisierung zwischen Volk und Eliten auf. Schon 1962 hatte Gaitskell erklärt: »Man sagt uns, das britische Volk sei nicht in der Lage, dieses Thema zu beurteilen – die Regierung weiß es am besten; die Leute an der Spitze (*top people*) sind die einzigen, die es verstehen können; es ist zu schwierig für den Rest. [...] Was ist das für ein abscheulicher, heuchlerischer, hochmütiger, arroganter Blödsinn!« (Zit. nach Lazer 1976: 270) Gaitskells Nachfolger Wilson knüpfte an diese Argumentationslinie an: »Was wir gesehen haben, ist eine klassische Konfrontation – das Establishment gegen den common sense des britischen Volkes.« (Ebd.) Gegen die Mehrheitsmeinung des Volkes machten die Konservativen und die Labour-Rechte in der Tradition Edmund Burkes geltend, die numerische Mehrheit sei nicht mit einer »denkenden«, rationalen Mehrheit gleichzusetzen. Etliche Labour-Abgeordnete, die für den Beitritt eintraten, waren gespalten in ihrer Haltung zum Volk. Einige beriefen sich auf das freie Mandat und stellten ihr reflektiertes Urteil gegen die stimmungsabhängige Meinung des Volkes. Andere machten geltend, eine Partei sei kein Seismograph, der passiv auf von außen kommende Meinungen reagieren dürfe; wieder andere wie David Owen, der spätere Gründer der liberaldemokratischen SDP, gingen noch weiter: die öffentliche Meinung könne auch irren und müsse von den Parteien geleitet und geführt werden.

Im Oktober 1971 beschloss das Parlament mit Zustimmung einiger Labour-Abgeordneter den Beitritt Großbritanniens zum Gemeinsamen Markt. Der jahrelange nationale Streit über die Mehrheitsmeinung des Volkes und das Votum der Abgeordneten gegen diese Mehrheit wurde unspektakulär beendet. Harry Lazer erkennt darin die Weisheit der britischen Eliten, stillschweigend einem ungeschriebenen Gesetz zu folgen und bestimmte Themen wie die Todesstrafe oder Rassenbeziehungen, zu denen im Volk sehr dezidierte Meinungen vorherrschten, nicht zu thematisieren. Zur populistisch aufgeladenen Kontroverse der 1960er und 1970er Jahre sei es nur gekommen, weil die Parteiführer es zeitweise an Wachsamkeit hätten fehlen lassen.

Schon damals zeichnete sich in der Labour Party die Diskrepanz zwischen liberalen Parteieliten und der mit diesen nicht konform gehenden Parteibasis und den Wählern aus den Volksschichten ab. Die Parteilinke hat damals mit dem Ruf nach einem Referendum versucht, den liberalen Elitenkonsens aufzubrechen und die Mehrheitsmeinung im Volk zu respektieren. Aber sie musste die Erfahrung machen, dass diese Volksmeinung äußerst volatil ist. Als es 1975 zum Referendum kam, votierten die Briten mehrheitlich nicht gegen, sondern für den Verbleib im Gemeinsamen Markt. Ähnlich wie in Frankreich, blieben populistische Tendenzen in der Linken auch hier begrenzt. Sie wurden von der Parteilinken forciert und von der Parteiführung aus taktischen Gründen aufgegriffen, blieben aber insgesamt eine Episode.

In jüngster Zeit macht in der britischen Labour Party eine Gruppe von sich reden, die sich Blue Labour nennt. Ihre These lautet: um dem Populismus entgegenzutreten, müsse sich die Sozialdemokratie wieder mit dem Volk verbinden. Die Exponenten dieser Richtung, Maurice Glasman und David Goodhart, konstatieren eine innerparteiliche Trennlinie zwischen Liberalen bzw. Kosmopoliten und Kommunitariern bzw. Populisten[99] und fordern eine Stärkung des kommunitaristischen Flügels. Der nationale Bürgerstatus (*citizenship*) und die Teilhabe am Wohlfahrtsstaat, denen die Liberalen nur mit Verachtung begegneten, seien zu schützen. In der Immigrationspolitik fordert Goodhart das Ende der Massenimmigration bei gleichzeitiger Förderung der einzelnen Einwanderer. Er tritt gegen eine EU-Mitgliedschaft der Türkei oder zumindest gegen die Bewegungsfreiheit türkischer Arbeitskräfte ein und befürwortet eine selektive und restriktive Einwanderungspolitik. Zugleich seien große Anstrengungen zur Integration der schon im Land lebenden Neubürger zu unternehmen (vgl. Goodhart 2011: 17). Die einseitige Orientierung der Sozialdemokratie an individualistisch-liberalen Werten wie Selbstverwirklichung habe die Kluft zum Volk vergrößert.

## 8. Linkspopulismus als soziale Demokratie oder als Bürgerrevolution

Nicht nur der Begriff des Populismus, sondern auch andere politische Begriffe sind kontextabhängig. Das zeigt die unterschiedliche Verwendung des Begriffs der »sozialen Demokratie«. Der kanadische Populismusforscher David Laycock versteht unter Linkspopulismus nichts anderes als *social democracy*. Die Verwirrung ist groß, denn auch die deutsche Sozialdemokratie

---

99 Im angelsächsischen Sprachgebrauch sind linker Kommunitarismus und linksliberaler Populismus kaum voneinander zu unterscheiden und werden oft synonym gebraucht. In den USA gibt es ohnehin weniger Berührungsängste mit dem Begriff des Populismus.

propagiert die soziale Demokratie, aber als Gegenentwurf zum vermeintlichen Linkspopulismus der Linkspartei. Freilich stellt sich die Situation in den USA und in Kanada anders dar. Linke Populisten, so Laycock, hätten sich hier seit dem 19. Jahrhundert für eine inkludierende, breite und tief gehende Ausweitung repräsentativer Organe stark gemacht und die Ebene der politischen Institutionen mit außerparlamentarischen Prozessen in der Zivilgesellschaft verbunden. Sie streben die Ausweitung der politischen Demokratie im engeren Sinne zu einer gesellschaftlichen Demokratie an. »Warum sollten wir nicht akzeptieren, dass Linkspopulismus einfach soziale Demokratie ist?« (Laycock 2005: 131) Linkspopulisten hätten in der Frage demokratischer Repräsentation oft innovativ gewirkt und nicht nur ökonomische Verteilungsdefizite, sondern auch demokratische Defizite im öffentlichen Leben angeprangert. »Die Neuetikettierung von sozialen Demokraten als Linkspopulisten dient der Absicht, die ›popular-demokratische‹ Dimension sozialdemokratischer Politik hervorzuheben.« (Ebd.) Sozialdemokraten im nordamerikanischen Verständnis hätten sich für den Wohlfahrtsstaat eingesetzt und ihn verteidigt. Neuerdings zeige sich auch in den Anti-Globalisierungsbewegungen eine linkspopulistische Kritik an der vorherrschenden politischen Repräsentation. Nicht zuletzt seien starke populistische Elemente auch in das Konzept der advokatorischen Demokratie (*advocacy democracy*) eingegangen. Interessierte Bürger und »diverse Gruppen« beteiligen sich an öffentlichen Foren oder Anhörungen zu Gesetzgebungsverfahren, um Einfluss auf die gewählten Repräsentanten zu nehmen. Laycock sieht darin eine Möglichkeit, politische Entscheidungsfindungen transparenter und bürgernäher zu gestalten.

Diese linksliberale Form von Bürgerpartizipation ist ein Mittelschichtphänomen und tangiert nicht die antipolitischen Ressentiments in den Unterschichten, die dem Rechtspopulismus überlassen werden. Die unteren Gesellschaftsschichten zeigen schon aufgrund ihres geringen formalen Bildungsstandes und ihres Zeitbudgets wenig Neigung zu einem Bürgerengagement und gehen häufig nicht einmal mehr zur Wahl. Auch in demokratietheoretischer Hinsicht ist das Konzept der advokatorischen Demokratie nicht unproblematisch, ist diese Bürgerbeteiligung doch unverbindlich und überdies nicht legitimiert. Hinter ›interessierten‹ Bürgern oder ›diversen‹ Gruppen können auch Lobbyisten oder solche Bürger stehen, die aus sehr partikularen, ihren Status verteidigenden Gründen an bestimmten Lösungen interessiert sind.

Dem französischen Linkspopulisten Mélenchon geht es dagegen nicht nur um Bürgerpartizipation, sondern um eine Bürgerrevolution. Partizipation ist nur ein Aspekt eines umfassenderen Ziels, das sich auf ein allgemeines Interesse oder auf das Gemeinwohl beruft. Mélenchon fordert »Platz dem Volk! Übernehmt die Macht!« und erläuterte 2010 seine ideologisch dünne Programmatik:

»Ich berufe mich auf ein allgemeines Interesse, ein Wort, das in der Linken mindestens genauso umstritten ist wie in der Rechten. Für die Rechte ist es eine ideologische Konstruktion, die zum Totalitarismus führt; die Harmonie entsteht aus der Summe der Einzelinteressen. Für einige Linke ist das Allgemeininteresse nur eine Maske, unter der die Herrschenden ihr individuelles Interesse für das der Gesamtheit ausgeben. Für mich wird dieser Streit von der politischen Ökologie entschieden – ein allgemeines Interesse der Menschheit ist bewiesen: Die Bewahrung ihres Ökosystems, das der produktivistische Kapitalismus in Frage stellt. Wenn es also, um fortzufahren, ein allgemeines menschliches Interesse gibt, muss darüber diskutiert werden: das ist die Aufgabe der Demokratie. Sodann muss es in Funktion zum Interesse aller gedacht werden: das ist die Republik. Das ist nur möglich, wenn wir Gleiche (*à égalité*) sind: das ist der Sozialismus. Ökologie, Republik, Sozialismus. Um dorthin zu gelangen, gehen Ziel und Mittel ineinander über. Das nenne ich Bürgerrevolution!«[100]

Im September 2010 erklärte er: »Populist? Ich? Dazu stehe ich!«. Nur einen Monat später schwächte er mit Rücksicht auf seine kommunistischen Partner im Linksbündnis (Front de gauche) die populistischen Elemente seines Diskurses ab. Das gemeinsame Projekt soll volksverbunden (*populaire*), aber nicht populistisch (*populiste*) sein. Nun erklärte Mélenchon: »Populismus ist ein Schimpfwort der Feinde des Volkes.«[101] Der Vorsitzende der kommunistischen Partei PCF stellte fest: »Ich freue mich, dass das Kapitel über den Populismus endlich abgeschlossen ist, denn das interessiert die Franzosen nicht.«[102]

Fragen wir trotzdem, was an Mélenchons Diskurs linkspopulistisch ist: (1) Die Berufung auf einen allgemeinen Willen, ein allgemeines Interesse oder das Gemeinwohl, die Cas Mudde in seiner Definition des Populismus zu Recht für grundlegend hält (vgl. Kapitel II), (2) die Verwendung polysemischer Worthülsen wie ›Sozialismus‹. Darunter versteht Mélenchon nichts anderes als das Egalitätsversprechen der bürgerlichen Revolution(en), die

---

100 Interview mit Thierry Dupont. In: *L'Express*, 16.09.2010
101 Zit nach Sophie de Ravinel, Les communistes se méfient de Jean-Luc Mélenchon. In: *Le Figaro*, 19.11.2010
102 Zit nach Justine Brault, Mélenchon lâche le populisme pour le plaisir des communistes. In: *L'Express*, 22.11.2010

indessen keine materielle Egalität angestrebt haben, sondern die Gleichheit der Bürger vor dem Gesetz und die Abschaffung der Privilegien des Adels, (3) die Erinnerung an einen nationalen Gründungsakt als rückwärtsgewandte Utopie. Am 18. März 2012 stellte sich Mélenchon in seiner Rede auf dem symbolträchtigen Platz der Bastille in die Tradition der Französischen Revolution und der Kommune von 1871. Mit dem Ruf der Kommunarden »Vive la sociale!« (Es lebe die soziale Revolution!) erklärte er: »Wir sind wieder zurück, Volk der Revolutionen!«, (4) die Polarisierung zwischen dem ›Wir‹, bei Mélenchon die universale Menschheit, und den ›Anderen‹, den Mächten des Geldes. Das französische Volk kehre zu seiner einstigen Größe als universales Menschheitsvolk zurück und werde, wie schon 1789 und 1871, der Welt den Funken der Revolution bringen. »Diese Wahl (die Präsidentschaftswahl im Mai 2012, K.P.) wird ein Bürgeraufstand (*insurrection civique*) sein. Ganz Europa wartet auf den Ausbruch des französischen Vulkans!«[103]

Zwischen Revolution, Rebellion, Aufstand oder Erhebung besteht kein Unterschied. Die Begriffe sind lediglich emotionale Kraftideen oder *idées-forces* (Georges Sorel), die mit polysemischen, ideologisch ausgedünnten Grenzmarkierern wie Sozialismus, Demokratie oder Republik verknüpft werden. »Die Reichen sollen einfacher leben, damit die Armen leben können«, war auf einem Transparent auf dem Platz der Bastille zu lesen. Das Charisma dieses Platzes als Ausgangsort der Französischen Revolution prägte die Veranstaltung: ein Meer roter Fahnen und Trikoloren, das Absingen der Internationale und der Marseillaise, die Gemeinschaft stiftende Erinnerung an die Helden der Kommune. 30.000 Menschen wurden erwartet, 100.000 waren gekommen. Aber was waren die konkreten Forderungen Mélenchons? Das Recht in Frankreich Geborener, Franzosen zu sein (*ius soli*); das Recht auf gemeinsame Güter (*biens communs*), die für das »Vaterland« (*patrie*) requiriert werden sollen; das Recht auf Abtreibung und das Recht auf einen menschenwürdigen Tod durch aktive Sterbehilfe. Eher linksliberale, schon etwas in die Jahre gekommene Forderungen, die teilweise nur auf Novellierungen bereits bestehender Gesetze wie dem Staatsbürgerschafts- und dem Abtreibungsgesetz hinauslaufen. In ökonomischer Hinsicht fordert Mélenchon eine Reichensteuer, einen Minimallohn von 1.700 Euro und eine Kontrolle des Bankensystems. Andere Linkspopulisten wie Antonio Negri fordern ein bedingungsloses Grundeinkommen und sehen darin den ersten Schritt zur Überwindung des kapitalistischen Eigentumsverständnisses.

---

103 Mélenchon prône l'insurrection civique. In: *Le Figaro*, 18.03.2012

Auch die deutsche Piratenpartei vertritt diese Forderung, versteht sich aber kaum als antikapitalistisch, sondern eher als linksliberal.

Worauf beruht der Erfolg des Linkspopulisten Mélenchon? Er beruht auf der Botschaft, dass die gemeinsame Zukunft in der Vergangenheit zu suchen sei. In der Internet-Ausgabe der Zeitung *Le Monde* vom 01.02.2012 sprach ein Blogger unter dem Titel »Eine zerfallende Gesellschaft sehnt sich nach Zukunft« das Schwinden der Zukunftsgewissheit und die weit verbreitete Fortschrittsskepsis an.

»Früher, in der Nachkriegszeit, konnte die Jugend, zu Recht oder zu Unrecht, auf eine gerechtere Gesellschaft hoffen. [...] Sie erwartete eine bessere Welt, technischen Fortschritt, und von den Wissenschaften, insbesondere den Humanwissenschaften, dass sie in Fragen von Religion und Sitten Freiheit und Fortschritt bringen würden. [...] Wie ist es zu erklären, dass trotz des wissenschaftlichen Fortschritts so viele Franzosen in Armut leben, ja sogar ums Überleben kämpfen? Welche Wohltaten bringt uns diese viel gerühmte Globalisierung? [...] Ein Mélenchon hat diese Frustration gut verstanden, dieses Bedürfnis nach einem menschlichen Ideal, das viele der Präsidentschaftskandidaten zu ignorieren scheinen.«

Das Thema des Niedergangs, ursprünglich eine Kernidee der Rechten, ist in die Hand der Linken übergegangen. Während die sozialdemokratischen Parteien weiterhin am Ideal des Fortschritts festhalten, greift der Linkspopulismus eine weit verbreitete Fortschrittsskepsis auf und stellt die Rückkehr zu einem Gründungsversprechen und einem vorgängigen Zustand (dem rheinischen Kapitalismus, den Jahren der Prosperität nach dem Zweiten Weltkrieg) ins Zentrum seiner Politik. Frankreich, so Mélenchon, sei durch Ungleichheit »entstellt« (*défiguré*) und die Regeln des Zusammenlebens zerfielen. Wie schon 1789, müsse daher auch das heutige Ancien Régime bekämpft und die Republik als Nationalstaat mit protektionistischen Tendenzen neu gegründet werden. Schon zu Beginn der 1980er Jahre hatte die französische PCF mit protektionistischen Slogans wie »Kauft französisch!« (*Achetez français!*) mobilisiert. Mélenchons Diskurs ist nicht frei von linksnationalistischen Tönen, die auch im Parteiprogramm der sozialistischen Mehrheitspartei PS, aus der Mélenchon hervorgegangen ist, anklingen: Frankreich habe einmal einen einzigartigen politischen und kulturellen Einfluss ausgeübt. In einem Europa, das zählte, habe es den ersten Rang eingenommen. Heute herrsche dagegen allgemein ein Gefühl vor, dass sich die Zukunft entziehe und nicht greifbar sei.

Diese Fixierung auf den Rang und die Weltgeltung Frankreichs, von der auch Mitterand besessen war, vermutet man eher bei der Rechten als bei der

Linken. Mélenchon operiert mit Denkfiguren des 19. Jahrhunderts: Der Weltgeist, so Herder und Hegel, inkarniere sich in einem Volk, das, stellvertretend für die gesamte Menschheit, die Fahne einer universellen Botschaft vorantrage. Dieses Menschheitsvolk, so Mélenchon, seien auch heute wieder die Franzosen, die als Volk der Revolutionen zur ihrer wahren Bestimmung zurückkehren. Mit dem Appell an den Nationalstolz auf eine große, universal bedeutsame Vergangenheit tritt Mélenchon dem Syndrom des Niedergangs und der Zukunftsskepsis entgegen. Aber er verspricht eine Zukunft aus dem Geist der Vergangenheit durch Erneuerung des status quo ante und schöpft erinnerungskulturell aus dem Paradigma der bürgerlichen Revolution. Die gegenwärtige Lage wird mit dem Zustand Frankreichs vor Ausbruch der Revolution von 1789 parallelisiert: das heutige System mit dem Ancien Régime, der Präsident mit dem Monarchen und die ›Plutokratie‹ mit der Privilegienherrschaft des Adels.

Diese zeitdiagnostische Denkfigur – das Abweichen von einer Norm und die Forderung nach Rückkehr zum Goldenen Zeitalter – ist ein allgemeines Kennzeichen von Populismus, der sich erst durch die unterschiedliche Interpretation des normativen Gründungsversprechens in Links- oder Rechtspopulismus verzweigt. Auch in der Bestimmung des Goldenen Zeitalters unterscheiden sich Links- und Rechtspopulisten. Für Rechtspopulisten liegt es entweder in ethnonationaler Homogenität vor dem Beginn der Massenimmigration und dem transnationalen Projekt der EU oder, wie bei der Tea Party in den USA, im frühliberalen Minimalstaat. Für den Linkspopulisten Mélenchon liegt es in den dreißig ruhmreichen Jahren (den *trente glorieuses*) nach dem Zweiten Weltkrieg, die von Wachstum, Vollbeschäftigung, Optimismus, Zukunftsgewissheit und Aufstiegschancen geprägt waren.

## 9. Occupy Wall Street – führungsloser Populismus von links

Eine der jüngsten Erscheinungsformen von Linkspopulismus ist die Occupy Wall Street-Bewegung, die 2011 in den USA begann und sich vor dem Hintergrund der globalen Finanzmarktkrise rasch international ausgebreitet hat. Auch diese Bewegung beruht auf der moralistischen Polarisierung zwischen Volk und Eliten. »Wir sind die 99 Prozent« lautet ihr Vereinigungsslogan. Sie sucht die Verschmelzung mit dem Volk (*affiliation with the people*) gegen eine kleine ›plutokratische‹ Gruppe von Großkonzernen. In einem Interview erklärte einer der Initiatoren der Occupy-Bewegung, Kalle Lasn, der Herausgeber der konsumkritischen Zeitschrift *Adbusters*: »Wir haben eine Plutokratie, einen Staat, der von den Konzernen regiert wird. Was Occupy Wall Street will, ist ein fundamentaler Wandel in der Art und Weise, wie dieses Land funktioniert.«[104] Dieser linke Protestpopulismus befindet sich noch *in statu nascendi*. Damit erfüllt er Isaiah Berlins Kriterium für echten, noch nicht von anderen Kräften instrumentalisierten oder ideologisch festgelegten Populismus. Gerade weil er sich aber erst im Entstehungsstadium befindet, ist er politisch ambivalent. Befragt zu seiner Einschätzung der rechtspopulistischen Tea Party-Bewegung, erklärte Lasn nämlich: »Ich habe die Tea Party seit Langem bewundert. [...] Wie wir versucht die Teepartei die Mechanismen der Macht zu verändern, das fest gefahrene Gefüge ins Wanken zu bringen. Ich hoffe, dass es in der Zukunft eine Koalition zwischen ihrer und unserer Bewegung geben kann, die vielleicht sogar in der Gründung einer dritten Partei in den USA mündet.« (Ebd.) Lasn sagt von sich, er habe ein »anarchistisches Grundempfinden«. Das erklärt seine eigentümliche Sympathie für die Tea Party-Bewegung und für eine Allianz jenseits von rechts und links. Das Ziel wird nicht inhaltlich, sondern als purer, moralisch motivierter Ausbruch aus fest gefahrenen Strukturen und verknöcherten Machtgefügen bestimmt. »Die konkreten Forderungen werden schon kommen.« (Ebd.) Klaus Eder stellt fest: »Protesthandeln ist nichts anderes als die Umkehrung des institutionellen Handelns: nicht zentralisiert, sondern dezentralisiert zu sein; nicht legal, sondern legitim zu sein; nicht formal, sondern informell zu sein; nicht strategisch, sondern expressiv orientiert zu sein.« (Eder 2000: 101)

In einer dezentralen, führungslosen Open Source-Bewegung, die jedem, der mitmachen will, ein Forum bietet, ist Lasn als Mitinitiator der Occupy-Bewegung nur einer unter vielen, auch wenn er mehr als andere gehört wird. In einem Interview mit der *Washington Post* erklärte er Ende 2011 zur Frage nach der Führungs- und Programmlosigkeit der Occupy-Bewegung: »Nicht jeder braucht einen Führer (*leader*) mit klaren Forderungen. Das ist die alte Art, Revolutionen zu machen. Diese Revolution wird von der Internet-Generation gemacht, die die Dinge egalitär angeht und jeden in den Prozess einschließt und einbezieht. Darin liegt ihr Charme.«[105]

---

104 »Die Bewegung prägt eine ganze Generation«, Interview von Sebastian Moll mit Kalle Lasn, *http://www.ag-friedensforschung.de/themen/Globalisierung/lasn.html* (17.03.2012)
105 »Occupy Wall Street: An interview with Kalle Lasn, the man behind it all«, geführt von Elizabeth Flock, *http://www.washingtonpost.com/blogs/blogspot/post/occupy-wall-street-an-*

Wie Mélenchon in Frankreich, fordert auch die Occupy-Bewegung eine Bürgerrevolution. Revolution heißt indessen nichts anderes als Elitenwechsel und mündet bei Occupy in die Forderung nach einem »weichen Regimewechsel«, was immer darunter zu verstehen ist. Im Raum stehen derzeit Forderungen nach einer Robin Hood Steuer auf Finanztransaktionen und einer Rückkehr zum (zweiten) Glass-Steagall-Gesetz von 1933. Dieses Gesetz sah die Einführung eines getrennten Banksystems vor, d.h. die Trennung des Einlagen- und Kreditgeschäfts von Wertpapiergeschäften sowie einen Einlagensicherungsfonds. Ohne diese Forderungen diskreditieren zu wollen, ist aber daran zu erinnern, dass nach der Weltwirtschaftskrise von 1929 fast alle kapitalistischen Länder, darunter auch das faschistische Italien, zu einem Trennbanksystem übergegangen sind, was dieses Ziel in einem eher systemkompatiblen Licht erscheinen lässt.

Nicht zuletzt geht Lasn auf ein wichtiges Motiv für die Entstehung populistischer Bewegungen ein, vor allem dann, wenn sie von jungen Menschen getragen werden. Der Protest entzündet sich häufig in Situationen, die von sozialer Schließung, blockierten Aufstiegswegen und Akademikerarbeitslosigkeit geprägt sind. Lasn sieht die Entstehung und den globalen Erfolg der Occupy Wall Street-Bewegung im Zusammenhang mit den Protestbewegungen in arabischen Ländern, die vor dem Hintergrund einer hohen Jugend- und Akademikerarbeitslosigkeit entstanden sind. Auch in den USA hätten viele Menschen nicht nur ihre Häuser und ihre Jobs verloren, sondern junge Menschen kämen gar nicht erst in den Arbeitsmarkt hinein. »Rund 30 Prozent der jungen Leute finden keinen Arbeitsplatz, nicht einmal dann, wenn sie promoviert sind.« (Ebd.) Weiter hob Lasn die »quasi-religiöse[n] Gemeinschaftserfahrungen« der Occupy-Aktivisten hervor. Blockierte Gesellschaften sind auch ein guter Nährboden für die populistische Sehnsucht nach Gemeinschaft.

Wo aber von ›Plutokratie‹ die Rede ist, ist meist auch der Antisemitismus nicht fern. In einer Open Source-Bewegung *in statu nascendi* ist es kaum möglich, die Spreu vom Weizen zu trennen. Aber es hat vereinzelt im Zuccotti-Park, dem Versammlungsort der New Yorker Occupy-Bewegung, Transparente mit der Gleichsetzung von Wallstreet und Zionismus, von Finanzkapital und Juden gegeben. Ähnliche Beispiele nennt Feuerherdt auch für Occupy-Veranstaltungen in Deutschland und Österreich (Feuerherdt

---

*interview-with-kalle-lasn-the-man-behind-it-all/2011/10/12/glQAC81xfl_blog* (17.03.2012)

2011). Und wo die Geldwirtschaft am Pranger steht, kommt häufig auch Silvio Gesells Freiwirtschaftslehre wieder zu Ehren, die eher in der Rechten als in der Linken als Alternative zur »Zinswirtschaft« propagiert wird. Führungslose, dezentrale Jedermannsbewegungen mögen, wie Lasn feststellt, ihren anarchoiden Charme haben. Aber sie haben auch ihre Tücken. Wer das Prinzip eines egalitären Bewegungsprotests vertritt, hat aus sich heraus kein Kriterium, nach akzeptablen und nicht-akzeptablen Einstellungen zu unterscheiden. Über kurz oder lang muss er aber wählen, was ihm wichtiger ist: die postmoderne Egalität des *anything goes* oder der Bruch mit der Egalität aller Aktivisten im Namen humanistischer Ausschlusskriterien.

Zum Entstehungshintergrund und zur Erscheinungsform der Occupy Wall Street-Bewegung kann man vorerst bilanzieren, dass sie typische Merkmale von Populismus aufweist: die Polarisierung zwischen dem Volk als überwältigender Mehrheit (99 Prozent) und einer kleinen ›Plutokratie‹, die die Geschicke des Landes bestimme; die moralische Kritik an Gier und Korruption auf Seiten der Eliten; die Aversion gegen Parteien und Berufspolitiker; die rückwärtsgewandte Utopie des »amerikanischen Traums«, der nicht verwirklicht worden sei; der anarchistische Impuls zu Herrschaftsfreiheit und Voluntarismus, denen programmatische Ziele nachgeordnet werden; der halbierte Antikapitalismus, der sich von der Regulierung der Finanzmärkte bereits eine Revolution verspricht; der Stellenwert von quasi-religiösen Gemeinschaftserlebnissen und nicht zuletzt die ambivalente Einschätzung des rechtspopulistischen Verwandten, der Tea Party. Auch wenn Lasns Bewunderung für die Tea Party-Bewegung nicht repräsentativ für die Mehrheit der Occupy-Aktivisten sein sollte, zeigt sie doch eine eigentümliche Verlagerung von inhaltlichen Forderungen auf das Aufbrechen verfestigter Strukturen. Dieser vitalistische Impuls steht quer zur Rechts-Links-Trennlinie und kann Querfront-Allianzen zwischen rechts- und linkspopulistischen Kräften der Bewegung gegen die etablierten Kräfte der Beharrung befördern.

Schon jetzt versucht die Demokratische Partei, Einfluss auf die Occupy-Bewegung zu nehmen und sie in ihr Fahrwasser zu lenken. Sollte es zu einer dritten Partei kommen, wird sie den Weg aller dritten Parteien in den USA gehen und, wie Ross Perots Reform Party in den 1990er Jahren, über kurz oder lang untergehen. Sollte es nicht dazu kommen, wird die Occupy-Bewegung von der Demokratischen Partei aufgesogen werden, analog zur People's Party Ende des 19. Jahrhunderts. Die größere, mehrheitsfähige Partei absorbiert den Volksprotest, indem sie einige seiner Forderungen in entschärfter Form übernimmt. Das ist nicht wenig, aber Revolutionen sehen anders aus.

## 10. Populismus – Gefahr oder Korrektiv?

Warum ist Populismus in Europa heute unweigerlich rechts, fragt Nadia Urbinati (Urbinati 1998). Ihre These lautet: Nur in nicht-demokratischen Gesellschaften hat der Populismus eine positive Funktion, wenn es ihm als Anti-Bewegung gelingt, ein Gleichgewicht der Machtverteilung zwischen etablierten und ausgeschlossenen Gruppen herzustellen. Entsteht Populismus aber, wie in Europa, im Inneren einer demokratischen oder quasi-demokratischen Gesellschaft, habe er eine negative Funktion.

Worin besteht diese negative Funktion? Populismus ist nicht antidemokratisch, er ist antiliberal. Der Antiliberalismus hat in Europa aber eine lange Tradition. Liberalismus steht nicht nur für Laissez-faire, Steuersenkungen, deregulierte Märkte und den Abbau des Sozialstaats, gegen die sich im Namen von sozialer Gerechtigkeit vieles einwenden lässt. Liberalismus steht auch für den Rechtsstaat als Herrschaft des Gesetzes gegen jede Form von personaler Herrschaft, sei sie monarchistisch, faschistisch oder populistisch. In den USA und in Kanada agieren rechte und linke Populisten immer vor dem Hintergrund einer unangefochtenen liberalen Grundlage dieser Gesellschaften. In Europa hat aber nicht nur die Rechte, sondern auch die Linke ein zwiespältiges Verhältnis zum Liberalismus. Die anarchistische Linke tritt gegen jede Form von Herrschaft, auch gegen die des Rechtsstaats an, und stellt ihr die Selbstorganisation von Gleichen in dezentralen, föderalen Einheiten entgegen. Die marxistische Linke hat im Rechtsstaatsliberalismus immer nur ein Überbauphänomen als *direkten* Ausdruck von Klassenbeziehungen gesehen. Die sozialdemokratische Linke bekennt sich zwar zur parlamentarisch-repräsentativen Demokratie, vertritt aber einen technokratischen, fortschrittsgläubigen Etatismus. Damit ist sie selbst zwar gegen populistische Versuchungen gefeit, ruft sie aber als Gegenreaktion hervor.

Nach der Implosion des Sowjetkommunismus fällt die kommunistische Linke als relevante Kraft aus. Die zwei noch verbleibenden Akteure treten aber als Kontrahenten auf: die Sozialdemokratie, die bisher nicht als dezidierte Verfechterin von Bürgerpartizipation oder Volksanrufungen in Erscheinung tritt, und der linke Neoanarchismus. Seit den 1970er Jahren ist er im Aufwind und kann am ehesten als Linkspopulismus bezeichnet werden. In theoretisch elaborierter Form zeigte er sich bei Michel Foucault und heute zum Beispiel in Jacques Rancières emphatischer Parteinahme für das Volk, das alle von politischer Selbstbestimmung Ausgeschlossenen umfasst. Institutionen als versteinerte Bastionen von Herrschaft und als Ausdruck verfestigter Machtstrukturen sind aus dieser Sicht grundsätzlich abzulehnen. Dies gilt auch für die Organisationsform der Partei, an deren Stelle multiple Bewegungen und fluktuierende Initiativen ohne vereinheitlichendes Zentrum und ohne ideologische Konsistenz treten. Ziel ist die Herrschaftsfreiheit (*non-domination*); der Weg dorthin sind rhizomartig wuchernde neue soziale Bewegungen. Das ist nicht unsympathisch, aber von jenem hochfliegenden Idealismus, der stets das Gute will – und es dabei belässt, um nicht das Böse in Gestalt neuer Machtstrukturen und Herrschaftsbeziehungen zu schaffen.

Linkspopulismus, so kann zusammengefasst werden, zeigt sich in den USA und Kanada als *social democracy* und ist, etwa bei Michael Walzer, von linksliberalem Kommunitarismus kaum zu unterscheiden. Gefordert wird ein Sozialstaat, aber kein technokratisch von oben oktroyierter, sondern ein auf bürgerschaftlichem Gemeinschaftshandeln beruhender. Gemeinschaft wird nicht als Antithese zum Individualismus, sondern als dessen Steigerungsform gedacht und steht damit im Gegensatz zur europäischen Karriere des Gemeinschaftsbegriffs. Dieser kommunitaristische Linkspopulismus ist aber weder die vorherrschende populistische Tendenz in Nordamerika noch eine starke Kraft innerhalb der dortigen sozialdemokratischen Parteien (vgl. Laycock 2005: 131).

Die Occupy-Bewegung gehört dagegen zum Typus des Protestpopulismus der Straße und des Marktplatzes. Sie tritt als Protest gegen die ›Plutokratie‹ auf und mobilisiert gegen die unmittelbaren und mittelbaren Folgen der deregulierten Finanzmärkte: Verarmung weiter Teile der Mittelschichten und berufliche Blockierung junger Menschen, gerade auch der akademisch gebildeten. Wie alle Populismen extrapoliert sie die Zukunft aus einem Traum, dem *American dream* von einer Gesellschaft ohne Privilegien. In Frankreich knüpft Mélenchon an den Traum von Bürgeregalität an, der sich gegen die Privilegienherrschaft des heutigen Ancien Régime richtet. Auch der Rechtspopulismus propagiert einen Traum, sei es den einer wahren Volksgemeinschaft ohne »Privilegienritter« (Jörg Haider) oder, wie die Tea Party-Bewegung, den Traum des frühliberalen Minimalstaats gegen die Privilegien der Sozialstaatsklientel und der *New Class* im Staatssektor. Populistisch sind sie alle in ihrem Moralismus und ihrer rückwärtsgewandten Utopie; links- oder rechtspopulistisch sind sie erst durch die unterschiedliche inhaltliche Bestimmung der Nutznießer von Privilegien. Der Kampf gegen Privilegien ist die Reaktion auf blockierte Gesellschaften, die das meritokratische Prinzip außer Kraft gesetzt haben zugunsten von ererbtem Status, ererbtem ökonomischem und sozialem Kapital oder – in der rechtspopulistischen Variante – von leistungsunabhängiger Alimentierung bestimmter Klientelen.

In der Geschichte der europäischen Linken hat es ambivalente Versuche zur Ausweitung des Handlungsspielraums durch Konzessionen an den Populismus gegeben, aber sie sind begrenzt geblieben. Ob dagegen dem institutionen- und parteifeindlichen Neoanarchismus eine politische Zukunft beschieden sein wird, ist zu bezweifeln, hat diese Variante des Linkspopulismus doch ein gebrochenes Verhältnis zur Macht. Sie begreift sich eher als kulturelles Ferment und strebt ein Umdenken, einen Werte- und Gesinnungswandel an, wohingegen die politischen Manifestationen, etwa in Seattle oder Genua, rasch verpufft sind.

Linkspopulistische Tendenzen zeigen sich heute (1) innerhalb sozialdemokratischer Parteien, vor allem in angelsächsischen Ländern. Sie konzentrieren sich entweder auf mittelschichtspezifische Formen von Bürgerpartizipation oder, wie Blue Labour in Großbritannien, auf eine Neuformulierung des Bürgerschaftsstatus (*citizenship*) unter Einschluss einer restriktiven Einwanderungspolitik, (2) als Bürgererhebung links von sozialdemokratischen Parteien wie die französische Linkspartei unter Mélenchon, (3) als außerparlamentarische neo-anarchistische Protestbewegungen, meist als Ein-Punkt-Protest wie die Occupy Wall Street-Bewegung. Ihnen allen gemeinsam ist die Abkehr von einer zukunftsgerichteten Utopie. Ihr Ziel ist die Selbstkorrektur und die Erneuerung des bestehenden Systems durch moralische Reinigung und Rückkehr zu seinem Gründungsakt. Die Occupy-Bewegung als jüngste und organisatorisch offenste Bewegung zeigt die ambivalenten, gegen die ›Plutokratie‹ gerichteten Merkmale eines echten Populismus, der nur *in statu nascendi* als eigenständiges Phänomen auftritt und in der Regel rasch in den *status moriendi* übergeht, weil er aus sich heraus nicht politikfähig ist. Schon wenige Monate nach ihrer Entstehung zeigt die Occupy-Bewegung Anzeichen der Stagnation. Alle anderen Tendenzen haben sich bereits mit Wirtsideologien wie dem Liberalismus in Nordamerika oder dem Sozialismus in der französischen Linkspartei verbunden. Aber sie greifen auf diese Wirtsideologien nicht als Doktrinen zurück, sondern als polysemisches Reservoir für einen Volksprotest, der, wie im Falle Mélenchons, auch linksnationalistisch an die zivilisatorische Mission der *Grande Nation* appelliert. Die glorreiche Vergangenheit ist die Energiequelle für die künftige Erneuerung des Landes.

Die jüngsten Entwicklungen von Populismus zeigen, dass auch er sich globalisiert hat. Rechts wie links spricht er nicht mehr nur das nationalstaatlich begrenzte Volk, sondern die gesamte Menschheit an. Die von Rechtspopulisten verfasste Jerusalemer Erklärung (vgl. Kapitel VII) beschwört die »Unterwerfung der Welt« durch den »totalitären« Islam; der Linkspopulist Mélenchon beschwört die Bedrohung der Menschheit durch den produktivistischen Kapitalismus. Die Welt ist aus den Fugen; die Apokalypse naht. Seit es Populismus gibt, hat er mit unterschiedlicher Intensität auch apokalyptische Endzeitstimmungen geschürt. Blockierte Gesellschaften bringen ein Unruhepotenzial hervor, für das es im Prinzip nur zwei Ventile gibt: entweder den Abbau von ererbten Statusvorteilen und die Förderung von sozialer Durchlässigkeit oder den Aufbau einer äußeren Feindkulisse. Populismus ist mehr als ein Stil oder eine inhaltsleere Anrufungspraxis. Er ist auch der Versuch der Wiederherstellung einer Rechts-links-Cleavage nach dem Ende der alten Klassenlinken.

# X. Die zyklische Wiederkehr des Populismus – eine Skizze

Statt eines Nachworts sollen die hier versammelten Texte zur Theorie und Praxis des Populismus mit einer Skizze abgeschlossen werden, die zu weiteren Untersuchungen anregen kann. Populismus tritt als zyklisches Phänomen in regelmäßigen Wellen auf. Wie in Kapitel VIII gezeigt wurde, kann man in den USA vier große populistische Wellen unterscheiden, die alle mit einer gewissen Verzögerung in Phasen des Wirtschaftsabschwungs entstanden sind: im letzten Viertel des 19. Jahrhunderts (Deflation), in den 30er Jahren (Große Depression), in den 1970er Jahren (Abschwung der Weltwirtschaft und globale Rezession seit 1973), Anfang der 90er Jahre wiederum in einer Phase des Abschwungs, ab 2008 die Tea Party-Bewegung und mit Verzögerung die Occupy-Bewegung als Reaktion auf die weltweite Krise der Finanzmärkte.

## 1. Die vier populistischen Wellen in Europa

Auch in Europa treten populistische Wellen in einem Abstand von etwa 20 bis 30 Jahren auf. Sieht man von den russischen Narodniki in der zweiten Hälfte des 19. Jahrhunderts ab, so traten populistische Bewegungen erstmalig etwa seit der Wende vom 19. zum 20. Jahrhundert auf, entfalteten aber erst in den 1920er und 1930er Jahren eine politische Stoßkraft. Dazu zählen bäuerliche Protestbewegungen, aber auch klein- und bildungsbürgerliche, antimodernistische Bewegungen wie die deutschen Völkischen, das italienische Strapaese oder der britische Distributismus. Sie alle suchten nach alternativen Wegen in die Moderne und gerieten in den Sog des Faschismus.

Nach dem Zweiten Weltkrieg kam es Ende der 40er und Mitte der 50er Jahren zu einer weiteren, allerdings nur kleinen populistischen Welle: dem französischen Poujadismus und der italienischen Jedermannspartei (*Fronte dell'Uomo qualunque*), beide liberalkonservative Mittelstandsbewegungen, der sich nur wenige Jahre als eigenständige Parteien halten konnten. Nach diesen kurzlebigen Protestbewegungen der zweiten Nachkriegszeit setzte die dritte populistische Welle in den 70er Jahren ein. In Skandinavien wurden in dieser Phase die dänische (1972) und die norwegische (1973) Fortschrittspartei gegründet. In der Schweiz entstand 1971 die Schweizerische Volkspartei SVP als Vereinigung älterer Mittelstands- und Bauernparteien, in Belgien 1979 der flämische Vlaams Blok (seit 2004 Vlaams Belang) und in Frankreich 1972 der Front National, der von einigen Forschern als nationalpopulistisch bezeichnet wird.

Die vierte Welle zeichnete sich Anfang der 90er Jahren mit der italienischen Lega Nord ab. In Großbritannien wurde 1993 die europakritische United Kingdom Independence Party (UKIP) gegründet, in Schweden 1991 die rechtspopulistische Neue Demokratie (Ny Demokrati). Auch die schon 1988 von dem ehemaligen Neonazi Anders Klarström gegründeten Schwedendemokraten (Sverigedemokraterna) trat ab 1995 unter neuer Führung als rechtspopulistische Partei auf. Im selben Jahr ging aus einer Abspaltung von der Fortschrittspartei die dänische Volkspartei unter Pia Kjaersgaard hervor. Ebenfalls schon 1995 wurde die Partei der Wahren Finnen (Perussuomalaisten puolue, PS) gegründet. Auch die seit 1955 existierende FPÖ entwickelte sich erst unter Führung von Jörg Haider ab 1986 zu einer rechtspopulistisch-ethnonationalistischen Partei. Zu diesem vierten Zyklus kann man noch die 2002 gegründete niederländische LPF (Lijst Pim Fortuyn) rechnen, der 1999 die Partei Leefbaar Nederland vorausgegangen war sowie die Hamburger Schill-Partei, die wenig später von der politischen Bühne abtrat. Als Reaktion auf die Maastricht-Kriterien der EU von 1992 gründete das FDP-Mitglied Manfred Brunner den Bund freier Bürger und versuchte, eine deutsche FPÖ auf den Weg zu bringen. Aber auch diese Organisation hat sich nach knapp zehnjähriger Existenz aufgelöst. Hinzu kamen in Mittelosteuropa die ungarische MIEP, gegründet 1993, und die polnische Samoobrona von 1992, die heute nur noch ein Schattendasein fristen. Auf weitere rechtspopulistische oder rechtsextreme Partei in Ländern des ehemaligen Ostblocks kann hier nicht näher eingegangen werden. Sie alle sind erst im Zyklus der 90er Jahre unter den spezifischen Bedingungen der Transition entstanden und weichen in vielen Aspekten vom westeuropäischen Rechtspopulismus ab.

Das Profil aller genannten Parteien ist durchgängig nationalliberal und nationalkonservativ, wobei sich die FPÖ ursprünglich als deutschkonservativ verstand, heute aber einen Österreichpatriotismus vertritt. Meist handelt es sich um Ableger älterer Parteien. Einige sind aus dem liberalen, freisinnigen Lager hervorgegangen, andere aus konservativen Bauernparteien, wieder andere wurden als Steuerprotestbewegungen gegründet und entwickelten sich in den 1990er Jahre zu ethnonationalistischen Parteien. Es zeigt sich, dass die europäischen Nachkriegswellen von der kleinen Welle in den 40/50er Jahren seit den 70er Jahren deutlich anschwellen. Zudem haben sich die Gründungen der 70er Jahren als stabil erwiesen; diese Parteien gehören heute teilweise zu den stärksten ihrer Länder.

Die Welle der 90er Jahre zeigt dagegen weder einen kontinuierlichen Verlauf noch ein einheitliches Bild; neben Phasen des Aufschwungs sind auch Abwärtsbewegungen zu beobachten. Die Lega Nord war nach anfänglichen Erfolgen im Jahre 2001 mit nur noch 3,9 Prozent auf eine kleine Regionalpartei herabgesunken. Erst nach dem Scheitern der Mitte-Links-Koalition unter Romano Prodi konnte sie sich bei den vorgezogenen Neuwahlen von 2008 auf 8,3 Prozent steigern. Die Partei der Wahren Finnen war lange unbedeutend und ist erst bei den Parlamentswahlen von 2011 mit 19 Prozent zur drittstärksten Partei Finnlands aufgestiegen. Auch die FPÖ hat durch die Regierungsbeteiligung von 2000 und die Abspaltung der BZÖ zwischenzeitlich starke Einbußen erlitten. Dagegen haben die stark personalisierte LPF in den Niederlanden, die Schill-Partei und die schwedische Neue Demokratie nicht überlebt. Aber sie haben Nachwellen ausgelöst – in den Niederlanden die PVV unter Geert Wilders, inzwischen die zweitstärkste Partei des Landes, in Schweden die Schwedendemokraten. In Deutschland haben viele ehemalige Schill-Anhänger, aber auch ehemalige Republikaner, in der PRO-Bewegung eine neue politische Heimat gefunden.

## 2. Lange ökonomische Wellen und Protest gegen zu rasche Modernisierung

In der Wirtschaftswissenschaft unterscheidet man zwischen kurzen Konjunkturzyklen mit einer Dauer von fünf bis sieben Jahren und langen Wellen, nach Schumpeter die sogenannten Kondratieff'schen Zyklen mit einer Dauer von 40 bis 60 Jahren. Die erste lange Welle (1800–1850) ging mit der Mechanisierung (Erfindung der Dampfmaschine, Baumwollindustrie) einher, die zweite (1850–1900) mit dem Eisenbahnbau und der Nutzung von

Kohle und Stahl, die dritte (1900–1950) mit dem Aufstieg der Elektro- und Chemieindustrie. Die vierte Welle (1950–1990) brachte die Entwicklung der Konsumgüterindustrie, die Massenmotorisierung und die Verbreitung der Massenmedien. Die fünfte Welle, in der wir uns noch befinden, setzte um 1990 ein (Computerisierung, Informationstechnologie, neue Energiequellen).

Lange Wellen durchlaufen nach Schumpeter vier Phasen. Sie beginnen mit einer optimistischen und reformfreudigen Phase der Prosperität, gehen dann in eine Rezession und anschließend in eine pessimistische Phase der Depression, des Krisenbewusstseins und der Abkehr von Utopien über, bevor es in der vierten Phase zu einem neuen Aufschwung kommt. Jede Welle erzeugt einen Modernisierungsschub durch Investitionen in neue Industrien; sie bringt Gewinner und Verlierer hervor und fördert Bedrohungsängste, Angst vor Statusverlust und sozialem Abstieg. Schon in der zweiten langen Welle kam es zu populistischen Gegenbewegungen wie den nordamerikanischen Agrarpopulisten, die unter anderem gegen die Basisinnovation ›Eisenbahn‹, gegen Eisenbahnmogule und das Bankengewerbe opponierten. In Deutschland kam es schon in der dritten, im weniger industrialisierten Frankreich erst in der vierten Welle zu populistischem Protest gegen die sich ausbreitende Konsumgüterindustrie, vor allem gegen Warenhäuser, Großhandelsketten und Supermärkte.

Joseph Huber hat die These vertreten, »dass die heute ›neu‹ genannten sozialen Bewegungen einen langfristigen Konjunkturcharakter aufweisen, und dass dieser mit den Fluktuationen (›langen Wellen‹) der industriellen Entwicklung in charakteristischer Weise korrespondiert«. (Huber 1988: 424) Nach Huber treten neu genannte soziale Bewegungen etwa kurz vor oder kurz nach der Hochphase einer langen Welle auf. Jede dynamische Aufschwungphase bringt gleichzeitig oder mit einer gewissen Verzögerung reaktive Widerstände hervor (ebd. 431), zu denen auch der Populismus gerechnet werden muss.

## 3. Die Zyklen des Populismus

Versucht man, diese Wellentheorie auf den Populismus anzuwenden, muss zunächst geklärt werden, ob er überhaupt als soziale Bewegung bezeichnet werden kann. Für den Protestpopulismus (Bauern/Landvolk-, Steuerverweigerungs- und Antiglobalisierungsprotest) gilt dies zweifellos, aber diese Bewegungen sind schnell in sich zusammengesunken oder wurden von politischen Bewegungen mit umfassenderen Ideologien aufgesogen. Tritt dagegen der Populismus selbst als politische Bewegung auf, stellt sich die Frage, ob sich ein Zusammenhang zwischen langen industriellen Wellen und dem Auftreten populistischer Parteien herstellen lässt. Gilt also die These von der Korrespondenz langer ökonomischer Wellen mit ›neuen‹ sozialen Bewegungen auch für den Populismus?

Populismus hat es als soziale Bewegungen in Europa schon in den 1920er und 1930er Jahren gegeben. In Parteiform trat er erst in den 1950er Jahren auf, verstand sich aber ausdrücklich als un- oder apolitisch. Auch in Europa – bis zum Mauerfall ist Westeuropa gemeint – fällt die Gründung der französischen UDCA (*Union de défense des commerçants et artisans*) unter Pierre Poujade 1953 in eine Phase des Wirtschaftsabschwungs. Das gleiche gilt für die Anfang der 70er Jahren gegründeten Parteien. Auch sie fallen in eine Phase, die vom Ölpreisschock, der Wirtschaftskrise und Wachstumsschwäche zu Beginn der 70er Jahre gekennzeichnet war. In den 90er Jahre setzte die vierte, bis heute andauernde Welle des Populismus in Europa und den USA ein. Hier fällt die Gründung (oder Neugründung durch Fusionen oder Abspaltung) populistischer Parteien in eine Phase der Rezession zwischen 1989 und 1995 und dem Beginn des Neoliberalismus als vorherrschender Wirtschaftsdoktrin, in deren Sog mehr oder weniger alle politischen Kräfte gerieten. Dementsprechend traten auch die rechtspopulistischen Parteien in dieser Phase neoliberal auf, blieben aber strikt nationalistisch oder regionalistisch ausgerichtet. Diese vierte populistische Welle ist vorrangig eine Reaktion auf die modernisierende Politik der EU, die Anfang der 90er Jahre weitere Schritte zur europäischen Integration einleitete (1992 Vertrag von Maastricht, 1993 Kopenhagener Beitrittskriterien).

Alle Parteien der vierten Welle wurden in der ersten Hälfte der 90er Jahre gegründet oder, wie die FPÖ, in dieser Zeit zu rechtspopulistisch-ethnonationalistischen Parteien umgestaltet. Ab etwa 1995 (beginnender Abschwung des fünften Kondratieff'schen Zyklus) zeigt sich eine Diversifizierung des Bildes. Die Unterscheidung nach progressiv-modernistisch und konservativ-antimodernistisch ist nicht mehr eindeutig auszumachen. Progressive Bewegungen, beispielsweise die Partei der Grünen, haben von Anfang an auch konservative Wertorientierungen vertreten; konservativ-populistische Bewegungen wie Pim Fortuyns LPF haben umgekehrt auch progressive Werte wie Toleranz gegenüber sexueller Abweichung, Meinungsfreiheit und Pluralismus betont.

Diese Hybridisierung oder Koexistenz modernistischer und anti-modernistischer Elemente zeigte sich zwar schon im Faschismus und hat zur These vom »reaktionären Modernismus« (Jeffrey Herf) der faschistischen Regime der Zwischenkriegszeit geführt. Allerdings praktizierte der Faschismus eine Sphärentrennung und förderte modernistische Tendenzen ausschließlich in der Technologie und der Industrieproduktion, in begrenztem Umfang auch im Städtebau und in der Architektur. Die politische Sphäre war dagegen unzweifelhaft reaktionär und antimodernistisch, verstanden als Kampf gegen die Aufklärung, die Werte von 1789 und den modernen Verfassungsstaat.

## 4. Die Hybridisierung des Populismus

Welcher Art ist die Hybridisierung im Populismus? Zunächst muss betont werden, dass ein zyklisches Phänomen nie unverändert wiederkehrt. Huber schreibt: »Die *Ausdrucksformen* derart aufeinander folgender Bewegungen sind jeweils ziemlich veränderte. Ebenso mögen sich die *Organisationsformen* mehr oder weniger ändern. Schließlich können sich die *sozialen Milieus*, die eine Bewegung tragen, erweitert oder womöglich gewechselt haben. Was sich jedoch gleich bleibt, sind die typischen Themen und Inhalte.« (Huber 1988: 426, kursiv vom Verf.). Dieser Befund lässt sich auch für den Populismus bestätigen. Die Ausdrucks- und Organisationsformen etwa des Poujadismus als ältestem und der Tea Party-Bewegung als jüngstem Beispiel haben sich grundlegend gewandelt und gehen, wie auch die Occupy Wall Street-Bewegung, in Richtung dezentraler Netzwerke ohne starke Führerpersönlichkeiten (vgl. Kapitel VIII). Auch die sozialen Milieus, die den Populismus tragen, haben sich verändert. Von Mittelstandsbewegungen haben sie sich in Europa zu den Unterschichten hin ausgeweitet.

Wie steht es dagegen mit den typischen Themen und Inhalten? Zahlreiche Populismusforscher vertreten die These, dass es gerade diese im Populismus nicht gäbe (vgl. Kapitel II). Fällt aber diese letzte Bastion einer über mehrere Zyklen hinweg unverändert bleibenden inhaltlich-thematischen Typik des Populismus, dann sollte der Begriff als wissenschaftlich unbrauchbar aufgegeben werden. Ich glaube aber, dass dem nicht so ist. Die Polarisierung des Populismus zwischen Volk und Eliten gilt in der Forschung konsensuell als ideologische Praxis. Ideologien mögen zwar, wie im Populismus, dünn, schwammig und mehrdeutig sein, sind aber nicht inhaltsleer. In Kapitel III wurde zu zeigen versucht, dass das Typische des Populismus in bestimmten Topoi, Denkmustern, Denkstilen oder Mentalitäten liegt, deren inhaltliche Füllung kontextuell variiert, aber nicht völlig beliebig ist. Wenn wir uns also darauf verständigen, dass es sich bei den ›typischen Themen und Inhalten‹ nicht um kurzfristig wechselnde Programmaussagen handelt, dann ist durchaus von typisch populistischen Themen (rückwärtsgewandte Utopie, Syndrom des Betrugs am Volk, Bevormundungssyndrom, Kritik an Zins- und Geldwirtschaft, an Bürokratie und Technokratie, an der »Privilegienherrschaft«) zu sprechen.

Der Populismus reagiert auf die Erweiterung von Wirtschaftsräumen und die damit verbundene Aggregation zu größeren Einheiten mit einer entsprechenden Erweiterung seiner Diskurse. Die Bipolarität des Populismus der 50er Jahre (Volk gegen Elite) wurde inzwischen zu einer komplexeren, vierdimensionalen Polarisierung ausgeweitet. Unterschieden wird nun zwischen dem Volk ersten und zweiten Grades sowie der Elite ersten und zweiten Grades, die nach Art eines *cross-cutting* überkreuz zueinander stehen. Statt eines positiven (Volk) und eines negativen Pols (Elite) werden beide Pole jeweils positiv und negativ besetzt.

Dieses *cross-cutting* von Volk und Elite zieht eine Hybridisierung der typischen Themen und Inhalte nach sich. Typisch populistisch sind sie in der Polarisierung zwischen Groß und Klein. Dies ist die gleichbleibende Konstante im Populismus. Die wachsende Anonymität der Großen nährt Verschwörungstheorien, die es im Populismus immer gegeben hat. Zugleich bringt die Anonymisierung der Großen, die immer weniger greifbar erscheinen, die Notwendigkeit mit sich, den Gegner wieder zu visualisieren und ihm ein Gesicht zu verleihen. Hier bietet sich der ›Andere‹ an, auch wenn er zu den Kleinen und Unterprivilegierten gehört.

Die zyklische Wiederkehr eines sozialen Phänomens ist keine bloße Wiederholung, sondern immer auch eine Weiterentwicklung. Die Adaptation an veränderte Umstände ist im Populismus die Reaktion auf einen widersprüchlichen Prozess: die transnationale Ausweitung der Politik bei gleichzeitiger Verengung der politischen Handlungsspielräume im regionalen und nationalen Maßstab sowie die Immigration. Der Rechtspopulismus als dominante Erscheinungsform in Europa reagiert darauf mit der Hybridisierung progressiver und konservativer Ideologeme. Dies gelingt ihm umso eher, je stärker er soziale Gegensätze ethnisch-kulturell überformt. Rechtspopulisten verstehen sich selbst als progressiv und treten für die westliche Wertegemeinschaft, für die Anerkennung Israels, für Fortschritt, Freiheit und Toleranz ein, auch wenn sie in sozialmoralischer Hinsicht divergieren. Der konservativ-regressive Part wird externalisiert und auf die Moslems als negativen Teil des ›Volkes‹ projiziert. Die Rolle des Sündenbocks ist von den Juden als vermeintlichen Vertretern der Moderne auf die Moslems als vermeintliche Vertreter der Vormoderne übergegangen, eine Entwicklung, der sich alle rechtspopulistischen Parteien und Bürgerbewegungen angeschlossen haben und die teilweise auch im rechtsextremen Lager und in der intellektuellen Neuen Rechten aufgegriffen wird.

Heutige Rechtspopulisten polarisieren nicht mehr nach dem klassischen, zweidimensionalen Muster, sondern sind zu einem vierdimensionalen *crossover* übergegangen. Der Pol oben/Elite wird nach gut/schlecht bzw. dem realwirtschaftlich ›schaffenden‹ und dem spekulativ ›raffenden‹ Kapital aufgespalten. Analog dazu wird auch der Pol unten/Volk zwischen gut/schlecht oder dem autochthonen/eigenen und dem allochthonen/fremdstämmigen Volk aufgeteilt. Die Polarisierung verlagert sich also von der Dichotomie oben/unten zur Dichotomie innen/außen. Der nationale Raum wird ethnisch-kulturell homogenisiert und die Polarisierung nach außen verlagert: auf die Mega-Elite des globalisierten Finanzkapitals, auf die internationalen, immigrationswilligen Volksmassen und neuerdings auch auf ganze Länder an der europäischen Peripherie. Das ethnokulturell homogene ›Wir‹ (die Tüchtigen, Sparsamen, Fleißigen und Ehrlichen) steht gegen die ›Anderen‹ (die Faulen, die Schmarotzer und Unehrlichen, z.B. die Griechen).

## 5. Der populistische Moment

Man kann gegen die Erklärung sozialer Zyklen aus ökonomischen Auf- und Abschwungphasen einwenden, diese Sicht sei zu ökonomistisch und könne nicht mechanisch auf politische Prozesse angewandt werden. Populistische Bewegungen oder Parteien entstehen zwar durchgängig in ökonomischen Abschwungsphasen, reagieren aber nicht direkt auf ökonomische Wellen, sondern indirekt auf die Reaktion der politischen Eliten auf diese Wellen. Der Erfolg oder Misserfolg populistischer Bewegungen steht immer in Relation zum Elitenhandeln. Modernisierungstheoretische Erklärungsansätze liefern daher nur ein grobes Raster: Populistische Bewegungen reagieren defensiv-abwehrend auf ökonomische Krisen und zu rasche Modernisierungsschübe. Aber erst, wenn man diese sozio-ökonomischen Erklärungsansätze um eine politische Hegemonietheorie ergänzt, können die Erfolgsbedingungen populistischer Bewegungen näher in den Blick genommen werden.

Der ›populistische Moment‹ tritt am ehesten in einer hegemonialen Umbruchsituation ein, die sich durch eine Verstetigung von Repräsentationskrisen ankündigt. Unter hegemonialer Krise soll der Niedergang eines vorherrschenden politischen Blocks, sei es einer Partei oder einer Parteienkonstellation, verstanden werden. Unter Repräsentationskrise wird die Unfähigkeit oder Unwilligkeit eines solchen Machtamalgams verstanden, bestimmte Gruppen oder sozialen Segmente zu repräsentieren und deren Interessen wahrzunehmen.

Pierre Poujades UDCA fiel in eine Phase, in dem es dem bürgerlichen Lager nicht gelang, den ›kleinen Leuten‹ eine Stimme zu verleihen, diese sich also macht- und schutzlos fühlten, den Glauben an die Interessenvertretung durch Parteien verloren und zur Selbsthilfe übergingen. Nachdem De Gaulle 1958 an die Macht zurückgekehrt war und dieses Protestpotenzial wieder in den Bürgerblock einschließen konnte, fiel der Poujadismus rasch in sich zusammen. Auch die italienische Jedermannspartei verlor schlagartig an Zulauf, als das bürgerliche Lager seine Vorherrschaft festigte, die Kommunisten aus der Regierung verdrängte und die Rechts-links-cleavage wieder sichtbar machte.

Ähnliches gilt für die skandinavischen Länder in den 70er Jahren. In Dänemark und Norwegen waren jahrzehntelang linke Parteien an der Regierung, in Dänemark von 1953 bis 1964 und von 1971 bis 1981. In Norwegen regierte zwischen 1971 und 1989, also fast zwanzig Jahre, von einer fünfjährigen Unterbrechung abgesehen, die linke Arbeiterpartei. Als 1991 in Schweden die rechtspopulistische Partei Neue Demokratie gegründet wurde, war die dortige Sozialdemokratie sogar fast sechzig Jahre lang die vorherrschende politische Kraft gewesen. Die Schill-Partei ist zwar über eine kurze regionale Bedeutung nicht hinausgelangt, zeigt aber ebenfalls, wie der Erfolg einer populistischen Partei mit dem Niedergang einer hegemonialen Partei korrespondiert. In Hamburg war die SPD zwischen 1957 und 2001 ununterbrochen allein oder in Koalitionsregierungen an der Macht.

In Österreich regierte die sozialdemokratische SPÖ zwischen 1971 und 1987, musste aber in der Endphase bereits Koalitionen eingehen. Von 1987 bis 2000 kam es zu einer jahrelangen großen Koalition zwischen der SPÖ und der bürgerlichen ÖVP. Auf den Hegemonieverlust der SPÖ folgte also kein politischer Wechsel, sondern ein ›Klassengleichgewicht‹ oder ein hegemoniales Patt zwischen zwei Blöcken. Fast gleichzeitig mit Beginn dieser 13 Jahre dauernden großen Koalition gelangte Jörg Haider 1986 an die Spitze der FPÖ und erklärte sie zur alternativen dritten Kraft.

In Italien endete Anfang der 90er Jahre die jahrzehntelange Vorherrschaft der Christdemokraten. In die Zeit dieser Hegemoniekrise des bürgerlichen Lagers fällt der Aufstieg der rechtspopulistischen Lega Nord, die sich dem neuen Bürgerblock unter Berlusconi anschloss. Zugleich hat sich hier das Ende des Ost-West-Konflikts auf beide Blöcke, den linken und den konservativen, negativ ausgewirkt. Die christdemokratische Partei, die mehr als vierzig Jahre lang ihre Vorherrschaft durch die Ausgrenzung der Kommunisten gefestigt hatte, endete fast schlagartig nach dem Wegfall dieses Gegners im Weltmaßstab. Die Kommunistenfurcht hatte nur noch notdürftig die Erosion des Bürgerblocks durch Korruption, Patronage, Verstrickungen mit der Mafia, illegale Parteienfinanzierung, Ineffizienz und andere Missstände überdecken können. Aber auch das linke Lager war nach dem Mauerfall 1989 durch Identitätssuche, internen Zwist, Neuorientierung und personelle Querelen geschwächt und unfähig zum Aufbau eines alternativen Blocks.

Obwohl sich das politische System Frankreichs von Parteiendemokratien unterscheidet und der Einfluss von Parteien vergleichsweise begrenzt ist, fällt die Gründung des Front National 1972 fast genau in die Hochphase der *quadrille bipolaire* (1974–1984), einer bipolaren Viererkonstellation, bestehend aus Sozialisten und Kommunisten im linken und Gaullisten und UDF im bürgerlichen Lager. Jean-Marie Le Pen, der langjährige Führer des Front National, wurde daher nicht müde, diese »Viererbande« anzuprangern und den Front National als dritte Kraft ins Spiel zu bringen.

Die zahlreichen Gründungen rechtspopulistischer Parteien in den 90er Jahren oder ihre Transformation in dieser Phase folgen alle einem bestimmten Muster: Sie entstehen in einer Phase des ökonomischen Abschwungs und zugleich in einer hegemonialen Umbruchsituation. In den skandinavischen Ländern endete ein linker Zyklus; die lange vorherrschende Sozialdemokratie war verbraucht und ihr gelang nicht mehr die Repräsentation der unteren sozialen Schichten. Dies gilt auch für Österreich, wo die SPÖ ebenfalls etwa zu der Zeit ihre Hegemonie einbüßte, als Haider die Führung der FPÖ übernahm. In Italien endete dagegen nicht nur ein rechter Zyklus, sondern das gesamte Parteiensystem der Nachkriegszeit, dem mehrere neue politische Bewegungen, darunter auch die Lega Nord, den Todesstoß versetzten.

## 6. Fragmentierung und Pluralisierung des Rechtspopulismus

Die Wellen der 70er und 90er Jahre zeigen, dass der Rechtspopulismus in beiden Zyklen anwuchs. Aber es handelt sich um keinen kontinuierlichen, linearen Prozess. Die populistische Flutwelle kann auch wieder abebben oder es kann umgekehrt eine schon länger existierende Partei wie die Wahren Finnen unvermittelt Überraschungserfolge erzielen. Während der Front National zwischen 1984 und 2007 durchgängig mit zweistelligen Wahlergebnissen aufwarten konnte, zeigte er in der Endphase der Führung unter Jean-Marie Le Pen Erosionserscheinungen und diverse Abspaltungen. Bei den Parlamentswahlen 2007 erzielte er nur noch 4,3 Prozent der Stimmen. Auf die Erfolgsschwankungen der Lega Nord wurde bereits hingewiesen. Auch die FPÖ musste nach ihrer Regierungsbeteiligung 2000 hohe Verluste bei den darauf folgenden Nationalrats- und Europawahlen hinnehmen.

Je länger diese Parteien existieren, desto mehr unterliegen sie Verschleißerscheinungen, die auch charismatische Führer nicht aufhalten können. Weder Haider noch Le Pen oder Bossi konnten den temporären Niedergang ihrer Parteien verhindern. Im Gegenteil: Mit ihrem autoritären Führungsstil haben sie parteiinterne Querelen und Abspaltungen gerade befördert. Erst unter der neuen Führung von Marine Le Pen und nach einigen Imagekorrekturen scheint sich der Front National wieder zu regenerieren, auch wenn eine Schwalbe noch keinen Sommer macht. Auch eine von vielen gefürchtete Regierungsbeteiligung kann, wie das österreichische Beispiel zeigt, populistische Parteien rasch entzaubern. Sie müssen Kompromisse eingehen und können Versprechungen nicht einlösen; die Wähler sind desillusioniert und der Nimbus als Anti-Partei schwindet. Halten Populisten ihre materiellen Versprechungen nicht ein oder dekuvrieren sie sich als materiell nur allzu interessierte Freunderl- und Amigo-Cliquen, geraten sie in eine Glaubwürdigkeitskrise. Nur als Oppositionsparteien können sie ihrem Verbalradikalismus frönen und am Mythos einer dritten Kraft festhalten.

Die im Zyklus der 70er Jahre gegründeten Parteien haben sich teilweise mit beträchtlichem Erfolg eingenistet. Seit dieser Welle ist der europäische Rechtspopulismus zu einer Dauererscheinung geworden, lässt aber kein einheitliches Entwicklungsmuster mehr erkennen. Kurzlebige Parteien stehen neben fest etablierten, die aber ihrerseits Schwankungen in der Wählergunst unterliegen, von zweistelligen Wahlerfolgen dramatisch absinken, sich aber auch wieder erholen können. Rechtspopulistische Parteien sind umso erfolgreicher, je weniger Aussagen sie zur Wirtschafts- und Sozialpolitik machen, je mehr sie Fragen der nationalen oder regionalen Identität in den Vordergrund stellen und die innere Sicherheit thematisieren. Aber auch dies ist keine Erfolgsgarantie. Wenn, wie in Frankreich, Italien oder Ungarn, das bürgerliche Lager die Themen Identität und innere Sicherheit aufgreift, kann es die Funktion von Rechtspopulisten als agenda setter relativieren und ihre Erfolge schmälern, wenn auch um den Preis inhaltlicher Konzessionen.

## 7. Schlussfolgerungen

Eine Skizze kann nicht dem Anspruch genauer Überprüfung genügen, sondern nur einen kursorischen Problemaufriss geben. Es zeigte sich, dass populistische Zyklen etwa halb so lang sind wie die ökonomischen langen Wellen. Je mehr sich der Populismus von den 50er Jahren bis heute politisiert hat und nicht mehr nur als soziale Bewegung auftritt, desto mehr ist er politisch überdeterminiert. Sein Erfolg oder Misserfolg hängt nur noch indirekt von ökonomischen Zyklen ab, sondern vorrangig von der politischen Reaktion der etablierten Parteien auf die Ängste und Verwerfungen, die in der Rezessionsphase langer ökonomischer Welle entstehen.

Fest steht nur, dass es in Europa und den USA in jeder langen ökonomischen Welle zu etwa zwei populistischen Gegenreaktionen gekommen ist. Wann genau diese eintreten, hängt aber weniger von ökonomischen, sondern eher von politischen Zyklen ab. Populistische Bewegungen und Parteien entstehen am ehesten dann, wenn sich ein hegemonialer Zyklus seinem Ende zuneigt, wenn der linke oder bürgerlich-konservative Block nicht mehr die Interessen von Teilen seiner Klientel vertritt oder wenn durch Absprachenpolitik oder große Koalitionen der Eindruck von Alternativlosigkeit entsteht. Wie schon beim Poujadismus, löst dies auch heute unverändert bei vielen Menschen das Gefühl von Machtlosigkeit aus mit der Folge, dass sie sich von ihren Stammparteien abwenden und nach einem eigenen Sprachrohr suchen.

Deutschland ist zwar keine Insel der Seligen, aber im Vergleich zu anderen Ländern bisher vom Aufstieg einer rechtspopulistischen Partei verschont geblieben. Die Geschichte dieses Landes hat zu einem Elitenkonsens unter Einschluss der kulturellen, vor allem der kirchlichen und pädagogischen, Eliten beigetragen, der sich bisher als Bollwerk gegen populistische ›Verführungen‹ erwiesen hat. Wie kaum in einem anderen Land laufen Rechtspopulisten (und Rechtsextreme) daher hierzulande Sturm gegen das »Bevormundungskartell« und die *political correctness*. Mir ist kein Fall bekannt, in dem die Thematisierung des sogenannten »Gutmenschentums« im rechtspopulistischen Diskurs einen so hohen Stellenwert einnimmt wie in Deutschland.

Der wellenförmige Aufstieg des Rechtspopulismus korrespondiert mit dem Abstieg des dualen Modells zweier großer Blöcke, vertreten durch die Volksparteien. Nach deren Hochphase in den 60er und 70er Jahren ist das Auftreten des Rechtspopulismus eine von mehreren Facetten einer allgemeinen Fragmentierung des politischen Feldes. Die Parteienlandschaft hat sich pluralisiert; ebenso pluralisieren sich aber auch die Erscheinungsformen von Populismus seit dem Zyklus der 90er Jahre. Auch hier zeigen sich Volatilität, Diversifizierung und Hybridisierung. Letztere vor allem weist darauf hin, dass auch rechtspopulistische Parteien von der Spaltung zwischen materialistischer und postmaterialistischer Wertorientierung in den eigenen Reihen betroffen sind und vor ähnlichen Problemen wie die Volksparteien stehen. In Kapitel V wurde zu zeigen versucht, dass der Rechtspopulismus eine Option für Menschen unterschiedlicher Wertorientierung ist. Die einen wenden sich ihm zu, weil sie gegen den Materialismus und Individualismus der Moderne opponieren und am unpolitischen Ideal des Heartland festhalten, die anderen benutzen ihn als Vehikel, um gegen die Verschlechterung ihrer materiellen Lage zu protestieren, ohne sich selbst aber als ›rechts‹ zu verstehen.

Ivarsflaten untermauert am Beispiel des Front National und der Dänischen Volkspartei die auch in diesem Band vertretene These, dass die ursprünglich mittelständischen rechtspopulistischen Parteien seit den 90er Jahren ihre Wählerschaft nach unten ausgeweitet haben. Auch sie müssen also zunehmend widersprüchlichen Erwartungen nach mehr und weniger Staat, nach Steuersenkung oder Staatsverschuldung gerecht werden. Bisher ist es ihnen zwar gelungen, diese interne Konfliktlinie durch Externalisierung auf einen äußeren Feind (EU und Islam) und durch das Thema der inneren Sicherheit zu überdecken. Aber die Entwicklung in arabisch-moslemischen Ländern könnte die Islamophobie als ideologischen Kitt entwerten und ihrer Zugkraft berauben. Ivarsflaten sieht vor allem in der internen Spaltung rechtspopulistischer Parteien den Keim ihres Untergangs oder zumindest der Begrenzung ihres Erfolgs (vgl. Ivarsflaten 2005: 490). Sie steigen nicht unaufhaltsam auf, sondern sind verwundbar und ihre Erfolge unterliegen starken Schwankungen.

Rechtspopulismus ist, wie gesagt, seit den 70er Jahren eine Dauererscheinung in Europa. Ist es dann überhaupt noch sinnvoll, von populistischen Zyklen zu sprechen? Wie das Beispiel der USA zeigt, sind diese Zyklen aber politisch nicht gleichförmig, sondern es wechseln sich rechte und linke Zyklen ab. Obwohl der Rechtspopulismus in Europa die dominante Erscheinungsform von Populismus ist, hat er als Anti-Establishment-Protest kein Alleinstellungsmerkmal mehr. Mit der Occupy-Bewegung oder den »Piraten« entsteht eine politisch noch wenig festgelegte Konkurrenz, in die teilweise auch Rechte einzudringen versuchen.

Die Occupy Wall Street-Bewegung ist für die Populismusforschung ein Glücksfall, zeigt sie doch exemplarisch drei Merkmale von genuinem Populismus: (1) einen von Ideologien noch nicht affizierten moralischen Protest einer blockierten, von Statusängsten getriebenen Gruppe auf ökonomische Krisen (hier die Finanzmarktkrise), die in ›falscher Konkretheit‹ als moralisches Versagen von Personen (den Bankern) wahrgenommen wird, (2) Aversion gegen die Vermittlung des politischen Willens und Rückgriff auf ›direkte Aktion‹ und das Gemeinschaftsethos, (3) die politische Ambivalenz (das Oszillierende oder Chamäleonhafte). Echter Populismus zeigt sich nur *in statu nascendi* und hat eine geringe »Haltbarkeitsdauer« (Paul Taggart). Als Syndrom oder Ferment kann er nur überleben, wenn er sich transzendiert und von temporären Aufwallungen zu festeren Strukturen und ideologischen Anbindungen übergeht. Was wir Links- oder Rechtspopulismus nennen, sind bereits Amalgame unterschiedlicher ideologischer Komponenten, die dem unpolitischen, moralischen Protest, der Empörung, der Verdrossenheit erst eine politische Ausrichtung verleihen.

Populismus ist nicht aktiv im Sinne der Verfolgung eigener Wert- und Zielvorstellungen, sondern reaktiv. Er reagiert emotional (leidenschaftlich, wütend, empört) auf ein Elitenhandeln, das er als Verrat und Betrug am Volk wahrnimmt. Populistische Strömungen und Tendenzen sind regelmäßig von Demagogen ausgebeutet worden, weil sie sich so leicht ausbeuten lassen. Sie sind ›das gefundene Fressen‹ für Instrumentalisierungen durch unterschiedliche Akteure, weil sie aus sich heraus keinen politischen Kompass haben und zu purem Voluntarismus und Spontaneismus neigen. Dennoch kann man abschließend resümieren: Ohne gravierende Fehler und Defizite der etablierten Politik in ihrer Reaktion auf Modernisierung gibt es keinen Populismus als Gegenreaktion. Populisten ernten nur dort, wo andere gesät und ein Vakuum der politischen Repräsentation haben entstehen lassen.

# Literatur

Abts, Koen/Stefan Rummens (2007), Populism versus Democracy. In: *Political Studies*, 55 (2), 405–424

Akkerman, Tjitske (2003), Populism and Democracy: Challenge or Pathology? In: *Acta Politica*, 38, 147–159

Albertazzi, Daniele/Duncan McDonnell (Hg.) (2008), *Twenty-First Century Populism: The Spectre of Western European Democracy*, New York

Arditi, Benjamin (2004), Populism as a Spectre of Democracy: A Response to Canovan. In: *Political Studies*, 52 (1), 135–143

Arditi, Benjamin (2005), Populism as an Internal Periphery of Democratic Politics. In: Francisco Panizza (Hg.), *Populism and the Mirror of Democracy*, London/New York, 72–98

Arditi, Benjamin (2008), *Politics on the Edges of Liberalism. Difference, Populism, Revolution, Agitation*, Edinburgh

Azzellini, Dario (2008), Basisbewegung oder Staat? In: *Zeitschrift für internationale Politik*, 16 (61), 55–63

Bale, Tim/Stijn van Kessel/Paul Taggart (2011), Thrown around with abandon? Popular understandings of populism as conveyed by the print media: A UK case study. In: *Acta Politica*, 46 (2), 111–131

Balteo Yazbeck, Cristian (2010), Venezuela: Lektüre eines geteilten Landes. In: *Das Parlament*, 41–42, 11.10.2010

Barr, Robert R. (2009), Populists, Outsiders and Anti-Establishment Politics. In: *Party Politics*, 15 (1), 29–48

Benoist, Alain de (2000), Populismus. In: *Junge Freiheit*, 18.02.2000

Bensman, Joseph/Michael Givant (1975), Charisma and Modernity: The Use and Abuse of a Concept. In: *Social Research*, 42 (4), 570–614

Berger, Peter L./Richard J. Neuhaus (1977), *To Empower People. From State to Civil Society*, Washington

Blanco Muñoz, Augustin (1998), *Habla el Comandante*, Caracas

Blokker, Paul (2005), Populist Nationalism, Anti-Europeanism, Postnationalism, and the East-West Distinction. In: *German Law Journal*, 6 (2), 371–389

Boggs, Carl (1983), The New Populism and the Limits of Structural Reforms. In: *Theory and Society*, 12, (3), 343–363

Boyte, Harry C./Frank Riesman (Hg.) (1986), *The New Populism. The Politics of Empowerment*, Philadelphia
Boyte, Harry C. (2007), Populism and John Dewey. Convergences and Contradictions, *http://ginsberg.umich.edu/downloads/Boyte_Dewey_Lecture2007.doc* (07.03.2011)
Breuer, Stefan (2006), *Max Webers tragische Soziologie. Aspekte und Perspektiven*, Tübingen
Bundesamt für Statistik (Schweiz) (2009), Abstimmungen – Indikatoren, Volksinitiativen und Referenden, Neuchâtel, *http://www.bfs.admin.ch* (09.12.2011)
Burrin, Philippe (1984), La France dans le champs magnétique des fascismes. In: *Le Débat*, 32, 52–72
Burke, Edmund (1774), Speech to the Electors of Bristol, *http://www.exonlib.org/library/LFBooks/Burke/brkSWv4c1.html* (09.12.2010)
Canache, Damays/Michael E. Allison (2005), Perception of Political Corruption in Latin American Democracies. In: *Latin American Politics and Society*, 47 (3), 91–111
Canovan, Margaret (1977), *G. K. Chesterton: Radical Populist*, New York
Canovan, Margaret (1981), *Populism*, New York
Canovan, Margaret (1999), Trust the People! Populism and the Two Faces of Democracy. In: *Political Studies*, 47 (1), 2–16
Canovan, Margaret (2004), Populism for Political Theorists? In: *Journal of Political Ideologies*, 9 (3), 241–252
Ceresole, Norberto (1999), *Caudillo, ejército, pueblo. La Venezuela del presidente Chávez*, *http://www.analitica.com/bitblio/ceresole/caudillo.aps* (04.03.2011)
CIDH (Comisión interamericana de derechos humanos) (2009), *Democracia y derechos humanos en Venezuela*, *http://www.cidh.org/pdf%files/VENEZUELA.2009.ESO.pdf* (10.06.2011)
Colina Rojas, Alí (2006), El nuevo cooperativismo venezolano: Una caracterización basada en estadísticas recientes. In: *Revista Venezolana de Economía Social*, 6 (12), 227–248
Collier, David/James E. Mahon (1993), Conceptual ›Stretching‹ revisited: Adapting Categories in Comparative Analysis. In: *American Political Science Review*, 87 (4), 845–855
Collovald, Annie (2004), *Le Populisme du FN un dangereux contresens*, Paris
Corrales, Javier/Michael Penfold (2011), *Dragon in the Tropics: Hugo Chávez and the Political Economy of Revolution in Venezuela*, Washington
Cuperus, René (2011), Der populistische Dammbruch. Die niederländischen Volksparteien unter Druck. In: Friso Wielenga/Florian Hartleb (Hg), *Populismus in der modernen Demokratie. Die Niederlande und Deutschland im Vergleich*, Münster, 163–178
De Begnac, Yvon (1990), *Taccuini mussoliniani*, hrsg. von Francesco Perfetti, Bologna
Decker, Frank (Hg.) (2006), *Populismus. Gefahr für die Demokratie oder nützliches Korrektiv?*, Wiesbaden

Dieterich, Heinz (2006), *Der Sozialismus des 21. Jahrhunderts. Wirtschaft, Gesellschaft und Demokratie nach dem globalen Kapitalismus*, Berlin

Dieterich, Heinz (2007), *Hugo Chávez y el socialismo del siglo XXI*, Madrid

Dieterich, Heinz (2011), Wir Sozialisten, Interview mit Thomas Fischermann. In: *Die Zeit*, 51, 15.12.2011

Dubiel, Helmut (1986), Das Gespenst des Populismus. In: Ders. (Hg.), *Populismus und Aufklärung*, Frankfurt a.M., 33–50

Eatwell, Roger (2002), The Rebirth of Charisma? Concepts and Theories and the Problem of Operationalisation, *http://www.ceri-sciences-pro.org* (14.01.2011)

Eatwell, Roger (2003), Zur Natur des ›generischen Faschismus‹. Das ›faschistische Minimum‹ und die ›faschistische Matrix‹. In: Uwe Backes (Hg.), *Rechtsextreme Ideologien in Geschichte und Gegenwart*, Köln, 93–122

Eatwell, Roger (2005), Charisma and the Revival of the European Extreme Right. In: Jens Rydgren (Hg.), *Movements of Exclusion: Radical Right-Wing Populism in the Western World*, New York, 101–120

Eder, Klaus (2000), *Kulturelle Identität zwischen Tradition und Utopie*, Frankfurt a.M./New York

Ellner, Steve/Daniel Hellinger (Hg.) (2003), *Venezuelan Politics in the Chávez Era: Class, Polarization, and Conflict*, Boulder

Ellner, Steve (2003), The Contrasting Variants of the Populism of Hugo Chávez and Alberto Fujimori. In: *Journal of Latin American Studies*, 35 (1), 139–162

Ellner, Steve (2008), *Rethinking Venezuelan Politics: Class Conflict and the Chávez Phenomenon*, Boulder/London

Feuerherdt, Alex (2011), Das Volk gegen ein Prozent. In: *Jungle World*, 48, 01.12.2011

Freeden, Michael (1998a), *Ideologies and Political Theory: A Conceptual Approach*, Oxford

Freeden, Michael (1998b), Is Nationalism a Distinct Ideology? In: *Political Studies*, 46, 748–765

Geiger, Theodor (1932), *Die soziale Schichtung des deutschen Volkes. Soziographischer Versuch auf statistischer Grundlage*, Stuttgart

Gentile, Emilio (2003), Mussolini's Charisma. In: Ders., *The Struggle for Modernity. Nationalism, Futurism, and Fascism*, Westport, 127–144

Good, Chris (2010), A Guide to the Six Major Tea Party Groups. In: *National Journal Magazine*, 11.09.2010, *http://www.nationaljournal.com/njmagazine/nj_2010 0911_8295.php* (08.10.2010)

Goodhart, David (2011), Liberals vs. Communitarians: The Left's Civil War. In: *The Amsterdam Process. Exploring the Cultural Challenges to Social Democracy*, London

Goodwyn, Lawrence (1976), *Democratic Promise. The Populist Moment in America*, New York

Gómez Sanchez, Irey (2007), El papel de las misiones sociales en la construcción de identidades politicas en Venezuela. In: *Revista Venezolana de Economía y Ciencias Sociales*, 13 (1), 13–34

Haider, Jörg (1997), *Befreite Zukunft jenseits von links und rechts. Menschliche Alternativen für die Brücke ins neue Jahrhundert*, Wien

Hawkins, Kirk A. (2010), *Venezuela's Chavismo and Populism in Comparative Perspective*, New York

Hermet, Guy (2001), *Le populisme dans le monde. Une histoire sociologique, XIXe–XXe siècle*, Paris

Houwen, Tim (2011), *The Non-European Roots of the Concept of Populism*, Working Paper 120, Essex

Huber, Joseph (1988), Soziale Bewegungen. In: *Zeitschrift für Soziologie*, 17 (6), 424–435

Ionescu, Ghita/Ernest Gellner (Hg.) (1969), *Populism: Its Meanings and National Characteristics*, London

Ivarsflaten, Elisabeth (2005), The vulnerable populist right parties: No economic realignment fuelling their electoral success. In: *European Journal of Political Research*, 44, 465–492

Joyce, Michael S. (1998), On Self-Government. In: *Policy Review*, 90, http://www.hoover.org/publications/policy-review/article/7765 (06.10.2010)

Kazin, Michael (1995), *The Populist Persuasion. An American History*, New York

Kelsen, Hans (1963) [1929], *Vom Wesen und Wert der Demokratie*, Neudruck Aalen

Keman, Hans/André Krouwel (2006), *The Rise of a New Political Class? Emerging New Parties and the populist challenge in Western Europe*. Working Paper, Amsterdam

Kershaw, Ian (1988), Hitlers Popularität. Mythos und Realität im Dritten Reich. In: Hans Mommsen/Susanne Willems (Hg.), *Herrschaftsalltag im Dritten Reich*, Düsseldorf, 24–96

Kohlstruck, Michael (2008), Rechtspopulismus und Rechtsextremismus. Graduelle oder qualitative Unterschiede?. In: Richard Faber/Frank Unger (Hg.), *Populismus in Geschichte und Gegenwart*, Würzburg, 211–228

Laclau, Ernesto (2005a), *On Populist Reason*, London/New York

Laclau, Ernesto (2005b), Populism. What's in a Name?. In: Francisco Panizza (Hg.), *Populism and the Mirror of Democracy*, London/New York, 32–49

Laclau, Ernesto/Chantal Mouffe (1998), Hegemonie, Macht und Rechtspopulismus, Interview mit Ian Angus, http://www.episteme.de/htmls/Mouffe-Laclau-Hegemonie-Macht.html (18.11.2010)

Laycock, David (2005), Visions of Popular Sovereignty: Mapping the Contested Terrain of Contemporary Western Populisms. In: *Critical Review of International Social and Political Philosophy*, 8 (2), 125–144

Lazar, Marc (1997), Du populisme à gauche: les cas français et italien. In: *Vingtième siècle. Revue d'histoire*, 56, 121–131

Lazer, Harry (1976), British Populism: The Labour Party and the Common Market Parliamentary Debate. In: *Political Science Quarterly*, 91 (2), 259–277

Leder, Anna (2008), Politische Ökonomie der Barrios. In: *Grundrisse*, 25, 25.03.2008, http://www.grundrisse.net/grundrisse25/politische OekonomieDerBarrios.htm (22.02.2010)

León, Luis Vicente/David Smilde (2009), Understanding Populism and Political Participation. The Case of Venezuela. In: *Democratic Governance and the ›New Left‹*, 3, 1–11

Lepsius, M. Rainer (1993), Das Modell der charismatischen Herrschaft und seine Anwendbarkeit auf den ›Führerstaat‹ Adolf Hitlers. In: Ders., *Demokratie in Deutschland*, Göttingen, 95–118

Levitsky, Steven/Lucan A. Way (2002), The Rise of Competitive Authoritarianism. In: *Journal of Democracy*, 13 (2), 51–65

Machado M. Jesús E. (2009), Participación social y consejos comunales en Venezuela. In: *Revista Venezolana de Economía y Ciencias Sociales*, 15 (1), 173–185

Madsen, Douglas/Peter G. Snow (1996), *The Charismatic Bond. Political Behavior in Time of Crisis*, Cambridge/Mass.

Mangold, Janina (2010), FeedomWorks – die Graswurzelorganisation hinter der Tea Party, Länderbericht der Konrad-Adenauer-Stiftung, http://www.kas.de/wf/doc/kas_20187-1522-1-30.pdf?100802155055 (07.03.2011)

Mayer, Jane (2010), Covert Operations. The billionaire brothers who are waging a war against Obama. In: *The New Yorker*, 30.08.2010

Mayer, Nonna (1993), Identité sociale et politique des petits commerçants (1966–1988). In: *Vingtième siècle. Revue d'histoire*, 37, 69–80

Mayer, Nonna (2003), Que reste-t-il du vote de classe? Le cas français. In: *Lien social et Politiques*, 49, 101–111

Mény, Yves/Yves Surel (2000), *Par le peuple, pour le peuple*, Paris

Mény, Yves/Yves Surel (2002), The Constitutive Ambiguity of Populism. In: Dies. (Hg.), *Democracies and the Populist Challenge*, Houndmills/Basingstoke, 1–21

Merolla, Jennifer L./Elizabeth J. Zechmeister (2011), The Nature, Determinants, and Consequences of Chávez's Charisma: Evidence from a Study of Venezuelan Public Opinion. In: *Comparative Political Studies*, 44 (1), 28–54

Merton, Robert K. (1972), Insiders and Outsiders: A Chapter in the Sociology of Knowledge. In: *American Journal of Sociology*, 78 (1), 9–47

Meschkat, Klaus (2005), Wie halten wir es mit Hugo Chávez? In: *Jahrbuch Lateinamerika 29. Neue Optionen lateinamerikanischer Politik. Analysen und Berichte*, Münster, 62–73

Mudde, Cas (2000), In the Name of the Peasantry, the Proletariat, and the People: Populism in Eastern Europe. In: *East European Politics and Societies*, 14 (2), 33–53

Mudde, Cas (2004), The Populist *Zeitgeist*. In: *Government and Opposition*, 39 (3), 541–563

Mudde, Cas (2007), *Populist radical right parties in Europe*, Cambridge

Mudde, Cas/Cristóbal Rovira Kaltwasser (2011), *Voices of the Peoples: Populism in Europe and Latin America Compared*, Working Paper

Murphy, Raymond (2004), Die Struktur der sozialen Schließung: Zur Kritik und Weiterentwicklung der Theorien von Weber, Collins und Parkin. In: Jürgen Mackert (Hg.), *Die Theorie sozialer Schließung. Traditionen, Analysen, Perspektiven*, Wiesbaden, 87–109

Mussolini, Benito (1943), *Der Geist des Faschismus. Ein Quellenwerk*, hrsg. von Horst Wagenführ, München, 5. Aufl.
Neumann, Franz L. (1967), *Demokratischer und autoritärer Staat. Beiträge zur Soziologie der Politik*, Frankfurt a. M.
Neumann, Franz L. (1977) [1944], *Behemoth. Struktur und Praxis des Nationalsozialismus 1933-1944*, Köln/Frankfurt a.M.
Palin, Sarah (2008), Rede auf der Republican National Convention in St. Paul, Minnesota, *http://news.bbc.co.uk/2/hi/7597238.stm* (02.10.2010)
Palin, Sarah (2010), Transcript der Rede auf der Tea Party Convention am 06.02.2010, *http://transcripts.cnn.com/TRANSCRIPTS/1002/06/cnr.09.html* (02.10.2010)
Panizza, Francisco (2005), Populism and the Mirror of Democracy. In: Ders. (Hg.), *Populism and the Mirror of Democracy*, London/New York, 1–31
Parkin, Frank (2004), Duale Schließung. In: Jürgen Mackert (Hg.), *Die Theorie sozialer Schließung. Traditionen, Analysen, Perspektiven*, Wiesbaden, 45–65
Paul, Ron (1999), Letter from Congressman Ron Paul, *http://www.mail-archive.com/ctrl@listserv.aol.com/msg24484.html* (02.10.2010)
Paul, Ron (2010), Ron Paul on Social Security, Obamacare and the Tea Party Movement, *http://ronpaul.com* (11.10.2010)
Paxton, Robert O. (1998), The Five Stages of Fascism. In: *The Journal of Modern History*, 70 (1), 1–23
Paxton, Robert O. (2006), *Anatomie des Faschismus*, München
Penfold-Becerra, Michael (2007), Clientelism and Social Funds: Evidence from Chávez's Misiones. In: *Latin American Politics and Society*, 49 (4), 63–84
Pérez Hernáiz, Hugo Antonio (2008), The Uses of Conspiracy Theories for the Construction of a Political Religion in Venezuela. In: *International Journal of Human and Social Sciences*, 3 (4), 241–252
Pettit, Philip (2004), Depoliticizing Democracy. In: *Ratio Juris*, 17 (1), 52–65
Phillips-Fein, Kim (2009), *Invisible Hands: The Making of the Conservative Movement from the New Deal to Reagan*, New York
Pombeni, Paolo (1997), Typologies des populismes en Europe (19e – 20e siècles). In: *Vingtième Siècle. Revue d'histoire*, 56, 48–76
Priester, Karin (2007a), *Populismus. Historische und aktuelle Erscheinungsformen*, Frankfurt a. M.
Priester, Karin (2007b), Linker Populismus – ein Fremdkörper im deutschen Parteiensystem. In: *Vorgänge*, 4, 43–52
Priester, Karin (2008), Populismus als Protestbewegung. In: Alexander Häusler (Hg.), *Rechtspopulismus als ›Bürgerbewegung‹*, Wiesbaden, 19–36
Priester, Karin (2011), Populismus und Rechtsextremismus im geschichtspolitischen Vergleich. In: *Jahrbuch für Politik und Geschichte*, 2, 57–74
Priester, Karin (2012a), Wesensmerkmale des Populismus. In: *Aus Politik und Zeitgeschichte*, 62 (5–6), 3–9
Priester, Karin (2012b), Populismus und Faschismus: Wahlverwandtschaft oder Mesalliance? (im Erscheinen)

Priester, Karin (2012c), Das Phänomen des Berlusconismus (im Erscheinen)
Puhle, Hans-Jürgen (1986), Was ist Populismus?. In: Helmut Dubiel (Hg.), *Populismus und Aufklärung*, Frankfurt a.m.
Raab, Jürgen/Dirk Tänzler (1999), Charisma der Macht und charismatische Herrschaft. Zur medialen Präsentation Mussolinis und Hitlers. In: Anne Honer/Ronald Kurz/Jo Reichertz (Hg.), *Diesseitsreligion. Zur Deutung der Bedeutung moderner Kultur*, Konstanz, 59–77
Rojas, Alejandro (2010), Wie weiter in Venezuela? Bürokratisierung und Gefahr einer Konterrevolution, *www.sozialismus.info/?sid=3480* (14.03.2011)
Rosanvallon, Pierre (2010), *Demokratische Legitimität. Unparteilichkeit – Reflexivität – Nähe*, Hamburg
Rovira Kaltwasser, Cristóbal (2009), Populismus: Jenseits von Dämonisierung und Vergötterung. In: *Berliner Debatte Initial*, 20 (1), 69–77
Saage, Richard (2007), *Faschismus. Konzeptionen und historische Kontexte. Eine Einführung*, Wiesbaden
Samples, John (2008), Against a Common Purpose. In: *American Spectator Online*, 13.03.2008, *http://www.cato.org/pub_display.php?pub_id=9271* (15.10.2010)
Sanjuan, Ana María (2007), Venezuela – die symbolische und die wahre Revolution. Errungenschaften, Defizite, Herausforderungen. In: *Le Monde Diplomatique*, dt. Ausg., 14.09.2007
Sartori, Giovanni (1970), Concept Misformation in Comparative Politics. In: *American Political Science Review*, 64 (4), 1033–1053
Schambra, William (2010), Conservatism and the Quest for Community. In: *National Affairs*, 21.06.2010, 60–75
Schedler, Andreas (1996), Anti-Political-Establishment Parties. In: *Party Politics*, 2 (1), 291–312
Sennett, Richard (1993), *Verfall und Ende des öffentlichen Lebens. Die Tyrannei der Intimität*, Frankfurt a.M.
Shils, Edward A. (1956), *The Torment of Secrecy*, London
Sevilla, Rafael/Andreas Boeckh (Hg.) (2005), *Venezuela. Die Bolivarische Republik*, Bad Honnef
SIREN (2004), EU Commission (Hg.), *Socio-economic Change, Individual Reactions and the Appeal of the Extreme Right*, Final Report unter Koordination von Jörg Flecker, Wien
Soeffner, Hans-Georg (1992), Geborgtes Charisma. Populistische Inszenierungen. In: Ders., *Die Ordnung der Rituale*, Frankfurt a.M., 177–202
Soeffner, Hans-Georg (1994), Populisten – Profiteure, Handelsagenten und Schausteller ihrer Gesellschaften. In: Helmuth Berking/Ronald Hitzler/Sighard Neckel (Hg.), *Politikertypen in Europa*, Frankfurt a. M., 259–279
Spinrad, William (1991), Charisma: A Blighted Concept and an Alternative Formula. In: *Political Science Quarterly*, 106 (2), 295–311
Stanley, Ben (2008), The Thin Ideology of Populism. In: *Journal of Political Ideologies*, 13 (1), 95–110

Tänzler, Dirk (2007), Politisches Charisma in der entzauberten Welt. In: Peter Gostmann/Peter-Ulrich Merz-Benz (Hg.), *Macht und Herrschaft. Zur Revision zweier soziologischer Grundbegriffe*, Wiesbaden, 107–137

Taggart, Paul (2000), *Populism,* Buckingham/Philadelphia

Taggart, Paul (2002), Populism and the Pathology of Representative Politics. In: Yves Mény/Yves Surel (Hg.), *Democracies and the Populist Challenge*, Houndmills/Basingstoke, 62–80

Taggart, Paul (2004), Populism and representative politics in contemporary Europe. In: *Journal of Political ideologies*, 9 (3), 269–288

Thommen, Lukas (2008), Populus, Plebs und Populares in der römischen Republik. In: Richard Faber/Frank Unger (Hg.), *Populismus in Geschichte und Gegenwart*, Würzburg, 31–41

To define populism (1968). In: *Government and Opposition*, 3 (2), 137–179

Tucker, Robert C. (1969), The Theory of Charismatic Leadership. In: *Daedalus*, 97 (2), 731–756

Unger, Frank (2008), Populismus und Demokratie in den Vereinigten Staaten von Amerika. In: Richard Faber/Frank Unger (Hg.), *Populismus in Geschichte und Gegenwart*, Würzburg, 57–77

Urbinati, Nadia (1998), Democracy and Populism. In: *Constellations*, 5 (1), 100–124

Urbinati, Nadia (2010), Unpolitical Democracy. In: *Political Theory,* 38 (1), 65–92

Vial, Eric (2001), Populisme et communisme, l'Union Populaire Italienne, une organisation de masse du PCI en exil (1937–1940). In: *Laboratoire italien*, 1, 99–108

Vorländer, Hans (1997), *Hegemonialer Liberalismus. Politisches Denken und politische Kultur in den USA 1776–1920*, Frankfurt a.M./New York

Weber, Max, 1980 [1922]: *Wirtschaft und Gesellschaft,* besorgt von Johannes Winckelmann, Tübingen

Welsch, Friedrich/Héctor Briceño (2008), Populistische Milieus in der politischen Kultur Venezuelas. In: Patricia Graf/Thomas Stehnken (Hg.), *Lateinamerika. Politik, Wirtschaft und Gesellschaft,* Baden-Baden, 193–202

Werz, Nikolaus (2008), Stationen der Geschichte Venezuelas. Diktatur, Parteienherrschaft und zivil-militärischer Populismus. In: *Bundeszentrale für politische Bildung*, 08.01.2008 http://www.bpb.de/thema/UT69A8.html (22.02.2010)

Weyland, Kurt (2001), Clarifying a Contested Concept. Populism in the Study of Latin American Politics. In: *Comparative Politics*, 34 (1), 1–23

Williams, Rhys H./Susan M. Alexander (1994), Religious Rhetoric in American Populism: Civil Religion as Movement Ideology. In: *Journal for the Scientific Study of Religion*, 33 (1), 1–15

Wilpert, Gregory (2006), The Meaning of 21st Century Socialism for Venezuela. http://venezuelanalysis.com/print/1834 (28.02.2011)

Zúquete, José Pedro (2007), *Missionary Politics in Contemporary Europe,* New York

Zúquete, José Pedro (2008), The Missionary Politics of Hugo Chávez. In: *Latin American Politics and Society*, 50 (1), 91–121